见识城邦

更新知识地图　拓展认知边界

DENYING TO THE GRAVE

认知陷阱

无论如何都想告诉你的科学真相

Why We Ignore the Facts That Will Save Us ?

Sara E. Gorman
Jack M. Gorman

[美] 萨拉 · 戈尔曼 [美] 杰克 · 戈尔曼 著
高微茗 译

中信出版集团 | 北京

图书在版编目（CIP）数据

认知陷阱：无论如何都想告诉你的科学真相 /（美）萨拉·戈尔曼，（美）杰克·戈尔曼著；高微茗译 . -- 北京：中信出版社，2020.12

书名原文：Denying to the Grave: Why We Ignore the Facts That Will Save Us

ISBN 978-7-5217-2218-5

Ⅰ . ①认… Ⅱ . ①萨… ②杰… ③高… Ⅲ . ①科学知识－普及读物 Ⅳ . ① Z228

中国版本图书馆 CIP 数据核字（2020）第 178681 号

认知陷阱——无论如何都想告诉你的科学真相

著　　者：[美] 萨拉·戈尔曼　[美] 杰克·戈尔曼
译　　者：高微茗
出版发行：中信出版集团股份有限公司
（北京市朝阳区惠新东街甲 4 号富盛大厦 2 座　邮编　100029）
承 印 者：天津市仁浩印刷有限公司

开　　本：880mm × 1230mm　1/32　　印　　张：11.25　　字　　数：282 千字
版　　次：2020 年 12 月第 1 版　　印　　次：2020 年 12 月第 1 次印刷
京权图字：01－2019－4397
书　　号：ISBN 978－7－5217－2218－5
定　　价：68.00 元

作者提示：本书中的信息不能代替读者本人的医生或其他直接接触读者的医学专业人士的意见。读者自身的健康问题应当面咨询医学专业人士，尤其适用于下述情况：如果你正在承受病痛；如果你正准备开始使用、减少使用、增加使用或停止使用任意剂量的任意药物。作者和出版方不对任何自称因直接或间接采用本书内容而产生不良反应的个人负责。

本书为纪念霍华德·坎特而作，他既是献身于科学与医学事业的不知疲倦的工作者，也是深受家人爱戴的父亲、祖父和丈夫。

目 录

致　谢

我们想对在写作本书时帮助过我们的所有人表达谢意，这些了不起的人对我们很有启发。首先也是最重要的是，我们要感谢所有睿智的学者、医学及公共卫生领域从业者，如果没有他们帮助我们增进对神经科学、心理学和健康决策方面的知识，本书就不可能完成。我们想特别感谢以下学者，在本书写作的不同阶段，他们各自毫无保留地与我们进行沟通：丹尼尔·卡尼曼、迈克尔·舍默、塞思·姆努金、塔尔·格罗斯和尼科利·纳特拉斯。我们十分感谢本书的匿名评审人，他们的反馈意见对本书终稿的成形和改进至关重要。牛津大学出版社那些优秀的工作人员令我们获益良多，如帮助我们走过了这段有时颇为坎坷的路途的安德烈亚·泽库斯；当然，我们出色的编辑萨拉·哈林顿的真知灼见也始终令我们心怀感激。

还想感谢萨拉（本书作者之一）的同事和导师们帮助她灵活安排时间以便完成本书的相关工作，并在此期间始终支持她、鼓励她。她特别要感谢温迪·奥勒斯克提供的所有帮助。

在本书另一作者杰克写作期间，众多人士向他提供了必不可少的学术与情感方面的支持，他尤其要感谢罗伯特·温赖特、理查德·米尼希、凯瑟琳·迪迪西代罗、布鲁斯·布雷迪、拉比阿维·韦斯、亚历山德拉·罗思–卡恩、斯坦·阿科维、马克·苏瓦尔、卡罗尔·克莱顿、利·斯坦纳，以及戴维·布雷斯曼提供的创意和他们之间的友谊。

最后，在我们的这段经历中，也有众多值得赞美的家庭成员为我们提供了不可或缺的支持。两位作者是父女关系，故而我们的家庭成员大致相同。我们非常感谢蕾切尔·莫斯特（萨拉的姐姐，杰克的女儿）、戴维·莫斯特（蕾切尔的丈夫），他们永远是最棒的，始终陪伴着我们，始终带着极大的关切、高明的学术见解和强烈的兴趣与我们分享写作中的欢乐。

有两个人是我们所做的这一切的基础和灵感来源。劳伦·坎特·戈尔曼（萨拉的母亲，杰克的妻子）是在写作本书时偶有发生的混乱情况下的指路明灯。作为一位卓越的精神病学家，她对人类做出选择和决定时的情感基础知之甚深，这一点为我们提供了巨大的帮助，确保我们不会偏离主题。我们感谢她总是如此坚定可靠、充满智慧，始终令我们沐浴在爱意和温情之中。最后，但也同等重要的是，我们想感谢罗伯特·科恩（萨拉的丈夫，杰克的女婿）。罗伯特是我们聪慧的对话者、学术上的好伙伴和永不枯竭的灵感源泉。谢谢你们这样美好的存在。

引　子

2014年10月8日，托马斯·埃里克·邓肯在达拉斯市的一家医院因感染埃博拉病毒去世。从他被诊断出感染埃博拉的那一刻起，遍布全美的各家媒体就开始用相关新闻不断拉响警报。媒体马上将邓肯的死归咎于护理他的医院和美国疾病预防控制中心（CDC）。[1] 截至当月月底，美国共出现了四例埃博拉病例：两例普通病患——包括邓肯在内——是在这种疾病正在大肆流行的非洲国家感染的；两例为医护人员，是在护理邓肯时感染的。整个月，关于埃博拉的新闻占据了全美各大报纸头版，警告我们现在面临着染上这种致病疾病的危险。这些媒体报道让人心惊胆战，某些人因此产生了不知送孩子们去学校或者搭乘公共交通工具是否安全的担忧——即便他们居住在与这四例病例相距甚远的地方。"有报道称孩子们被带离学校，甚至有部分学校关闭，"《赫芬顿邮报》的迪恩·贝克写道，"许多地区都有人不去上班了，另一些人则选择开车而非搭乘公共交通工具出行，因为他们害怕从其他乘客那里感染埃博拉病毒。还有报道提到人们纷纷远离商店、餐馆及其他公共场所。"[2] 缅因州一所小学让一位教师停课，因为她曾入住达拉斯的一家酒店，该酒店距离两位护士感染埃博拉的医院有 9.5 英里*远。[3] 正如查尔斯·布洛在《纽约时报》专栏文章中所说："我们国家与其说是在迎战一种病毒，不如说是在迎战一种恐慌，这种恐慌正是反动政客和不负责任的媒体煽动起来的。"[4]

其实，托马斯·邓肯不是唯一一位于 2014 年 10 月 8 日在美国去世的人。只要从年度统计数字中进行推算，我们就能得出结论，当天在美国约有 7 000 人死亡。其中约有半数死于心脏病或癌症；331 人死于意外事故，车祸是其中最常见的事故原因；还有 105 人死于自杀。[5] 邓肯死亡当天，约有 80 人因枪伤死亡，这些枪伤有 2/3 是本人操作枪械时发生的。全国公共广播电台（NPR）通讯记者迈克尔林·杜克里夫经过粗略计算得出的结论是，在美国感染埃博拉的概率是 1/13 300 000，远小于死于飞机失事、蜜蜂蜇刺、遭遇雷击或鲨鱼袭击的概率。[6] 在美国，在车祸中丧生的概率是感染埃博拉病毒的约 1 500 倍。

在 2014 年 10 月 8 日这一天，几乎没有一篇头条新闻与蜜蜂蜇刺或鲨鱼袭击有关，这的确不足为奇，大概还显得很自然——毕竟，埃博拉出血热（EHF）的病因，即埃博拉病毒感染在美国是很不寻常的，而心脏病、癌症、车祸、自杀和谋杀则是常态。然而，问题在于，媒体对埃博拉的强调（以及普通人对埃博拉的恐惧）超过了对其他常见得多的致命因素的关注。这种做法会制约我们的行为，有时还会带来危险。有多少人在阅读讨论他们感染埃博拉的风险的文章时是在吸烟或者吃糖分过高的早餐麦片呢？

某些美国人匆匆加入流行一时的谴责阵营，就埃博拉问题指责美国疾病预防控制中心，坚持认为政治家和医疗机构犯了错，控诉非洲

---

*　1 英里约合 1.61 千米。——本书脚注如无另行说明均为译者注

国家无知而愚昧的行为。在华盛顿特区，圣公会三一教堂约有 1/4 的教徒不再做礼拜了，因为他们害怕其他教友之前去过西非。[7] 俄亥俄州的一家婚纱店店主公开表示遭遇了数万美元的经济损失，因为安伯·文森——在达拉斯感染埃博拉的两名护士之一——曾经光顾过该店。店主在病毒潜伏期内关闭了店铺，还请专业清洁公司对店铺进行消毒，但是“这群吓坏了的顾客还是取消了订单”。[8] 一份总统调查团报告指出:“美国人只关注自己被旅行者感染埃博拉这种近乎不存在的风险，却没有强烈要求去帮助这种疾病正在流行的那些国家。”[9] 很有可能，这些惊恐万状的美国人并没有加强体育锻炼，减少食用深加工食品，系好安全带，戒烟，把家里的枪都卸下子弹锁进柜子，或者为自己的抑郁症或酗酒问题寻求医疗帮助。埃博拉的传奇性的确令人兴奋，就像是看恐怖电影。而对其他导致死亡的原因，人们却熟视无睹，提不起兴趣。换句话说，美国人的行为是不理性的。他们大大高估了埃博拉的风险，同时低估了其他致命伤害的风险，而后者是他们有可能通过采取行动来改变的。正如萨拉在当月的一篇文章中写道的:“美国人为了不让自己早早死于病原体感染能采取的最有效做法是什么？接种流感疫苗。”[10]

克雷格·斯潘塞医生被诊断出感染埃博拉并被纽约市贝尔维尤医院接收之后，对埃博拉的恐惧“抓住了全国人民的心”。[11] 我们对某种并不真实存在的健康威胁——在美国境内感染埃博拉——极端恐惧，对那些真正对我们的健康构成威胁的事物——缺乏锻炼、吸烟、食物糖分过高、酒精摄入过多、不系安全带、持枪——则不太关注。对比这两种心理就能证明，我们往往未能使用科学依据，来为保持并提高我们的健康状况和生活质量做决定。这种情况都要把科学家、健康专家和公共卫生官员逼疯了。当一位受过教育的家长由于担心疫苗弊大于利而拒绝为自己的孩子接种疫苗的时候，上述专家竭力谴责这种立场是多么“无知”，并举出大量证据证明事实与家长的担忧正相反。一次又一次地，我们为我们自己和家人的健康做出的决定不是基于对科学数据的分析，而是情绪化因素。政府用纳税人的钱开展了大量所费不赀的研究，试图证明科学是对的，可是人们总有越来越多的理由认为那些研究不充分、有偏见或是完全错误。对立双方相互指责对方蓄意编织危害美国大众的谎言，被特定利益集团收买，而且愚不可及。数据也许能清晰显示两者谁对谁错，可人们做选择的时候无视或否认了证据。本书尝试阐明我们会这样做的原因，以及我们在为自己和深爱的家人的健康问题做决定的时候怎样才能做得更好。

为什么我们无视或否认科学依据？

研究表明，在为健康问题做决定时拒绝承认科学依据是有很多理由的，但愚蠢并不是其中之一。非常聪明的人也会站在丝毫没有证据证明的立场上。譬如，家长的受教育程度与拒绝让孩子接种疫苗的行为就有很直接的联系：这个令人遗憾的选择的主要支持者是受过良好教育的富裕人群。[12] 是什么令聪明人做出这样的决定，采取并无事实依据的立场呢？这就是本书要探讨的问题。

随着萨拉对公共卫生事务的参与日益深入，本书的主题在她脑海中日益成形。令她尤其困惑的是“疫苗反对者”，这类人宣传的主张是：疫苗有害，会导致自闭症等多种不良后果。这根本不是事实。疫苗是现代医学的一大成就，一直在帮助我们免于遭受天花、麻疹、脊髓灰质炎和白喉等致命疾病的伤害。疫苗建立在精妙的科学法则之上，具备清晰的安全记录，绝对不是自闭症的成因。萨拉很奇怪，怎么会有人拒绝让孩子接种疫苗呢？

与此同时，经过精神病学专业训练，并以科学家身份度过了大部分职业生涯的杰克也开始对人们坚持持枪的理由越来越感兴趣。他起初以为这是为了狩猎，而狩猎只不过是一种他和他在纽约的朋友们不感兴趣的爱好，非要提出倡议阻止所有喜欢在树林里射杀动物的人继续这样做，是很不对的。可是，看过统计数据之后，我们就会发现，相对来说，只有数量很少的美国人是猎人，而大多数持枪者都是为了“防御”才持有武器，尽管大量研究反复证明，放在住宅里的枪更多是用来打伤或杀死本来就居住在那间房子里的人，而极少用来杀死某个入侵者。拿到枪的便利性与谋杀率及自杀率的提高呈现出显著的正相关性。[13] 从数据统计的角度看，在家里放一把枪的风险要远远大于任何可能存在的好处。想一想 26 岁的圣路易斯居民贝卡·坎贝尔身上发生的悲剧：据报道，她为了保护自己和两个女儿而买了一把枪，但实际上她并没有遇到像弗格森骚乱那样的危险，却不小心射伤了自己，最终不治身亡。[14]

对于疫苗和持枪这两个案例，科学依据都强烈建议人们采取如下立场：为孩子接种疫苗，不要把枪放在家里。然而，我们中的许多人都选择无视或拒绝科学建议。我们特意区分了“无视”和“拒绝”，前者表明此人不知道这类科学依据，后者表明此人知道有这类科学依据，但是主动选择不认同。我们很快就列出了其他一些医疗保健类观点，它们公然违背科学依据，却能得到至少相当一部分人的支持：

· 疫苗有害。

· 放在住宅里的枪支能保护居住者免遭武装入侵者的侵害。

· 包含转基因生物的食品对人类健康有害。

· HIV（人类免疫缺陷病毒）不是艾滋病的病因。

· 核电站比火力发电厂更危险。

· 抗生素对治疗病毒感染有效。

· 未经巴氏法消毒的牛奶是安全的，而且含有优质营养物质，而这些营养物质会被巴氏法消毒的过程破坏。

· 电休克疗法（ECT）会造成脑损伤，而且没有疗效。

在本书中，我们会提供相关证据，证明上述观点没有一个是正确的。但我们的目的不是巨细靡遗地分析科学数据和研究结果。有很多其他文献综述列出了驳斥上述 8 种观点的证据，论证严密，细节完备。我们在本书中的任务是试图理解为什么有理性、有头脑也有善意的人会相信这些观点。

有很多思维过程能令我们表现出人性、拥有同理心、在社会上发挥自己的作用，而且从进化论的角度看，可以帮助我们作为一个物种存活下来，但这些思维过程都有可能在运用科学家所说的“科学推理”时使我们误入歧途。为什么？对不少初学者而言，科学推理很难掌握，因为它让人失去了信心十足地做出肯定陈述的能力。科学推理的过程是：建立将来可能被推翻的假说，在证实因果关系之前需要提出大量要求，且涉及的是人群而不是个人。换句话说，从科学角度出发，我们永远不能给出百分之百肯定的结论，只能非常接近绝对肯定。这一点与我们人类的惯有思维背道而驰。不仅如此，科学是通过反复否定和证伪取得进展的，而我们天生就不想轻易转变自己的观念。其结果就是，多个纯粹的健康问题和常见的心理问题结合在一起，会令我们更容易在思考科学和医学问题时犯错，做出对自身健康没有好处的决定。

这些糟糕的决定往往包括采取冒险行为，例如拒绝接种疫苗、食用不健康食品、吸烟、不按照医生建议的饮食和运动方式生活，以及进行不安全性行为。我们认为，这些冒险行为在很大程度上源于复杂的心理因素，而这些心理因素的生物学基础是已知的。在本书中，我们将探究糟糕的决定和不理智的健康观念背后的心理和神经生物学原因。我们认为，在多种情况下，前述心理动机都是适应性的（意思是，这类动机在进化中留存至今是为了保障我们的安全和健康），但应用这类心理动机的方式却往往没有很好的适应性。我们还认为，如果缺乏对不理智的健康决策背后的心理和生理基础的正确认知，我们这个社会就不能设计出一种策略来缓解这个问题。因此，我们在结语中提出了一套可以对抗糟糕的健康决策的方法，该方法充分考虑到了心理和神经生物学因素，就如何鼓励人们采纳科学性更强的意见，而不至于在执行时打折扣，也不至于抹杀他们可贵的情感反应提供了指南。

我们将在行文中多次强调，本书核心问题的出现不仅仅是由于信息缺乏，尽管这的确可能是原因之一。哪怕我们知晓并理解全部相关事实，不理智行为仍然可能出现。考虑到我们现在对人脑功能的认知，严格来说，甚至可能不该将对科学结论的否定贴上“不理智”的标签。更确切地说，这种否定基本上就是我们的心智活动的产物。这就意味着，简单的教育不足以转变人们对科学结论的否定态度。自然，对反科学人士有多么“愚蠢”发表愤怒的长篇大论也不能体现这样的态度。举例来说，《大西洋月刊》近期刊登的一篇文章讨论了洛杉矶市的许多富裕家长拒绝让孩子接种疫苗的问题，文章总结道:“这些人用大笔钱雇用了愿意放纵他们这种不理智信念的非正统儿科医生。但有钱并不能允许他们将整个城市的儿童无缘无故地置于19 世纪的恐怖疾病的威胁之下。”[15] 这个例子中的文章之所以没有作用，是因为它试图靠羞辱人们改变他们的信念和行为，而这在解决健康和医学理念问题时基本无效。正如加拿大科学家尚塔尔・普利奥和朱莉・戈德布特在一篇讨论公众科学教育的精彩文章中指出的，当科学家们思考如何与非科学界人士交流时，一般会采取“知识不足”模式，也就是认为非科学界人士只是不了解相关事实。对此，这两位作者的主张却是：有证据表明，非科学界人士其实能够理解“研究的复杂性以及与许多科技成果并存的不确定性”。[16] 普利奥和戈德布特呼吁广大科学家学习社会科学家的研究结果，即大众确实有能力理解科学概念。

本书共分六章，每一章研究一个科学否定论问题背后的关键动因。每一章都结合了心理学、行为学、社会学、政治学和神经生物学的知识。我们并未断定只能在这些学科中找到科学否定论现象背后的原因，但是经过一番辛勤钻研，我们倾向于认为这些知识可以解释最重要也最突出的问题。

就算你是妄想狂，也不意味着人们并没有针对你搞阴谋

在第一章中，我们阐述的是阴谋论这个复杂的议题。之所以说它复杂，是因为某个阴谋论并不会让人看第一眼时就留下错误的印象。事实上，有不少阴谋论，我们最好在它们刚出现时就揭示其中的真相。可是，错误的科学观念的一大特征是，其信徒坚持认为自己是

被大企业、政府监管机构、媒体和专业医学协会等组成的集团势力坑害、欺骗和隐瞒的受害者。避免这种观念的诀窍在于搞清楚那些虚假的论点是否能与也许有几分真实的论点完整地区分开来。

只有仔细分析过大量阴谋论观点以及其信徒的所作所为，才有可能指出其中哪些观点的错误是最显著的。对实现我们的写作意图更重要的是，我们在探索阴谋论信徒的心理。人们能从相信虚假的阴谋论中获得什么呢？一群志同道合的阴谋论者是如何发展成一个团体的呢？为什么说服人们相信他们错了如此困难？我们在本书中提到人们坚信不科学的观念的每个理由时都会遇到类似的情况：如果鄙夷相信虚假的阴谋论的人们，认为那些人既无知又恶毒，也许最有可能巩固他们的反科学立场。

卡里斯玛型领袖*

也许拒绝理智地理解并接受健康领域的科学依据的最有威胁的头号反对者是人们所熟悉的卡里斯玛型领袖，他们是我们讨论反科学主张时的第二个因素。在第二章《卡里斯玛型领袖》中，我们会对反科学运动中的几位领袖进行简要描述，尽可能确定他们之间有哪些共同之处。我们要强调，大多数对特定健康问题持有错误观点、否认科学依据的人都是抱着良好意愿的个人，他们认为自己在做的事是有利于自己和家人的。我们还要强调，我们对科学问题产生错误观点的心理机制往往是有进化论基础的，在很多种情况下都很有好处，也很健

---

* 卡里斯玛型领袖又译为魅力型领袖，是社会学家马克斯·韦伯提出的三种领袖中的一种，指具有超凡的天赋魅力，借此获得人民崇拜的领袖类型。

康，甚至能帮助我们成为有同理心的人。

然而，当我们讨论卡里斯玛型人物时，我们往往是在讨论很难用好话去形容的一类人。尽管他们也许怀有真诚的信念，但其中大多数人都有装糊涂的嫌疑，他们经常模糊真相，伪装得很无私，实际上却借助宣扬错误观念而牟取可观的个人利益。而最重要的是，他们的所作所为对大众有害。

在这些卡里斯玛型领袖的吸引力背后，有一种尽管有时有点儿吓人，但很吸引人的心理或许能帮助我们更好地消除他们对其他人的控制。尽管卡里斯玛型领袖中有不少人拥有名头很响的文凭，实际令他们显得可信的理由却有可能是诸如音色低沉这种微不足道的小事。[17]第二章的结束也标志着我们连续两章对特定人群心理以及此类人群为何会形成反科学观念这两个话题的讨论告一段落。

只要我想到过这事儿一次，它就肯定错不了

每个人都会在环境中寻找固定模式。一旦我们找到了，而这些模式似乎又能解释很多事情，我们就会越来越相信它们很有必要。认为太阳绕着地球转动的古人并不愚蠢，他们也没有完全被人类必须是地球中心的宗教教条支配。事实上，只要你抬头看看天空，一眼望去似乎就是这么回事。经过数年的观察与计算，古希腊天文学家托勒密设计出一套复杂的数学体系来解释群星如何绕着地球转动。这种解释方法并不简单，而是一位极有才智的人运用手头所能找到的一切工具创造出来的。当然，它碰巧是错的。可是一旦这种解释被正式写下来，又被传授给其他天文学家，就成了很难放弃的定论。更有一些天文学

家，当有可能挑战“地心说”模式的新发现出现时，倾向于想尽办法将新发现融入“地球是宇宙的中心”的信念中去。也就是说，他们看到的是他们相信的东西。

最终，托勒密模式全靠另一批天才——哥白尼、开普勒和伽利略——以及望远镜这样的新发明，才最终被推翻。

任意一种类似的信念体系一旦形成，就会得益于被称为确认偏误（confirmation bias）的心理现象。保罗·斯洛维克完全捕捉到了确认偏误——第三章的主题——的精髓：

> 如果相信极端立场会随着更多信息的提供、有教育作用的项目而起变化，那我们肯定会因此感到欣慰。不幸的是，心理学研究证实，人们的信念改变得很慢，而且在面对相反证据时异常顽固（Nisbett & Ross，1980）。最初的印象一旦形成，就会构建起后续证据的解读方式。如果新证据与某人的既有信念一致，就会显得又可靠又有用，而不一致的证据则会被当作不可靠、错误或者不具代表性的信息而忽略掉。[18]

这话听上去是不是很耳熟？我们大概都能想到生活中几个符合这种情况的事例：我们没有按照事物原本的样子，而是按照自己的理解去看待它们。比如说，杰克多年来始终坚信，如果需要治疗一种名为惊恐障碍的焦虑症，抗抑郁药物要比认知行为疗法（CBT）更有效。这是因为他的教授就是这样主张的，而相信老师的主张是一名听话的学生应尽的义务之一。当部分新发表的研究显示认知行为疗法也有作用时，杰克便努力在实验方法中寻找瑕疵，或者照自己的意思去解释这些研究，只为说服自己相信这些新发现不足以动摇药物治疗更有效这个信念。最终，他向一名认知行为疗法专家戴维·巴洛——该专家现在在波士顿大学工作——提出挑战，希望做一项研究，对两种治疗方式进行比较。结果出乎他的意料，认知行为疗法比药物治疗效果更好。[19]

幸好，杰克认同了研究结果，改变了自己的想法，但在那之前，他一直在努力证实自己原有的信念是对的。在科学研究中，这种事随时都在发生，同时也是每个领域都会出现的非常激烈的科学辩论及冲突背后的原因。事实上，神经科学家应用复杂的脑部成像技术，已能够呈现出当既有观念受到挑战时，大脑不同部分或用偏见或用开放式思维做出回应的方式。对我们这些一贯支持科学证据的人的挑战则是支持后一种做法。而进行这方面努力的我们却过于频繁地遭到反科学派卡里斯玛型领袖的对抗。

如果 A 发生在 B 之前，那么 A 就导致了 B

正如我们在第四章《因果关系与填补知识空白》中所阐述的，不确定性会令很多人感到不舒服，甚至害怕。想要知道事物为什么是这样而不是那样是很自然的倾向，而这种倾向往往会发展成试图明确是什么导致了什么。再次强调，这种倾向几乎可以肯定是在进化中保留下来的一种具有保护作用的特征——当你闻到洞穴中有烟味时，就会认为有火才会有烟，于是逃出洞穴；你不会首先去考虑其他可能性，否则就有可能逃不出来了。我们不自觉地给每天观察到的事情赋予某种因果意义。如果你听到玻璃破碎的声音，又看到你的狗从房间里跑出来，就会立刻得出结论：你的狗把桌面上的玻璃杯弄掉了。当然，也有可能是别的什么东西把玻璃杯弄掉了，吓得狗跑了出来。这就是流行病学家所说的因果倒置。但是大多数时候，这个推论都是不成立的。如果我们对因果关系没有特定偏好的话，就会再次陷入各种各样的无用思绪中无法自拔，失去行动力。

然而，假设因果关系的习惯会在我们思考更复杂的系统和问题时令我们犯错。这不是“先有蛋还是先有鸡”的问题，蛋和鸡的问题是没有科学意义的哲学和语言学谜题。我们知道鸡是从蛋里孵化出来的，成年的鸡又会下蛋，所以不存在鸡或者蛋哪个先出现这种问题。从进化论的角度更确切地说，是更原始的生命形态出现在这两者之前。与此不同的是，我们这里讨论的“因果关系”是科学方法允许我们得出某事物是另一事物的原因这个结论的特定路径。如果你回顾一下我们列出的反科学观点的例子，就能看出其中有很多是争辩的结果，而不是因果关系的产物。例如，毫无疑问，HIV 就是艾滋病的病因，我们可以同样肯定疫苗不是自闭症的病因。不过，仍然有些个人和团体在为这些存在明确因果关联的科学事实展开争辩。

如果某人有个患有自闭症的孩子，自然很想为此找到一个原因，这是完全可以理解的。但孩子患自闭症的病因是无法确定的，这无疑是令双亲心碎的原因之一。不少病童的父母一开始会责怪自己。妈妈也许会怪自己不该在怀孕时吃那么多油炸食品。爸爸也许会怪自己遗传给孩子不好的基因，或者当父亲的时候年纪太大。罪恶感继续发展，又增添了一份烦恼：这个孩子一辈子都要为了适应环境而痛苦挣扎。这类愁苦的家长很容易抓住一个现成的因果关系不放，尤其是在它能令他们将怒火转移到别人身上而不必怨恨自己的时候。一旦类似于疫苗导致自闭症这样的说法流传开来，并得到鼓吹此类说法的群体的大力支持，科学家就很难通过引用全部相关研究的数据来证明此结论是错误的，进而使人们抛弃这种观点了。所以，渴望得到或迫切需要找到因果关系的倾向往往会导致我们得出从科学角度上看是错误甚至有害的结论。

事情很复杂

埃博拉的什么特性使得它在几个西非国家，如利比里亚、几内亚和塞拉利昂等地大肆传播，而在美国却只能构成极小的威胁呢？而为什么流感病毒是对美国人安全的主要威胁，在过去 30 年里导致成千上万人死亡呢？答案要从这两种病毒的生物学特性中寻找。埃博拉病毒和 HIV、流感病毒一样，是一种进入人类细胞后就会转化为 DNA（脱氧核糖核酸）的 RNA（核糖核酸）病毒，这就使它得以嵌入宿主细胞的基因组中进行自我复制，随后继续感染更多宿主细胞。埃博拉病毒的主要宿主是果蝠。最重要的是，它的传播方式是接触被感染个体的体液；[20] 埃博拉不像流感或水痘那样是通过空气传播的病毒。这一点非常重要：一个人只要吸入了近处感染者咳嗽或打喷嚏时小范围内的空气，就可能感染流感。流感病毒可以在相距 6 英尺 * 之遥的两人之间传播。埃博拉病毒则无法以这种方式传播。一个人除非接触到某个埃博拉感染者的血液、尿液、粪便或呕吐物，否则是无法被感染的。因此，感染流感的概率比感染埃博拉的概率大得多。感染埃博拉的风险最大的人是医务工作者和照料感染者的家庭成员。埃博拉病毒

---

* 1 英尺约合 30.48 厘米。

的潜伏期是 2~21 天，而直到表现出症状之前，感染者都没有传染性。这一点也与流感不同，流感的感染者在出现症状前一天就能传播流感了。因此，我们清楚感染埃博拉的人何时具有传染性，而对感染流感的人则不能确定。

上面这些我说得明白吗？这些是事实。你现在明白 RNA 病毒和 DNA 病毒之间的区别了吗？明白病毒感染细胞和进行复制的机制，甚至具体的复制产物是什么了吗？通过体液感染和通过空气传播感染的区别完全清楚了吗？我们所说的潜伏期你理解了吗？如果你不懂，也不必感到惊讶。这些术语相当于医生和大多数科学家的第二天性，但其他受过教育的人可能很少想到它们。正如大多数医生不理解成本会计包含什么内容，大多数会计也不是病毒学专家一样。换句话说，埃博拉是什么，会造成怎样的后果，这两个问题的细节是很复杂的。尽管我们早已处在万维网所带来的全新的信息时代，但我们的大脑仍然不是为迎接技术性强的复杂描述而设计出来的。你可能读上一段的时候读得很快，只记住了几个诸如此类的词：HIV、蝙蝠、感染、传播和有症状。因此，如果你跟大多数人一样，读完这一段之后就很可能走开了，还带着错误的认识："埃博拉具有传染性，你有可能在火车上被坐在身旁的另一个人感染。"

本书第五章《逃避复杂性》讨论的是人们向不科学的概念屈服的另一个原因——我们所有人面对复杂问题的时候都会感到不舒服。并不是我们没有能力学会那些知识，而是我们不愿投入时间和精力做这件事。当复杂问题涉及科学和数学知识时可能尤其如此，因为很多人认为——这种想法往往是不对的——他们至多只能理解最最基础的科学和数学知识。正如我们在讨论人脑功能的某些方面时所阐明的，我们的心智会自然受到清晰简单的解释的吸引，尤其是在此类解释还被带有感情色彩的修辞修饰过之后。我们其实很害怕复杂问题。我们的本能是伸出双手快速拥抱某个问题一小会儿，而不是被它“迷住”或是与它纠缠不清。正如我们在整本书中不断指出的，这种对复杂性的逃避与反科学行为的其他原因类似的地方是，在很多情况下，它们都是适应环境的、有正面作用的态度。我们如果坚持搞懂生活中每一件事的技术细节，就会寸步难行。一个人几乎不需要对汽车引擎的工作原理有什么认识，也能坐进车里把它开走；也不需要充分理解大调与小调的关系、弦乐器的和声，就能欣赏音乐的美妙；更不必写下光合作用和植物氧交换过程的完整化学步骤，就能栽种一个花园的植物。除此以外，当我们需要当机立断的时候，不要多想细节问题往往是最好的选择。处理紧急情况最好的办法是采取行动，而不是深思熟虑。

但是在为健康问题做决定的时候，不能处理科学细节的特质就会让我们更容易接受精心包装过的错误言论和口号。科学家、医生和公共卫生专家对这种情况往往帮助不大，因为他们经常拒绝把问题解释得清晰有趣。科学家们似乎总是从一个极端跳到另一个极端：不是拿出只有他们才能理解的过于复杂的解释，就是以居高临下的姿态拿出过于简单、包含的有用信息少得可怜的解释。而且当真相十分复杂的时候，专家也容易坚持过于简单的不正确观念。

其实，我们在第五章强调的正是科学家需要更加努力地找到与非科学界人士沟通科学事实的最佳方式。这一点必须从改变儿童科学教育的方式开始——应该从单纯的死记硬背变为理解科学如何实际发挥作用。通过专注于科学方法，我们可以开始教育人们如何接受复杂性和不确定性，如何质疑，以及如何提出正确的问题。

谁害怕淋浴？

第六章《接受风险与可能性》关注的是在本书开头几个段落描述的谜题中点明了的问题，与埃博拉病毒感染有关：人们无力分辨真正的风险。在美国感染埃博拉的概率是极小的，但是它在这个国家得到的关注和引发的恐惧却相当大。一方面，我们知道感染埃博拉的真正风险大概是数百万分之一；另一方面，我们又把这种风险理解得很高。我们主要应感谢丹尼尔·卡尼曼以及其他行为经济学家的工作成果，让我们现在掌握了关于人们如何形成并坚持他们对风险的看法的大量实证证据，而且，最重要的是，普通人的做法和统计学家的做法大不相同。公共卫生领域的一位统计学家可能会告诉我们，摔倒致死的风险是 1/152，而死于坠机的风险是 1/8 321。[21] 两者的相对风险是 0.002，也就是摔倒致死的风险比死于坠机的风险大 2 000 倍。但是心理学家和行为经济学家告诉我们，我们对上述数字的理解并不简单。诚然，人人都能从中理解到，一个人更有可能因为在淋浴时滑倒或从楼梯上摔下来而死，而不是在搭乘飞机时死掉。可是 152 和 8 321 这样的数字在我们眼中除了大小有区别以外，并没有太大的意义。

在我们对风险的认知中，除了描述实际威胁的数字以外，还有很多其他因素在发挥作用。如前所述，人类的心智天生就带有喜欢高估小风险、低估大风险的倾向。前者是我们买彩票和保险的原因，后者是我们不接种流感疫苗或不系安全带的原因。决定在家里放把枪则是另一个例子。正如丹尼尔·卡尼曼最近与我们通信时提到的，“枪支安全问题很简单。当你想到自己家的安全问题时，就会假定有人来袭击。只考虑遭到袭击的情况的话，枪的确能令你脱险。没有人会把用枪还击的可能性与极低的遇袭可能性相乘，再去跟相对已经很低的枪支走火的可能性进行比较”。[22] 拒绝让孩子接种疫苗是说明这个道理的经典案例：那些害怕接种疫苗的人夸大了一种副作用的微乎其微的风险，同时又低估了麻疹暴发的毁灭性后果或百日咳的致命威力。我们还会被随机性愚弄，认为某件纯粹是偶然发生的事其实事出有因。[23] 因此，如果一个接种了疫苗的孩子三天后得了严重的传染病，我们就会认为是疫苗害孩子生了病，尽管连续发生这两件事大概纯属巧合。每个人都会犯这种错误。

在不给人们灌输足以令他们成为生物统计学专家的大量专业知识的情况下，说服他们理解事物的相对风险是一项艰难的任务。在这方面，一知半解是很危险的。杰克最近询问了一群受过良好教育的成功人士一个问题，即在淋浴时摔倒的概率是 1/1 000 这个事实让他们感到放心还是紧张。大多数人的回答都是放心，因为他们以为这就像抛硬币一样，他们每次淋浴时摔伤的概率都是同样小的。他们早就理解了相互独立事件的经典解释——这是在每一门统计学课程的第一堂课上都会教的——该解释的一个典型是每次我们抛硬币时得到正面或反面的概率。但是，其实他们错了。如果我们问的不是每次抛硬币时得到正面的概率是多大——此概率总是 1/2（50%），因为每次抛硬币都是独立事件——而是把问题换成抛 100 次硬币时至少有一次是正面的概率是多大，那么我们会得到相当不一样的答案：99%。类似的道理，如果在淋浴时摔倒的概率是 1/1 000，而你又每天淋浴一次，那么每三年你就有可能摔倒一次，所以请千万要小心。显然，想要帮助人们理解什么对他们的健康真的有威胁，什么没有威胁，需要大量努力和不同寻常的手段。

在《结语》中，我们给出了一些建议，都是关于在做健康决策时如何提高识别和利用科学信息的能力。在充分理解我们主张的对科学否定论贡献良多的要素之后，得出这些建议是自然而然的事。但是，我们认为最好一开始就提出另一组全方位建议。这需要大大提高科学教育、科学新闻业的水平，研究什么能帮助非科学界人士理解科学证据的本质，对利益冲突难题中的方方面面有所认知。我们现在就把关于这些话题的具体观点提出来，不过我们在本书中还将多次谈及上述话题。

我们亟须科学急救员

具体分析反科学观念的细节之后，我们自然会产生这样的疑问：我们能做些什么来转变这种观念？显然，要完成这个任务，当务之急是用经研究证实过的新途径教育大众。我们已经用非洲埃博拉疫情（该疫情没有也不会发展成为北美埃博拉疫情）作为一个近期案例来说明民众对科学证据的误解终归是有害的。由于民众情绪过激，社会上出现了回避、辱骂甚至殴打非裔美国人和到访美国的非洲人的现象。[24]最初的安排是，作为对医疗工作者在非洲治疗埃博拉病患的英勇表现的回应，他们返回美国家中后应该接受至少 21 天的隔离。克雷格·斯潘塞医生在几内亚治疗埃博拉病人后返回纽约时，有关部门下令他的未婚妻和之前接触过他的两位友人也需隔离 21 天。斯潘塞医生的公寓被封锁，他去过的一家布鲁克林区保龄球馆也歇业了。这些反应过度的举措背后的原因不是科学，而是恐惧。幸好，斯潘塞医生最后安然无恙。[25]

埃博拉在美国不是一场公共卫生危机，但是它的确代表了一场公共卫生、医学和科学领域的公共关系灾难。因为科学家们很清楚，考虑到埃博拉的传播模式，它在美国立足的可能性极低，所以最好的应对办法就是在它真正传播开来的地方（即非洲）抗击它。克雷格·斯潘塞出院以后在一篇感人至深的文章中写道，由于媒体和政客关注的对美国人的威胁并不存在，所以我们的关注点放错了地方，他为此感到悲哀。“我的美国同僚结束抗击埃博拉的战斗回到家乡以后，并没有作为可敬的人道主义者受到欢迎，”他写道，“反而得到了像印度的贱民一样的待遇。”[26] 这种做法犯了两个错误。第一个当然是道德上的错误——美国拥有世界上最发达的医疗技术，因此在道义上有义务将其知识用来挽救那些没有能力接触到现代医学的病人的生命。如何完成这个义务当然是复杂而艰巨的，也超出了本书涵盖的范围，但是我们不得不痛苦地意识到，美国人并不太在乎仅限于利比里亚、塞拉利昂、几内亚以及其他西非国家境内的埃博拉疫情。

第二个错误就是，人们没有注意到非洲的埃博拉疫情与我们在这里的忧虑息息相关。有少量埃博拉病例会出现在美国是显而易见的。要记住，我们最近这些年被硬塞了一大堆关于致命病毒的电影、小说和电视剧，讲述突然暴发的病毒几天之内就夺走了数以百万计的生命，甚至威胁到了人类的存续。在这些戏剧性的描述（它们往往只与真实的生物学和流行病学有很微弱的联系）中，少数外貌出众的科学家比整个科学家群体更有智慧，勇敢地参与此事，努力找出结束瘟疫、拯救全人类的方法。这些东西是科学家不会去读也不会去看，甚至都没听说过的，但是科学家们应该去了解，因为人们时时刻刻都在看。

因此，考虑到埃博拉必将在美国的什么地方突然出现，人们又注定要因此感到害怕，美国疾病预防控制中心得知非洲出现疫情后就应该立刻发起公共教育宣传活动。它之所以没有这样做，大概是因为公共卫生官员担心提出埃博拉肯定会在美国出现的可能性会令人们害怕，进而导致恐慌。如果真是这样，那这个决定就太糟了，因为害怕和恐慌正是托马斯·邓肯患病之后发生的情况。因此，疾病预防控制中心本来可以提前好几个星期帮助美国人民做好心理准备，用更理性的态度来应对，结果这段时间却被白白浪费掉了。克雷格·斯潘塞在文章中也意识到了这一点："在我们的公共卫生安全受到威胁的时刻，我们需要的是切实可行的应对措施，而不是随着下次大选的激烈竞争情况产生 50 种不一样的观点。"[27]

美国疾病预防控制中心和其他公共卫生和医疗机构未能前瞻性地处理好美国对埃博拉的反应，这个失败背后的原因更有可能是一个可悲的事实：这些组织基本上都没有把教育大众视为自己的职责。我们一次又一次看到公共卫生和科学机构对注定会令民众惊慌的事件置之不理。科学家总是认为（虽然这也没错）这类事件的流行看法都是不对的，也就是实际上不存在什么危险，因此也就不值得去关注。知道错误的想法已经深深植入一些人心中之后，科学界才会付出少得可怜的努力去消除它。

2014 年 8 月 27 日，布赖恩·胡克在网上发表了一篇文章，这就是一个很好的例子。在这篇胡克一个人完成的文章里，他使用了美国疾病预防控制中心和曾经发表过[28]的论文中的数据，并对它们进行"重新分析"。这些数据都是关于自闭症和疫苗之间据称存在的联系的。他用了一种叫作卡方检验的基础数据测试法，得出的结论是：年龄不满 36 个月就接种了麻腮风三联疫苗的非裔美国男性幼童要比 36 个月以上才接种此疫苗的非裔美国男性幼童患自闭症的概率高 3 倍以上。

这是一个令人震惊的结论。此前发表的所有证据都未能在疫苗和自闭症之间建立任何联系。胡克声称，“对于按照基因区分的人口亚群”，麻腮风三联疫苗“也许可以与不良事件产生相关性”。这篇文章在互联网和社交媒体上迅速扩散开来了。胡克发现在非裔美国男性幼童身上预防接种和自闭症存在联系这个大“新闻”之后，立刻有人指控美国疾病预防控制中心一开始就知道这件事，并且蓄意将其隐瞒。长期坚持接种疫苗会导致自闭症并弱化儿童免疫系统功能的那些所谓的疫苗反对者觉得他们终于得到了自己盼望已久的科学证明。不仅如此，一个阴谋论就此诞生，素来受人尊敬的美国疾病预防控制中心受到了铺天盖地的鄙视。

胡克的“分析”其实可以说是不科学的。由于一系列与研究方法论和统计推断相关的技术原因——其中一些我们稍后会提到——这篇论文绝对不具备科学有效性。事实上，发表这篇文章的期刊编辑于2014年10月3日撤回了这篇文章，解释如下：

> 编辑和出版人很遗憾地撤回此篇论文，因为作者方面存在未公开的利益冲突，故而对同行评审程序产生了负面影响。此外，后来发表的同行评审报告就研究方法和统计分析的有效性表示担忧，因此编辑不再对该发现的可靠性抱有信心。由此给您带来的不便，我们深表歉意。[29]

其中，“未公开”的利益冲突是一个众所周知的事实：胡克是一名自闭症患儿的父亲，同时也是一个名叫“聚焦自闭症”（Focus Autism）的组织的董事会成员，该组织一直主张疫苗是自闭症的成因。许多批评者很快指出胡克花费了多年时间研究这个议题，但他并不是免疫学、传染病学、自闭症或任何相关学科的专家。他是一位化学工程师。

最重要的是，胡克的论文发表之后被医学、科学和公共卫生界忽视了很多天。这篇论文在网上被频繁浏览，成了各类媒体争相报道的目标。新闻记者在争辩文章的功绩，也想让美国疾病预防控制中心的科学家们对文章做出评价。反疫苗群体自以为得计，欣喜若狂。这就是那个他们认定早就有了的铁证。而在这场喧嚣中，一看到胡克的论文就知道它大错特错了的专家们却一片沉默。

问题在于，要解释胡克的论文为什么是错的，而且一开始就不应该发表，是一个充满技术细节的复杂任务。2004 年最早发表这些数据的原始论文的作者是德斯特凡诺及其合作者，而这篇原始论文并不易读。事实上，“我们发现麻腮风三联疫苗与自闭症没有任何关系”这样的原话从来就没在论文里出现过。

最初这些研究者的假设是，如果麻腮风三联疫苗导致了自闭症，那么自闭症患儿肯定是在自闭症症状表现出来之前就接种了该疫苗。很显然，一名儿童如果是先被诊断为自闭症才接种了疫苗，那么该儿童的自闭症就不可能是由疫苗引起的。因此，比起没有患自闭症的孩子，应该有更多自闭症患儿不到 36 个月大就接种了该疫苗。因此，如表 1 所示，按照初次接种疫苗的年龄进行分析，显然这两个人群不存在差异。因此，论文作者总结道：“在这项以美国大都市区（佐治亚州亚特兰大）人口数据为基础的研究中，我们发现自闭症患儿初次接种麻腮风三联疫苗的年龄分布情况与同学校非自闭症儿童对照组相似。”换句话说，没有证据表明麻腮风三联疫苗与自闭症有任何关联。

表 1 有自闭症症状和无自闭症症状的儿童的人口学特征与认知水平对比 *

	有自闭症病例（N=624）		无自闭症病例（N=363）	
特征	*n*	%	*n*	%
年龄组（岁）				
3~5	214	34	131	36
6~10	410	66	232	64
性别				
男	500	80	292	80
女	124	20	71	20
智力障碍				
是	376	60	205	56
否	248	40	158	44

* 本表经原作者许可重制。*Pediatrics*, 113, 259–266, Copyright © 2004, by the AAP.

任何对病例对照研究方法、假设检验以及回归分析有较深了解的人都能看出，德斯特凡诺的论文是非常可信的。但是，大多数人可能会觉得这篇文章很难理解。文章中有很多处，原作者都真诚地解释过他们做了什么、没做什么，而某个江湖骗子可以利用这些解释，把它们从原文中剥离出来，扭曲原文的意思。胡克所做的甚至比这还要过分，他对这些数据所做的行为在科学家和统计学家那里称为“数据篡改”。如果你对一个大数据集提出疑问的次数足够多，从数学角度看它早晚会凑巧出现可疑的结论。所以说把一个数据集分成若干个亚群并重新进行分析的行为是错误的。而胡克的所作所为正是如此，他把男孩和女孩、不同族裔的孩子都单独区分出来了。他还使用了错误的统计学方法，简单的卡方检验不适用于分析德斯特凡诺所做的这个大规模病例对照研究。

我们要解释胡克的分析中存在的种种缺陷并不是特别困难。如果有人提出来，我们还可以讲得更简单或者更详细。如果有机会一遍遍解释德斯特凡诺的这篇论文的技术细节，直到每一位非科学界人士都理解其中的含义，我们再乐意不过了。但是很可悲，儿科医学、流行病学或者统计学的科研人群中没有一个人在胡克的论文发表后第一时间抓住机会加以解释。我们无法确定胡克的论文刚出现在网上的那些天里，有多少本来拿不定主意是否让他们两三岁的孩子接种疫苗的父母最后决定不给孩子接种疫苗。

科学家、医生和公共卫生专家早已习惯在人们跟风相信反科学观点的时候去责怪他们了。当罪魁祸首是没有一丝不苟地按照科学规范办事的卡里斯玛型领袖——又涉及如此巨大的公共利益时，我们也认为指责他们是应该的。但是大多数相信科学否定论者观点的人是真的相信他们在确保自己和孩子的健康不受损害。显然最迫切需要做到的事情是对人们进行科学问题教育的最佳方式进行严格的研究。这个结论也许有些令人吃惊，但坐等我们被恐惧压倒、被错误观念征服显然不可取。我们需要一支“科学急救员”大军，好在反科学观点出现后第一时间去应对。

但是科学很无聊……是吧？

我们怎么知道是不是每个人都准备以科学为依据做决定呢？哪些行为对增进人们对科学证据的理解没有作用已经变得越来越显著了，其中最主要的几种是说教、长篇大论、劝别人不要如此感情用事。感情令我们能够去爱，维系家庭，与全人类产生共鸣，在各种社会群体中协同工作，做一个利他主义、仁慈慷慨的人。感情同样是我们的大量日常活动背后的驱动力，对我们如何做决定也有强大的影响力。彻底不带感情既令人不快（球迷都知道，在篮球比赛期间深入分析每一个技术细节既会让比赛变得沉闷乏味，还会毁掉观看伟大球员相互竞争的那种兴奋感），又几乎做不到。况且，我们也无意鼓吹把每个人都变成对每一个决定和每一项行动都感到纠结的机器人。

正如我们主张的，真正必须要做的是在两个层面研发新策略：第一，要帮助学龄儿童爱上科学，喜欢像科学家一样思考；第二，要开展严肃的研究，找到最佳方式去说服成年人相信，按照科学证据做决定能够使他们的利益最大化。在第五章讨论复杂性的时候，我们将清楚说明，现在的科学教育方法很大程度上依赖于逼迫孩子们死记硬背各种事实，照着无聊的菜谱式实验步骤去做“实验”。这种做法注定会令他们中的大多数人讨厌这门学科。不仅如此，现在的教育方式不能让孩子们理解科学家如何工作、科学方法在实际应用中是什么样子，以及科学证据由哪些要素组成。我们主张，教育孩子们理解提出科学假设、求证科学假设、证实或证伪科学假设分别是什么，也许更有可能增加真正喜爱科学的孩子的数量，培养孩子们成为有能力区分科学事实与虚假宣传的公民。

已经有很坚实的证据表明，在学习科学时，亲身实践的学习方法能够让未成年学生进行科学实践，而不是死记科学知识。这种方法既能增加学生们从科学教育中获得的乐趣，又能帮助他们熟练掌握科学概念。[30] 宾夕法尼亚大学化学系的两位研究生近期设计了一个叫作“社区科学教育活动”（ACES）的项目，让费城当地的学龄儿童参与到项目中来，完成各种趣味实验。[31] 这种实验方法与典型的实验室课程大不相同，后者采用的是菜谱式的教学方法，学生必须按照一系列规定好的步骤完成实验，如果他们每一步都做得丝毫不差，最后就会得到预定的实验结果。有些学生认为这种典型的教学方法很有挑战性，但很多学生也对此感到无聊或灰心丧气。最重要的是，常规的高中及大学科目中的实验课没有模拟出实验研究的兴奋感。研究者在做一个新实验的时候可没有“菜谱”提供指示。科学家们实际上始终在设法明确自己现在的做法是否通往正确的方向，某种中间产物是否能让整个研究更有可能得出有意义的结果。

有迹象表明，现在有人正在为纠正这种状况而开展工作。彼得·J. 阿莱莫与他在西雅图大学的同事们在开发一种适用于本科有机化学实验课的新方法，让学生们必须像职业科学家一样“思考、表现和行动”。[32] 在前文提到的社区科学教育活动项目中，学生和导师们只需关注指导实验的概念。这样做能还原探索的感觉，让沉闷的实验室工作令人振奋。类似的工作正在全美各地的大学中展开，比如加州大学戴维斯分校、科罗拉多大学和北卡罗来纳大学。[33] 正如我们一直强调的，也是设计这些项目的学生深刻理解的，只有经过认真的评估研究，我们才能知道这些项目有多么成功。

至于影响成年人的最佳方式，可靠的科学信息甚至更少。这个问题很大程度上是因科学组织长期拒绝参与公共教育而造成的。我们在埃博拉危机中已经看到，就连在其他情况下表现很好的机构，比如美国疾病预防控制中心，都要等很长时间才明白什么时候人们需要得到系统性的、容易理解的，而且在情感上有说服力的正确信息。我们当然需要公共卫生官员，他们要做好准备定期通过电视广播——也许还有社交媒体来预测大众的忧虑与恐惧。另外一个例子是，一个最近宣布的消息称，科学家认为在日本福岛核电站熔毁两年后抵达美国西海岸的辐射浓度极低，不足以构成健康方面的威胁。不知道这个消息是否让编造核辐射对加州居民有多大威胁的恐怖故事的那些作恶者冷静下来了。[34]但是，我们需要确定的是，大众拒绝那种骇人听闻的言论是因为有关机构颇有前瞻性地展开了宣传。该宣传措辞严谨地打消了人们对此事原本怀有的恐惧，并且用清晰的语言解释了这个令人放心的消息是使用尖端技术收集到全面的检测数据之后做出的判断，而不是政府掩人耳目的阴谋。

耶鲁大学、乔治城大学和俄克拉何马大学的丹·卡亨、唐纳德·布拉曼和汉克·詹金斯-史密斯分别开展了一系列实验，用于展示文化价值观和倾向性如何影响我们对谁是科学方面的“专家”的判断。[35]他们对自己的工作总结如下：

> 仅仅确保在科学上合理而可信的信息——包括科学家自己坚信的证据——得到了广泛传播是不够的，因为文化认知会极大地促使具体的个人——无论其抱持着何种世界观——仅仅在能够增强他们的文化倾向的特定模式下才认为这种信息是可信的。为了克服这种效应，希望沟通的人不仅要注意信息的科学内涵，也要注意其文化内涵。

就这一点而言，文化包括那些基于反科学的理由而创造出来的内容。反对转基因生物、核能或疫苗的人往往会把这些观念转化为一种生活方式，而以反对为核心的文化就在这种生活方式中诞生了。哪怕只破坏这种文化中的一个信条，在该文化的追随者看来，这都是对他们的立身之本的致命打击。

目前，我们对成人科学教育的最佳方式基本上一无所知。我们的某些设想已经被证实是错误的了。例如，有一个早已为人所熟知的事实是，在警告人们存在某种潜在危险的时候，如果使用了高度情绪化的内容，人们就会对这种危险更加敏感。那些反疫苗人士的强烈抗议中满是为了抓住我们人类最基本的同情心而设计的内容，也就是对据称会受害的孩子个案的具体描述。我们面对遭遇不幸的孩子会立刻被感动是一种值得夸赞的人类情感：其他物种有时甚至会吃掉幼年个体，而人类却形成了一种本能——几乎不惜一切代价去保护或拯救一个没有亲缘关系的小男孩或小女孩的生命的本能。因此，疫苗反对者的宣传会如此令人难以移开视线也就不足为奇了。有了这样的认识以后，一组科学家设计了一个实验，想知道如果把麻疹以及其他可预防的传染病的破坏性有多大的信息摆在对疫苗的态度比较矛盾的家长面前，会不会把他们推向支持疫苗的一方。研究者惊讶地发现，他们那些大打感情牌的信息反而令情况恶化了：已经对免疫措施传说中会产生的负面作用感到很害怕的家长们在得知这些骇人的信息之后恐惧感更强烈了。[36] 我们在本书后面的篇章中将对造成这种现象的潜在原因做进一步挖掘。

类似的还有，2012 年，美国食品药品监督管理局（FDA）下令在香烟包装和广告中加入更多关于吸烟危害的图片警示内容。某些证据表明，这种做法比之前更加温和的健康警示更能有效地激励人们停止吸烟。[37] 美国烟民人数曾经在卫生局局长发布第一份披露尼古丁危险性的详细报告之后出现了大幅下降。尽管如此，虽然向民众发布吸烟有致命危害的警告已经有 50 余年，我们依旧完全无法确定这类教育对烟民人数的减少起了多大作用。能够明确的只有两点：增加烟草税和强制规定吸烟区是有用的。[38] 使人害怕的策略很容易造成事与愿违的后果，气候学家试图用全球变暖的严峻后果警告我们的时候带来的反应已经有目共睹了。环境研究团体突破研究所的特德·诺德豪斯和迈克尔·谢伦伯格对此次事件总结道：“有充分理由相信，将气候变化与自然灾害联系在一起，借此提高大众对气候问题的忧虑，这种做法只会适得其反。十多年的研究表明，呼吁人们出于恐惧关注气候变化只能激发抵触心理、宿命论思想和两极分化的态度。”[39] 他们主张，真正需要做的应该是传达教育信息，让人们能够认识到自己可以实现的那些目标。让人们害怕也许会使他们祈祷得到解救，但不会促使他们采取科学的行动。

这方面的教育对象还必须延伸到我们的立法者，他们往往声称自己对任何科学事务都一无所知。政治经常干扰对科学事务的判断，而我们的立法者必须对理解立法方面的政策争议和对科学证据有误导作用的争议之间的区别有更丰富的经验才行。地球正在因为人类造成的碳排放而变暖就不是争议。如何解决这个问题，例如综合使用太阳能、风能以及核能，就是存在公共争议的立法议题。正如戴维·希夫曼曾经抱怨过的：

> 政治家说出“我不是科学家”这种话是很令人恼火的借口……这种回复会引出很多关于他们的决策过程的重要问题。他们对我国的道路、桥梁和隧道的最佳维护方式有什么想法吗——还是说他们完全没考虑过，因为他们不是土木工程师？他们会不会拒绝讨论农业政策，因为他们不是农民？[40]

对政治家进行科学教育是有作用的，近期在非洲国家博茨瓦纳的一个项目就是明证。一个研究团队希望促进关于 HIV 和艾滋病方面的讨论、争议和立法的质量，因此联系了博茨瓦纳议会成员，询问他们是否需要更多相关教育。据《科学》杂志报道，议员们“提到，专业术语、未经解释的技术用语和统计术语是影响他们理解如何使用科学证据的首要障碍”。[41] 随后，科学家向议员们提供了实操训练，涉及类似对照组、偏差和证据这样的关键科学概念。这个对立法者们进行教育的实验似乎很成功：

> 博茨瓦纳立法者们的反馈是交口称赞。他们提出希望增加后续课程，以便覆盖更具体的课题，还希望让其他决策者也接受同样的训练。经过训练之后……一位资深议员注意到，议会辩论，比如围绕 HIV 政策的辩论，更加严密，也更加重视证据了。

不过，参与博茨瓦纳项目的研究者们迅速提出了不同的意见，称该项目的真正价值要等到其长期影响得到正式评估之后才有结论。参与某个项目的人像这样给予项目赞美与推荐有点儿有失偏颇。如果立法者们对参与项目的体验给出的是毫不含糊的负面评价，显然说明该项目现阶段很可能没有什么价值。但是，如果立法者们给出的是积极回应，该如何评价此项目就不那么明确了。项目有可能确实有效，也有可能是参与者心怀感激，因此片面地做出了积极回应。即便是在研究科学教育时，科学方法的常规原则也是适用的，而且研究开始时也必须考虑到结果是不确定的。

确实，我们希望说服人们，制定健康决策时必须将科学事实纳入考虑范围且无视这些事实会造成可怕的后果，但目前还无法确定最好的方式是什么。因此，我们推荐的首要举措之一就是增加相关机构的科研经费，如国家卫生研究院（NIH）、国家科学基金会、教育部、疾病预防控制中心、食品药品监督管理局，还有其他研究科学沟通方法的相关公共与私人机构。这项研究与未成年人科学教育研究不一样，尽管也需要大大提高资金投入和关注度。我们所说的科学沟通方法是指将科学事实用具有说服力的方式呈现出来。对于种类繁多的信息源也同样需要加以注意。传统的新闻业——纸质媒体、广播、电视——在面向大众进行科学沟通时有时存在不足。其中部分原因是绝大多数新闻工作者对科学原则与科学方法只有最基本的认知。一项研究显示，在多个医学谈话节目中提供的信息毫无事实依据。[42] 但是也许在获取科学事实方面更大的问题在于人们只对有争议的议题感兴趣。新闻工作者也许会试图找借口说，他们虽然传播了吸引眼球但未必准确的科学观点，但这只不过是为了提供人们想知道的东西。毕竟没人强迫大众为新闻界发表的东西付钱或是逼着他们非读不可。但是这类报道的结果是无中生有地捏造某种科学争议。媒体人必须明白，“利弊平衡”* 这个概念在讨论科学问题时并不意味着非主流科学人士得到的关注应该跟主流科学家一样多。这些非主流人士并不是被孤零零地逐出学界并在沙漠中为了揭示真理而大声疾呼的人，只是在坚持错误的观点而已。科学和政治在这方面是不一样的。

在某些科学新闻中存在的另一个错误是在承认缺乏证据的时候暗示缺乏证据。让我们举个例子来说明：一项新发表的研究提到，经证实，一种被大肆吹嘘、前景大好的新型癌症疗法的疗效并不比某种现行的药物疗法更好。这篇科学论文的结论是“我们未能找到证据证明‘新药’比‘旧药’更好”。然而，出现在报纸上的标题却成了《新药对癌症无效》。若要证明一种药优于另一种药，不仅需要证明前

---

* “利弊平衡”（fair balance）是美国食品药品监督管理局制定的一项法规的关键原则，要求药品广告在宣传药品正面效果的同时必须以同样的力度强调其风险。

者的应答率*高于后者，还必须是在统计学意义上显著高于后者。再举个例子：随机抽取20位癌症患者，其中10位得到的是新药，另外10位得到的是旧药。得到新药的患者接受治疗后存活了9个月，而得到旧药的患者只存活了3个月。这6个月的区别在我们眼中似乎很重要，但是因为接受试验的人数太少了，再考虑到统计分析的技术特点，很有可能这个区别是不具备统计学意义的。因此，研究者有义务声明他们不能确定新旧两种药物存在区别。但是在他们的总结中，下一句话肯定会说："未来将开展一项有更多病人参与的研究，也许会显示'新药'提高了存活率。"

但是在这个案例中，媒体人和科学家不一样，他们不能接受最后的结果是这种药物有无作用并不确定。新闻报道必须有明确的结论。因此，他们就得出了新药不管用的错误结论，到此为止。后来，后续研究发现这种药的确显著提高了存活率，也许是某个患上呼吸道癌的亚组患者群的存活率。而媒体人已经去报道别的事情了，这个新闻因此未得到发表的机会。所以，我们需要教育媒体人掌握正确的科学沟通和科学方法。

当然，今天我们可以从任意一种渠道得到大部分信息。在此再强调一次，对大众的教育是必不可少的。必须有系统地从人们的头脑中根除"谷歌搜索的第一条结果肯定提供了最好的信息"这种想法。互联网是一项了不起的进步，其中一个作用就是促进了像本书一样的图书得以问世。但是涉及科学问题的时候，网上也充满了带有强烈争议性的内容、错误信息，还有对真相的曲解。梅奥医院的格雷戈里·波兰和罗伯特·雅各布森15年前做了一个简单的搜索，找到了300个

---

* 应答率（rate of response）指临床试验给药组的病人对药物治疗产生部分或完全反应的比例。

反疫苗网站。[43] 必须针对如何帮助人们避免只得到增强他们错误观念的信息开展大量研究。

利益冲突的冲突

我们最终选择什么人来开展上述科学教育也是个难题。科学否定论者阵营的卡里斯玛型领袖往往具备很强的科学领域资历，尽管该资历往往与具体讨论的科学问题所在的那个分支学科无关。不过，只是在某个科学领域内取得了医学博士、公共卫生学硕士或其他博士学位 * 并不足以将科学否定论者和科学家区分开来。显然，能够开展科学教育的人本身应该在大众眼中很有魅力，也就是说，他们的话既有权威性也充满感情；他们将教育大众真正放在心上；他们不会显得对“无知”很气愤，或是傲慢自大、盛气凌人。

自然，最有争议的一处就是“纯粹性”。我们所说的纯粹性是指几乎不存在潜在的利益冲突。科学否定论者有一个最出名的战斗口号就是指责我们的健康和平安受到了各家大公司及受雇于它们的走狗的威胁。任何不同意科学否定论者的人经常被指控为受“金钱收买”的人，金主则是制药公司、能源公司和生产转基因种子的公司等等。

毋庸置疑，金钱是一种强有力的激励因素，能够令人们在评估科学成果时放弃自己原本的好恶。尽管制药公司坚决否认，但很显然，他们针对医生的推广营销活动影响了后者开处方的行为。[44] 为各种疾

* 此处原文为 PhD，原指哲学博士学位，一般情况下指医学、神学及工科专业以外的博士学位。

病的疗法制定专业指南的评审机构中的医生和科学家在研究工作或顾问委员会的工作中，往往接受了来自制药公司的赞助，而这些制药公司正是生产专业指南推荐使用的药品的那些公司。制药公司赞助的药物研究比起非营利组织，如国家卫生研究院赞助的同类研究更容易得出正面结论。杰克曾在各顾问委员会工作和做讲座时接受了来自制药公司的可观赞助，他可以证明，这类赞助对医生或科学家的观点有时的确会产生微妙但不可否认的影响。倒不是说医生或科学家会有意颠倒黑白，但是他们会不太容易注意到提供赞助的那家公司生产的药品的不足之处。[45]

时下的科学期刊要求在接受一篇论文前对这类利益关系进行全面披露。目前也有各种公开性保障法案要求制药公司公布所有赞助过的医师名单。其他科学家和医疗保健专家有权对制药公司赞助的研究提出质疑；对某公司的产品提出负面研究结论的论文基本上不能发表；有时某种药品的负面效果虽然在研究报告里被提了出来，也被看上去很正面的其他内容掩盖了。

自然，有问题的地方并不局限于科学家和医生。《哈佛商业评论》有篇文章提到，"芝加哥大学布斯商学院教授路易吉·津加莱斯发现，在商学院或者董事会工作的经济学家们比他们的同行更支持给高管支付高薪"。[46] 这个发现有一点很重要，那就是经济学家们和处于同样立场的医生们一样，真心相信自己是不会被金钱左右的。从大公司手里拿钱的人偏颇地认为"我有自制力"，心想"金钱也许会影响其他人的态度，但我能完全掌握事态，绝对保持客观"。他们的这种想法，在那些认为开车比坐飞机更安全的人身上也能看到，其理由是他们能操纵车而不能操纵飞机。

企业对科学的支持总是冒着跟偏向性有关的风险，哪怕没有真的造成偏向，也会给人一种有偏向的印象。美国科学与健康委员会的创始人伊丽莎白·惠兰是一位重要人物，她呼吁制定与健康有关的公共政策时只能以可靠的科学成果为依据。她谴责缺乏坚实科学事实支撑的规定，并合理地对以下观点提出质疑：某种物质如果能导致一只患癌症风险高的老鼠偶然患上癌症，那就应注明该物质对人体有毒害。她谴责食品禁令时有一句评语特别出名："像老鼠落地一样快。"* 然而，尽管她在公共事务领域为科学做出了很多重要辩护，但她的工作总是饱受批评，因为它们接受了大公司的经济援助。正如《纽约时报》为她所写的讣告中所说："批评者说，大公司的捐助恰恰是因为（美国科学与健康委员会的）报告总是站在有利于工业界的立场上。"[47] 诚然，惠兰和她的委员会接受商业界金钱捐助的这个事实并不能自动引出他们的观点没有效力这个结论；即便是他们做出了错误的判断，比如支持人造甜味剂，[48] 也不见得就是因为人造甜味剂的制造商收买了他们。可是，大公司的赞助将永远在惠兰留下的科学遗产上投下一道阴影。

不易察觉的金钱激励造成的问题同样影响着反科学阵营，尽管这一点几乎没人承认。图 1 是一个叫作"理念行动"组织的系列反转基因宣传中的一部分。它们将自己描述为"一个社会变革组织，支持行动主义，资助进步的非营利组织——行动经费来源于手机通信公司——理念移动通信（CREDO Mobile）的收入"。但是理念移动通信是个怎样的公司呢？它是一家电信服务商，经营手机和无线电话通信套餐，也提供信用卡，而且跟潜在顾客推销自己时劝对方不要选择那些"大电信公司"。换句话说，该公司在用社会行动为自己的产品

* 这句话的原文为"at the drop of a rat"，是对一句英语俚语"at the drop of a hat"的改写，这句俚语的字面意义是"帽子一落地的工夫"，形容做事又快又随便。

打广告。顾客也许会以为这是一个非营利组织，但其实它不是。我们对“理念行动”的立场有认同也有反对，但是那无关乎重点。在该组织的反转基因工作中，他们以一家营利的电信服务商的身份反对一家营利的农业公司。我们花费了大量精力才发掘出这个事实。

到这里为止，我们已经集中讨论了涉及金钱的利益冲突，但是只关注经济方面的利益冲突也会带来大量问题。首先，只根据某家公司为一项研究支付了款项或者生产了某个产品并不能自动得出该研究有污点或该产品有危险的结果。我们服用的大多数药物其实都是安全有效的。幸运的是，急性食物中毒的病例是非常罕见的。某些杀虫剂和除草剂对人体无害，只对昆虫、啮齿动物和入侵种野草起作用。我们对商业经费投入科学研究的行为起疑并且要求采取安全保障措施，以确保这种金钱关系不会导致走捷径或不道德的行为，这是很正当的，

图 1　理念移动通信广告，这家营利企业运用社会活动来推销自己的产品

出处：https://act.credoaction.com/sign/monsanto_protection_act。

但反过来认为这其中一定存在腐败行为的结论并不合理。

只关注经济方面的利益冲突还会造成一个问题，那就是忽略了可能在科学研究中导致偏见的许多其他因素。在本章前面我们讨论过的布赖恩·胡克的案例中，偏见存在的形式是，持有偏见者所属组织的目的不容违背。胡克的观点之所以可疑，不是因为他接受了大公司的金钱，而是因为他属于一群坚决拒绝承认任何与自己观点有冲突的事实的狂热信徒。在制造偏见这方面，强烈的情感与金钱的驱动一样有力。

我们强烈支持彻底披露一切利益冲突的关系。

抱着这种精神，我们在此也披露我们的利益相关信息。杰克多年来为几乎全部大型制药公司和部分小型制药公司担任顾问。制药公司经常出资请他去做讲座，他还有一小部分研究是在制药公司的资助下完成的。自 2003 年起，他不再接受制药公司的资金。1982—2006 年，他的研究得到了国家卫生研究院的资助。他曾经受雇于私立医学院、私立保健公司和纽约州政府。

萨拉是一家大型跨国保健品及药品公司的雇员。她在全球公共卫生部门工作，具体方向是在资源有限的条件下促进全球公共卫生的发展。她工作中的绝大部分内容与药物类产品无关。她所在的公司的确生产了数种疫苗和抗生素，但这只是该公司业务中相对较小的一部分，萨拉也没有参与这部分业务。她对疫苗安全性的看法是在加入这家公司之前形成的。

我们对本书中讨论的所有议题的立场也是十分清晰的。我们认为每个孩子都应该接种美国儿科学会推荐的所有疫苗；任何人都不应该在自己家里保存枪支；抗生素作为处方药被使用过度了；在合适的安全措施到位并且得到认真维护的情况下，核能以及转基因食品是安全的；电休克疗法对重度抑郁症是安全有效的；应当立法禁止销售非巴氏消毒奶。希望本书读者不会因为我们持有上述观点而对我们抱有成见。我们的观点建立在读过的科学文献的基础上，其中不少观点并不受我们的亲友欢迎。我们也希望读者始终记得，这本书的主要关注点不是反复争论疫苗、转基因食品或核能的优劣，而是要呈现一个框架结构，帮助大家理解为什么人们会拒绝接受科学证据，这种情况又该如何改观。

我们相信，如果没有能力把科学当作决策依据，我们将落入浪费时间和宝贵资源，并将自己和孩子们置于重大危险之中的境地。正因为这样，我们相信现在是时候了，应该将不理智的健康观念中的复杂细节，以及医学界、公共卫生界人士已经做出的回应彻底梳理清楚。这就是我们承担完成这本书的任务的理由。阐明不理智的健康决策的成因并提供解决办法并非易事，我们当然也不会声称掌握了所有答案。但是最关键的是我们在努力，因为我们可以毫不夸张地说，这些决策很多时候就意味着生与死这两个截然不同的后果。

对本书标题，我们要说一句:《认知陷阱》揭示了本书的两大核心主题。第一个主题是讨论可能有哪些原因导致人们否认科学告诉我们的事情。如果我们拒绝让自己的孩子接种疫苗，他们中有些人有可能染上本来可以预防的重病。如果我们毫无必要地使用抗生素，这种行为就会促使耐药性强的菌株传播开来，或许会导致严重的传染病暴发，甚至致死。在这两种情况下，拒绝接受可靠的科学证据都会造成悲惨的后果。但是我们还想再次强调，第一个主题尽管在本书中十分重要，但不是我们着墨最多的地方。我们在本书中举出的每一个科学问题背后都有压倒性的数据支持，而全面分析这些证据并不是我们的核心目标。我们实际上最关注的是《认知陷阱》这个标题中的第二层含义：人们情愿把他们对科学的错误认识“带到坟墓里去”，纵然面对大量证明他们错了的证据并因此令自己置身险境也在所不惜。我们相对而言没那么关心如何说服我们的读者让他们的孩子去接种疫苗（当然应该接种），而是更想试图理解为什么有些有知识、有善心的人执着地相信疫苗有害。我们对转基因生物、核能、抗生素、巴氏消毒法、电休克疗法，还有我们为了阐明这个令人困惑的现象而列出的其他所有例子，都抱持着相同的原则。

我们并未声称自己对本书讨论的所有主题都是绝对的专家，但我们在辨认证据是好是坏方面却是专家。我们希望本书的广大读者经过努力能掌握这门技术。当然，我们不会自称能够不受心理诡计的影响，就是那些有时会令我们中的某个人不相信真凭实据的诡计。没人能做到这一点。我们只想谦逊地指出，我们知道如何改进我们每个人对否定证据这件事的看法。因此，本书的目标读者范围极广，从公共卫生和医学专业人士、科学记者、科学家、政治家再到政策制定者。最重要的是，我们希望本书能帮助每一个正在或曾经因为科学争论感到困惑的人，无论这个争论是在新闻中读到的还是从朋友口中听说的。我们自己也是这类人中的一员，我们的许多亲朋好友也是如此；我们希望你加入我们，一起走过这段旅途，尽可能去理解这种困惑从何而来，我们又该怎么做。

第一章　阴谋论

阴谋是神秘的。我们认为，可以很合理地说，就算没有任何数据支持，大多数人也从未成为阴谋的受害者，甚至连一个这样的人都不认识。在正常生活中，哪怕只让一个中等数量人群中的每个人都达成共识，找出时间会面，接着制订计划并长期实际执行一项秘密行动，都是相当困难的。组织一些人一起办个生日惊喜派对，并且把具体计划保密到最后一刻就很不容易。我们中有不少人在成长中的这个或那个时刻会以为父母在针对我们搞阴谋，可是哪怕只是这种程度的秘密行动，当今的父母都几乎没有时间和精力去执行。

尽管如此，我们还是时常被问起是否相信有那种组织周密、目标明确的大型阴谋存在，其目的是最大化组织的利益和影响力，并且摧毁我们的健康和幸福。我们将在下一章描述的每一个卡里斯玛型领袖都自称是至少一个此类阴谋的受害者。在卫生和医疗领域，所谓的阴谋组织者一般包括医学组织、主流科学界、公共卫生界、政府、大型制药公司及其他企业组成的共同体。美国步枪协会的领导人韦恩·拉皮埃尔尽管身在一个拥有大量经济资源且与枪支制造业关系密切的组织中，也将自己描述成由左翼政客、媒体、联邦政府组成的阴谋团伙的受害者。他想让我们相信，上述所有群体蓄意剥夺宪法第二修正案赋予美国人民的权利，好把我们这些无辜的市民暴露在抢匪帮派、全副武装的犯罪分子的威胁下。[1] 在阴谋论群体的领袖们看来，“大多数阴谋……在像绵羊一样只顾在生活的牧场上吃草的多数派公民眼中都是不存在的，他们从未怀疑过有恶狼正埋伏在日常出现的岩石之后”。[2] 因此，主张存在阴谋论的领袖们告诉我们，如果没有他们这些人，我们就不可能幸免于难。尽管我们在本书中经常批评科学界处处把我们当成傻子来对待，可是更常见的是这些阴谋论团伙的领袖把我们全都当成了笨蛋。

你或许可以通过我们介绍阴谋论这个主题时的语气推测出来，我们认为阴谋论最轻也是严重的误导，最重则具有危害性。确实，我们审视过科学否定论者用来警告我们的那些传说中的阴谋——给孩子接种疫苗，吃转基因食品，在患有重度抑郁症的情况下接受电休克疗法，核能很危险——之后，可以看得很清楚，在这些案例中并不存在所谓的阴谋。如果我们能得出这样的结论就很简单了，即确定科学否定论者错了的方法之一是留意他们是否在言语间将组织严密的秘密阴谋集团视为敌人；假如他们这样做了，我们就可以不予理会。

也许无论如何那都是个阴谋

在现实中，我们不能接受前述结论在任何意义上都普遍适用，因为有些阴谋确实存在，其中有一些也的确对人类健康造成了危害。大概现代最臭名昭著的真实阴谋案例就是烟草厂家和少数科学家为了否认吸烟会导致癌症和其他多种严重疾病这个事实而编造的谎言。让我们想象一下，1965 年的时候有一位斗士，他在广播和电视脱口秀节目中坚持认为尼古丁是一种强力成瘾物质，吸烟是一种致命的成瘾行为。不仅如此，这位斗士还宣称平时是竞争关系的各家烟草公司联手赞助了一批资质过硬的科学家骨干人员来推广虚假、误导性的科学结论，假装证明了香烟无害。更有甚者，这个由烟草公司和科学家组成的阴谋集团还准备运用自身巨大的经济资源和科学影响力毁掉任何敢于发表不同意见的人的科学生涯，甚至向政府官员大量散发高额政治献金（在这种情况下与贿赂基本无异），就是为了劝诱他们不要立法反对烟草产品。

在我们对这位想象中的反烟草斗士的主张是否站得住脚做出评论之前，先花一点儿时间谈谈另一个阴谋论吧。一位名叫安德鲁·韦克菲尔德的肠胃科医生主张给儿童接种疫苗是危险的，有可能导致自闭症和其他发育异常。韦克菲尔德医生宣称生产疫苗的、平时是竞争关系的各大制药公司联手赞助了一批资质过硬的科学家骨干人员来推广虚假的、误导性的科学结论，假装证明了疫苗无害。不仅如此，这个制药公司和科学家组成的阴谋集团还准备运用自身巨大的经济资源和科学影响力毁掉任何敢于发表不同意见的人，甚至用捐款收买了政府官员和医学协会，就是为了让他们支持疫苗项目的推广。

毫无疑问，在第一个案例（大烟草公司阴谋）中，那位想象中的斗士几乎完全正确，而第二个案例中的韦克菲尔德医生则几乎是完全错误的。烟草公司及其科学界密友无耻地掩盖了香烟具有成瘾性和致命威胁，这个长篇恐怖故事是历史上工业和科学行为中最大的污点之一。没人能知道，要不是阴谋团伙推迟了大众最终认识到尼古丁真面目的时间，也推迟了政府通过制定严格的税法抑制香烟购买的时间，几百万死于吸烟危害的人是不是本来能够得救。另一方面，韦克菲尔德医生所指控存在的阴谋则纯属幻想。疫苗安全有效的科学证据是压倒性的，制药公司从来就不需要设计秘密活动来推广它们。医生们都知道疫苗接种是证据确凿的做法，也有许多与疫苗产业没有任何利益关系的人，比如全世界的公共卫生官员，高度推荐接种疫苗。简言之，吸烟害人们丧命，而疫苗却能救命。

但是再次审视这两个阴谋的情节，我们不禁注意到其中的描述听来相似得可怕。回到 1964 年 1 月，卢瑟·特里医生发布了第一份关于吸烟的卫生总监报告，提到美国约有一半的男性和三分之一的女性是吸烟者。烟民并没有简单地读完报告就同意报告综述的证据坚实可靠，从此戒烟。事实上，又过了很多年，吸烟率才真正开始下降。在此期间，烟草业竭尽所能，用残酷无情的虚假宣传来抵消卫生总监报告传达的信息。[3] 直到数位富有献身精神的斗士经过奋战，勇敢地面对烟草业及其雇用的科学家的辱骂，这才令以往将吸烟与“骆驼乔伊”“万宝路男”“你已经走了一段长路，宝贝”等广告语联系在一起的美国大众意识到他们成了一个阴谋团伙的受害者。该团伙很乐意见到大众遭到灭顶之灾，只要利润居高不下即可。内奥米·奥利斯克斯和埃里克·M. 康韦为我们呈现出残酷的细节，证明某些德高望重的科学家与烟草业竟然勾结在一起。证据显示，这些科学家尝试说服我们相信吸烟与癌症并不存在关联：

> 烟草诉讼中公布的几百万页文件证明存在这种联系。这显示出科学家们在广泛质疑吸烟和健康风险之间存在关联性时扮演了残酷的角色。这些文件——此前除了律师和少数学者以外几乎没人对它们进行研究——还显示出同样的伎俩不仅用在了全球变暖问题上，还用在了大量其他环境与健康领域备受关注的议题上，包括石棉、二手烟、酸雨和臭氧层问题。[4]

克里斯·穆尼和谢丽尔·柯申鲍姆将对大公司最初产生怀疑的时刻追溯到了 20 世纪 70 年代早期。

> 不光是因为"质疑权威"这种新风潮中有质疑科学的做法，怀疑论还有其他的好理由。由蕾切尔·卡森和拉尔夫·纳德这类人带头的环保与消费者运动将"科学并不总是有益的"这种认识带进了人们家中。看似美妙的技术——DDT（滴滴涕）、氯氟烃——可以造成恶劣的、难以预见的后果。一种关于"公司科学"的说法开始出现：以贪欲为驱动力，在没有充分安全保障的情况下运作，将利润置于民众之上。[5]

那么，从这个角度来看，我们怎么知道特里医生是对的，而韦克菲尔德医生就是错的呢？对呈现本书主旨更重要的是，一位并非科学家的消费者怎么判断一个名字后面跟着"博士／医生"头衔的人究竟是可信的专家，还是在用虚假发现误导我们的伪君子呢？有些阴谋是实际存在的现象，而另一些则是善于操纵人心的卡里斯玛型领袖编造出来用于实现他们危险动机的工具。我们自讨论之初便承认，我们没有能力提供可以轻易分辨上述两类阴谋的指路牌。而这两者之间的区别往往只能在查清所有事实，进行事后回顾时才能轻易实现。试考虑如下情况：

· 林肯总统遇刺背后有阴谋，但肯尼迪总统遇刺背后没有。

· 有一个阴谋的目的是令人们永远坚信高脂肪食品与心血管疾病直接相关，但含有转基因成分的食品无害是科学界的共识这件事背后不存在阴谋。

· 阴谋家们隐瞒了通用汽车公司的汽车点火系统有缺陷这件事，最终导致了多起死亡事件；但精神病学家——或者电力公司——并没有编织阴谋来推广电休克疗法治疗重度抑郁症。

· 全球变暖真实存在而且是燃眉之急，试图推翻与之相关的确凿科学证据的行为背后存在某种阴谋，但核能的相对安全性就不需要阴谋家们来真诚地指点我们了。

· 水门事件背后存在一个旨在令民主党失去信誉的阴谋，但是证明持有枪支十分危险的科学研究背后并不存在阴谋。

这五个例子属于不同领域——历史、营养学、产品安全、能源科学与政治。有趣的是当我们以这种方式将它们列举出来的时候，其实并没有显著规律能判别每对例子中何者为真，何者为假。如果有阴谋家密谋行刺一位总统，为什么另一位总统遇刺就不可能是阴谋所致呢？如果医生和科学家们在牛奶、黄油和鸡蛋等食品问题上曾经犯过大错，为什么他们就不可能在转基因玉米、小麦和大米问题上犯同样的错误？如果某家公司有意隐瞒了顾客使用某一产品的过程中会遇到的潜在危险，为什么另一个群体就不可能做同样的事情呢？如果所有关于气候变化、化石燃料和臭氧层遭到破坏的事情都是部分科学家为了持续得到高额捐款而放出来的烟幕弹——如那些阴谋论理论家所言[6]——那么或许告诉我们核电站并不是危险的同义词的那些人只不过是想尽可能提高自己的收入。而如果就连美国总统自己都跳进了一个阴谋中，那么我们怎么知道支持控枪的政治家，比如迈克尔·布隆伯格和加布里埃尔·吉佛茨，并没有私下留一手阴谋诡计呢？本章尝试解答其中部分问题，并探究我们为何如此愿意相信这个世界上存在针对我们的阴谋。

受害者心态

了解受害者心态也许有助于我们理解为什么我们如此容易受到阴谋论吸引，哪怕我们中的大多数人从未碰到过任何一个阴谋，因此也就不具备任何关于阴谋组织如何构建、运作的第一手知识。直到最近才有社科类科学家和心理学家开始设计实验，试图了解阴谋论背后的原因。这些初步研究释出的部分信息令人好奇。

下一章将谈到，卡里斯玛型领袖有一个显著特征，那就是他们酷爱将自己描述为阴谋的受害者。这些反科学领袖想被视为大声反对强大恶势力的勇敢独狼。他们还想让自己表现得比反对者的道德水平更高一筹，总是把后者描绘成冷酷无情、贪得无厌的形象。他们透露的阴谋相关信息令人既恐惧又气愤。在这场“我们”对“他们”的对抗中，阴谋论者设法让我们相信如果我们不跟随他／她的领导，就将很难幸免于难。在写到 HIV 否定论的时候，塞特·卡利希曼精准地描绘了科学否定论和受害者情结——无论是真实的感受还是伪装出来的——导向阴谋论的整个过程：

> 否定论的特征之一，至少从根本上，是认为持否定论立场就是千夫所指、备受攻击的少数派，所以必须抵挡持错误意见的大多数人的攻击。因此，那些否定论者往往会为他们的立场找其他理由辩解，宣称自己绝对忠于言论自由原则。不过有趣的是，否定论者总是将自己的形象设计成勇敢的弱

> 势挑战者，为了捍卫自身权利而大声说出真相，借此对抗错误信息的大潮。而屡屡发生的情况是，阴谋集团想方设法让他们保持沉默。[7]

那么，这个发现是多么有趣啊，那些人相信阴谋论的原因是：他们自己要是有搞阴谋的机会，肯定不会放过。肯特大学心理学院的卡伦·M. 道格拉斯和罗比·M. 萨顿在一篇名为《同病相知？搞阴谋的个人意愿会影响对阴谋论的认同》（“Does It Take One to Know One? Endorsement of Conspiracy Theories Is Influenced by Personal Willingness to Conspire”）的论文中介绍了他们的部分实验。基于此前的研究，道格拉斯和萨顿很好奇以下命题是否成立：“那些在道德上相对不介意搞阴谋的人也许更不容易认为其他人会对搞阴谋有顾虑，至少这层顾虑不是道义层面上的。”因此，他们提出要测量受试者的“马基雅维利主义”水平，即与“为了个人利益压榨其他人的意愿”相关的品质。杰克常说，在心理学和精神病学领域，“任何事物都有衡量的标尺”，后来也确实有了一个衡量某人的马基雅维利主义程度的有效标尺，即 MACH-IV 量表。道格拉斯和萨顿发现，一个人越接近于马基雅维利主义者，就越愿意相信阴谋论。道格拉斯和萨顿总结道：“这些研究表明，个人道德约束较为松散的人对阴谋论的认同程度较高，因为平均来说，他们更愿意亲自参与阴谋活动。”[8] 因此，阴谋论者绝非道德水平高于常人之辈，一般来说，他们更像是把自己不排斥从事阴谋活动的意愿“投射”到其他人身上的那类人。这种动力——当然是反科学的阴谋论者绝不承认的——也许可以通过许多卡里斯玛型领袖喜爱组建名称花哨的机构来支持他们的运动这一倾向得到证明。

那么，这也许就是识别伪造阴谋论的一条线索。某个阴谋论是否涉及这样一位卡里斯玛型领袖，他热衷于建立一个受到自己严密控制的组织，商讨事务严格保密，欺辱对手并曲解科学发现？正在将某个阴谋论公之于众的这个人自己是不是也像是想搞这种阴谋的样子呢？我们从道格拉斯和萨顿的评论中得到了提示，他们说："那些在道德上相对不介意搞阴谋的人也许更容易认为其他人对搞阴谋也少有顾虑，至少这层顾虑不是道义层面上的。"

不过，我们大多数人易于相信形式更精妙的阴谋论，比如我们认为对于埃博拉的传播方式，美国疾病预防控制中心没有说实话。所以，是什么力量驱使一个普通人抓住阴谋论式的信念不放呢？

一种危险的无力感

激发对阴谋论的归属感的一大重要动机便是克服无力感的欲望。毕竟，阴谋论会将我们觉得无力控制的事情归咎于隐秘、强大而恶毒的黑势力，因此它既能给我们一个解释，告诉我们发生了什么，又多少有些讽刺地让我们摆脱了对此做些什么的责任。假如阴谋团伙包括政府、大企业和整个医疗保健业，那么没有哪个独立个体会认为对察觉到的问题无所作为是自己的疏忽。这就使得一位主张自己有能力反击阴谋团伙的卡里斯玛型领袖的登场成了颇为诱人的选择。

有研究表明，感到自己对事态缺乏控制的人易于产生"错觉模式感知"（illusory pattern perception），尤其是看到并不存在的东西。在一组共计六个的实验中，得州大学奥斯汀分校的珍妮弗·A. 惠特森与现在供职于哥伦比亚大学的亚当·D. 加林斯基证明，对某一事态缺乏控制的受试者会在随机刺激间建立相互关联，从而使用实验者刻意提供的无意义信息创造出错觉模式。[9] 阴谋论就是这些错觉模式之一。惠特森和加林斯基还证明，当受试者得到了表达自我肯定的机会，也就是评述他们自己的信念和价值观时，得出错误关联的趋势显著下降。实验者总结道："个人在失去控制之后，如果得到心理上的安全感，则更不易于产生错觉模式感知。"研究表明，大量接收支持阴谋论的信息会降低参与政治活动的动机，而这一效应的主要原因是其中一个实验中的这些信息制造了无力感。[10]

我们也并没有刻意选择认同哪一个阴谋论。维伦·斯瓦米同时供职于伦敦的威斯敏斯特大学和马来西亚吉隆坡的精英大学，他与同事研究了认同 2005 年 7 月 7 日伦敦公共交通系统爆炸事件存在阴谋论的看法，发现"最能预示某人相信"7 · 7"阴谋论的指针是（该人）相信其他普遍流传的阴谋论"。[11] 这项研究发现，愿意认同阴谋论的其他特征包括：政治上的犬儒主义倾向更高，对民主原则的支持度更高，对当局的态度更消极，自尊心更低。

哪里有不信任，哪里就有恐惧

人们做健康决策时愿意接受阴谋论，这样做的关键因素是基本不信任科学并对其感到幻灭的态度。[12] 相信阴谋论这一点也基本符合不信任科学的心理。[13] 这些发现对我们试图用来消灭阴谋论的常规手段有一些可怕的影响。正如乔利和道格拉斯这两位研究者指出的：

> 由于对阴谋论的信任一般是与对科学主张的不信任联

系在一起的，所以通过引用科学家和医学专家的意见进行干预的做法也许也会遭到质疑。因此，尝试用此类手法进行干预也许对那些与一系列阴谋论主张都有共鸣的人不管用。[14]

有鉴于此，只告诉人们真正的事实也能激化这个问题。譬如，如果某人既相信治疗精神病的药物和电休克疗法在任何情况下都是有害的，又相信制药公司、政府和精神病学机构为了牟利而蓄意掩盖真相这种阴谋论，那么，让精神病学家——无论他们的声望有多高——向大众解释相关问题的实情，就等于给阴谋论者输送弹药。“又来了，”他们会这样对我们说，“一个通过开药获取既定经济利益的精神病学家在告诉你们这些药很安全。这人说的话一个字也别听。”

大多数接受制药公司酬金的精神病学家都会告知其他医生新型精神科药物的优点，并给出自己的理由，诸如：新药经过了严谨的科学研究，得出了有效的结果，不良副作用处于可以接受的水平；新药经过谨慎评议后得到了美国食品药品监督管理局的许可。所以，干吗不为介绍新药收取报酬呢？[15]医生们从制药公司收取金钱再谈论这些公司的药品的长处这个事实当然并不意味着这些药品一看就不安全，或者说正在酝酿什么阴谋。但是，即便是这种表面上的利益冲突也足以令我们感到幻灭。雪上加霜的是，事实证明，尽管精神科药物确实对许多中度、重度病患很有帮助，但生产这些药品的制药公司有时会夸大其疗效，同时弱化其风险。

此处需要注意的是：医疗卫生类阴谋论的反对者天然就令人生疑，所以他们必须让人无可指责，而且绝无一丝存在利益冲突的迹象；他们必须“一尘不染”。这一点至关重要，因为在与医疗卫生类阴谋论作战时有太多岌岌可危之处了。很不幸，阴谋论在劝阻人们做出救命的选择这方面扮演了举足轻重的角色。哈佛大学的劳拉·博加特和她的同事们证明，相信阴谋论是感染了HIV的非裔美国男性不服用医生开给他们的抗逆转录病毒处方药的重要原因。[16] 在这种恶性循环中，阴谋论者指责科学家们不诚实，比如那些已经证明抗逆转录病毒药物对治疗HIV感染者有效且必要的科学家。科学家一旦反击，只会面临新的指控，即他们表现得一如既往，支持的是别人付钱让他们支持的观点，而不一定是科学上可靠的观点。围绕着艾滋病相关的科学否定论，逐渐产生了一个将没有价值的民间药方卖给HIV感染者的暴利产业，但指出这一事实的人基本上都是科学家和医生，他们是会从成熟的大型企业，如制药厂，获取报酬的。尽管像治疗HIV感染的抗逆转录病毒药物这样的事物显然有利有弊，但媒体总是把这种情况描绘得仿佛是科学家们在进行一场合理的科学辩论。彼得·迪斯贝格这样一位热忱的HIV否定论者在媒体上的影响力和一位科学家的影响力是一样的，而后者主张HIV是艾滋病的病因，抗逆转录病毒药物是经过医学证实的治疗手段。迪斯贝格可以指控反对他的专家接受了生产抗逆转录病毒药物的制药厂的赞助，因此专家说的任何话都没有丝毫价值。劳拉·博加特研究中的那些人读到这些事时肯定很想知道究竟哪一方是对的，而那些已经倾向于相信阴谋论又不信任科学的人则倾向于做出危险的决定，即停止服药。

捕猎最弱者

在有些情况下，有人主张相信阴谋论是非专业人士对无法轻易理解的复杂问题产生的合乎逻辑的反应。阴谋论提供了一个易懂的解释，这个解释还有别的优势：既能满足情感上的迫切需要，又能给接受者一个合理的理由。不过，还有一点需要注意的是，社会上最容易受骗的人也正是最有可能被这类理论影响的人。新墨西哥州大学的玛丽娜·阿巴拉金娜-帕普与同事们共同发表了一篇研究报告，报告显示“没有证据表明人们相信阴谋论的原因是阴谋论为复杂事件提供了极度简化的解释”。[17] 具有“偏执”倾向也可能是原因之一，[18] 尽管把相信阴谋论的人贴上彻头彻尾的精神病患者或是产生了偏执妄想症这类标签是很不正确、适得其反的做法。其实，很多情况都表明，感到无能为力、缺乏自尊、很难信任他人的人是阴谋论最容易捕获的人。在设计消除阴谋论的策略时应将这个重要的认识放在心上。一个缺乏自尊的人会抵触过于学术化的科学主张，即并未刻意隐藏如下信息的那类主张：“我们是科学家，而你不是，所以就算你没那么聪明，理解不了我们告诉你的内容，只要相信我们就对了。”

问题不仅是为人们提供一个他们可以理解的解释，而且是一个能让他们感到自己拥有控制权的解释。正如罗格斯大学的特德·戈策尔在他的优秀论文《科学中的阴谋论》中所写的：“阴谋论给了相信它的人某个具体事物，让这些人可以责怪是这东西害得自己处于困境中，而不必归咎于非人为的、抽象的社会力量。”[19] 多年来，脑瘫患儿的家长得到的说法都是，这种涉及中枢神经系统的悲剧性病症是由于分娩期间缺氧造成的。侵权律师会追究产科医生的责任，并为客户赢得数额巨大的医疗事故赔偿金。孩子得了脑瘫显然会使父母十分痛苦、心情沉重，而将其归咎于为孩子接生的医生无疑能令这对父母得到某种解脱。不仅如此，这似乎也是一个简单的解释——分娩期间新生儿那脆弱的脑部严重缺氧，导致纤细的神经细胞受损，以及永久性的神经系统异常与发育异常。然而，后来的研究发现，绝大多数分娩过程中的事件都不是婴儿患脑瘫的原因。原因是什么呢？答案跟无数种与脑部相关的疾病病因一样：没人能确定，但似乎是众多因素综合作用的结果，其中一部分是基因方面的。正如我们将在第四章讨论的，这类未知原因天然就很难被人们接受，我们总想另外找到一个能相信的原因。在律师用残疾患儿的煽情惨状“轰炸”法官们的情况下，输掉了金额多达百万美元的医疗事故官司的所有产科医生基本上都是在为某种他们完全无法控制的状况承担责任。但是，将悲剧后果的责任推到某个个人头上要比努力理解“许多不同因素”的不确定性才是真正原因要容易得多。重申一遍，这不是简单地说患儿父母不能理解更复杂但却更准确的解释，而是说他们更愿意将事件归咎于特定个人，这给了他们能够控制事态的感觉。他们现在有事可做了——对医生发火，也许还要起诉对方。这样做满足了相信阴谋论的情感特征，也说明了为什么仅仅向人们提供更多信息是不管用的。

操纵我们的情绪

在阴谋论的形成过程中，我们也能看到被丹尼尔·卡尼曼、保罗·斯洛维克等人称为“情感经验法则”（或“情感启发式”）的心理现象在起作用。对情感诉求和生动表达而不是干巴巴的事实和统计分析产生更强烈的反应，是我们心智的既有模式决定的。要是我们被问起对核能怎么看，心中自然会浮现出原子弹爆炸的蘑菇云和熔毁的核电站这类图景。这种技术真是把我们吓坏了。更困难的是如何审视不同的能量生产方式所带来的实际风险的有关数据。这样做的后果令人惊讶：由于加剧了户外空气污染，燃烧煤与石油的供能方式比使用核能造成的疾病与死亡更多。[20]事实上，燃烧煤炭获取能源过程中的意外死亡人数是核能事故死亡人数的 15 倍之多。据世界卫生组织称，全球有 1/8 的死者的死亡是由空气污染造成的。据统计，这部分死亡人数在 2012 年为 700 万。[21]当然还有一点，化石燃料的燃烧会加剧全球变暖，而使用核能则不会。但是要了解这些事实需要花时间去钻研和思考。我们必须认识到，燃烧化石燃料将污染物释放到空气中，提高了哮喘等呼吸系统疾病的发病率和严重程度。之后，我们还需认识到，哮喘这种疾病是有可能致死的。与此同时，我们必须有能力仔细查看相关数据，明白核电站的重大灾难事故是极为罕见的，而且那些实际发生了的事故所造成的疾病和死亡人数也要低于预期。自然，这并不意味着核能可以包治百病。如何存放、在哪里存放核电站的核废料的问题尤其棘手，也有安全和保安方面的其他风险必须予以关注。最重要的是，新建核反应堆的费用十分高昂，所以必须采取措施确保这笔开销在经济上的可行性。上述问题都是可以解决的，只是需要十分严谨的环境科学研究、政治意愿和民众的理解。不过简单得多的做法是无视燃烧煤炭、石油和天然气的风险并关闭核电站，不去思考上述那些数字和等式。

我们在面对只有耗费时间深思熟虑才能慢慢解决的难题时，容易放弃思考，退而选择感情用事；换句话说，我们采用的是情感经验法则。“情感经验法则创造了一个比现实更加规整的世界，借此简化了我们的生活。”卡尼曼写道，“在我们栖居的那个想象中的世界里，好的技术代价更低，而坏的技术毫无收益，做一切决定都很轻松。当然，在现实世界中，我们往往面临着不得不在收益和代价之间进行权衡的痛苦局面。”[22]我们在本书另几处将讨论到，简单、生动、富有感情的信息——尤其是能激起恐惧和厌恶这类负面感受的信息——会激活人类大脑更原始的区域，并抑制更理性、深思的区域。其中的道理在于，这些原始区域——包括伏隔核、杏仁核、岛叶这类结构——工作起来更迅速，也更容易。它们进化至今的目的是帮助我们在生死攸关的情况下采取行动。假如烟雾灌进了你所在的房间，无论烟雾的总量有多大，进入房间的速度有多快，都可能因此构成威胁，搞清楚它是从何而来的并不重要，也不必去想吸入烟气会导致窒息的生物学知识；你最好马上离开房间！我们对核能的态度就像对待屋子里的浓烟一样：我们把这种技术视为威胁生命安全的潜在危险，而我们的反应就是“关闭核电站”。

全在你的头脑中

在常规情况下，人类大脑进化程度较高的部分，即前额皮质，是可以在运作中做到理智第一、情绪第二的，尽管这需要付出一定努力。安东尼奥·达马西奥在了解大脑有关情绪和行为的功能方面曾做过开创性研究，他观察到腹内侧前额皮质——位于大脑前部居中位置并延伸至大脑底端的一个区域——可以起到隔离情感与实际因果关系的作用。[23] 但是极端强烈的情绪反应，如极端恐惧，同样能产生阻断这部分大脑的效果。反科学阴谋论的特点是充斥着大量戏剧性和情绪化的内容。每件事都用煽动性的语句表达出来——脑损伤、武装闯入者、辐射病以及富可敌国的巨型企业等等。

如果我们把阴谋论者对我们的说服力视为某种社会影响，就能通过近期的脑研究进展理解这种现象。举例来说，以色列魏茨曼科学研究所神经生物学系的迈卡·G. 埃德尔森与英国、纽约的合作者一起发表了若干研究结果。该实验的内容是让受试者观看一部电影后回答与电影相关的问题。[24] 接下来，实验者向受试者提供了几套刚才问题的答案，并称这些答案是和受试者一起观看电影的同伴做出的回答。随后，实验者要求受试者再次回答同样的问题，同时观察他们的脑成像。接下来，实验者告知受试者所谓的同伴答案其实是编造的，询问受试者是否要改回自己最初的答案。研究者首先展示的结果是，受试者在得知同伴答案为假之前会更改自己的答案，以便跟他们以为是同伴看法的假答案保持一致。研究者展示的第二项结果是，受试者的杏仁核——大脑相对原始的部位，与情绪记忆有关——有剧烈活动。此种活动与以下情况有关：受试者即便知道了"同伴"的答案是编造的，改变想法回归事实的可能性也较低。强烈的杏仁核活动与强烈的海马体活动正相关，海马体是与杏仁核相邻的储存记忆的大脑结构，它的活动又与前额皮质的活动负相关。

所以，也难怪阴谋论理论家们不会向听众做这样的开场白了："我会平和而系统地带领你们梳理一系列科学事实，最终得出一个结论。"不，他们在介绍中塞满了感情色彩浓郁的诉求，希望让听众的杏仁核-海马体记忆系统活跃起来，同时抑制后者的前额皮质，最后确保他们传达的信息承受得住将来会遭遇的有理有据的证伪。

人们最早接收到的是哪种情感诉求似乎也举足轻重。保罗·斯洛维克等人的研究表明，一旦我们在被某种情感诉求打动的情况下做决定，那么后续的诉求即使也在情感上很有感染力，依然无法改变最初的印象。我们几乎不可能改变主意，这实在令人焦躁，因为有如此多的科学进步都是在推翻旧有观念的过程中取得的。

这些各种各样的研究表明，情感是一种强有力的偏好限

> 定因素，无论当事人是否意识到了产生这种情感的原因。研究还表明，具体情感与对该情感的认知是相互独立的，意味着某些情感状态或情绪唤起未必经过了认知的评估。[25]

出于恐惧而认同某个阴谋论信念似乎可以算是其中一种情感状态。

改变我们原来的想法是如此困难，这正是为什么当新的阴谋论酝酿时科学家设法“抢占先机”如此重要的原因之一。例如，布赖恩·胡克近期的一篇研究文章——此文事后遭到发表该文的期刊撤回——称，麻腮风三联疫苗可导致非裔美国儿童患上自闭症。一时间，网上炸开了锅，大量博客及文章都在谴责美国疾病预防控制中心持续“掩盖真相”。这项研究刚刚发表的时候，萨拉发现用谷歌搜索“胡克自闭症文章”，要翻过前 10 页才能找到第一篇科学角度的回应。科学家被阴谋论理论家远远甩在身后，以至于我们很难相信有人能翻过这么多页搜索结果，只为找到那条科学信息。

情感在阴谋论的发展过程中所扮演的角色的另一个重要方面涉及对阴谋论者主张的记忆。如果我们在沉浸于某种情绪中时得到了某些信息，这些掌握到的东西就会连同当时的情绪一道存储在大脑中。当我们回想起那种情绪时，与之相连的“事实”也就从记忆深处浮现出来，进入表层意识。同样的道理，无论何时，哪怕只是隐约提起那些“事实”，当初的情绪也会同时涌上心头。因此，假如阴谋论理论家在告诉我们一个“事实”的时候令我们感到气愤，那么他只要再次令我们感到气愤，就能成功地令我们回忆起他之前主张的所谓的事实。当我们听说转基因食品能对我们的基因发挥神秘作用，害我们患上癌症或者其他可怕疾病时，如果心中产生了怒气或恐惧，那么关于恐惧和那些“事实”的记忆就会一同存储在大脑中。此后每当有人提起转基因生物这个话题的时候，我们就会立刻想起转基因生物能致癌，同时感到很生气或是很害怕。在这种心境下，任何试图说服我们放弃这个念头的努力几乎都是徒劳的，因为我们正处于原始的惊恐状态中。密歇根大学社会研究所的诺伯特·施瓦茨解释道：

> 学习新材料（的活动）与学习期间处于活跃状态的（大脑）节点有关。因此，在特定情绪下获取的材料也与相应的情绪节点建立了联系。当该人后来产生了同样的情绪，激活效应就从情绪节点出发沿着通路传递出去，提高了代表相关材料的其他节点的活跃度。当（其他节点的）激活程度超过了特定阈值，其所代表的材料就进入了表层意识。[26]

虚构阴谋论的部分特征

我们在前面指出，试图揭穿全部阴谋论主张是愚蠢的，因为阴谋论总是会出现。那么，我们如何分辨真正的阴谋和虚构的谬论呢？特德·戈策尔列出了若干项有助于我们分辨真正的阴谋——如水门事件——和错误的阴谋论之间的区别的要素：[27]

· 瀑布逻辑（Cascade logic）：在掩盖真相的过程中卷入的人越来越多。据称与水门事件有关的人的数量始终很少，并未随着时间流逝而增加。错误的阴谋论则肯定会不断在阴谋家名单中加入用自己的观点挑战科学依据的新人。

· 夸大阴谋家所谓的权力。在水门事件中，无须对阴谋家拥有的权力加以虚饰——他们中已经包括美国总统了。但是谈到所谓的“有人蓄意隐瞒疫苗具有导致自闭症的不良反应”这个案例，阴谋论者要求我们相信的是制药公司的力量大得足以让成百上千名科学家以及政府监管人员接触不到相关数据。也许制药公司的确不乐意透露有希望给他们带来利润的药品的相关风险，也许为这些厂家工作的科学家个人试图披露这些风险时的确被制止了，但制药公司在研究中获取的每一个数据都必须上交给美国食品药品监督管理局。此外，另一个政府部门，即疾病预防控制中心，也会对大量可能影响公共卫生的事务进行调查研究。疾病预防控制中心主导的一项此类调研显示，疫苗和自闭症之间不存在关联。所以现在我们如果相信阴谋论，就必须相信两个政府部门的全体科学家都是这个大阴谋的知情人。更何况世界各地还有无数供职于大学的独立科学家，他们并未得到制药公司的资助，却也得出了疫苗不会导致自闭症的结论。虽然不知道是如何办到的，但他们肯定也都是阴谋的知情人。究其本质，等于说控制这个庞大阴谋的是权势通天的制药公司，这些公司甚至不需要花钱收买旁人就能操纵他们。正如卡斯 · R. 桑斯坦在他的著作《阴谋论与其他危险思想》(*Conspiracy Theories and Other Dangerous Ideas*) 里指出的：“阴谋论者往往高估了公职人员和官僚体制的能力和权限，以为这二者有办法设计、执行极为复杂的秘密计划，而罔顾一个事实：开放社会中有大量证据表明，政府行为通常是不可能长时间保密的。”[28]

·科学界的旷野之声*。正如我们将在下一章更细致的讨论中谈到的，反科学运动往往由一个或更多个卡里斯玛型领袖带头。这些领袖

* 旷野之声是《圣经》中的典故，现多指与主流意见不同的少数派意见。

中不乏科学界人士，他们试图说服我们相信，他们深受自己所在领域内其他所有科学家精心策划的阴谋迫害。诚然，不同的科学家群体有可能由于对某些方面的数据意见不一而结下宿怨。举例来说，在杰克的领域内，部分科学家认为恐惧是从名为杏仁核的脑部结构中产生的，另一些科学家则认为终纹床核（BNST）才是产生恐惧的脑部结构。这看似不过是一个有些可笑的技术细节争议（毕竟，上述脑部结构都位于皮质最深处，彼此紧挨着），但是该问题一度激起了科学家们相当大的热情，纷纷想方设法寻找证据证明自己支持的一派才是正确的。但是，若是认为能够将为数众多的科学家聚在一起，令他们加入一个共同的阴谋组织去欺凌一个异见人士，那纯属异想天开。双方的科学家无疑都会抱怨没有去参加秘密会议的旅行经费；或是申请研究经费的截止日期近在眼前，所以没时间去参与密谋；或是不完全同意针对这个孤立异见人士的反对方案，并希望修改该方案。因此，彼得·迪斯贝格的主张，即整个 HIV 研究界都在搞针对他的阴谋，基本上是无法想象的——除了一笔足以赞助每个独立研究团队的巨额联邦研究经费以外，只有一件事能够令如此众多的科学家团结一致，那就是一个本质上毋庸置疑、不存在丝毫争议的事实。

光有动机并不够

莫须有的阴谋论中有哪些要素并不是指向一个真实存在的邪恶计划的可靠指标呢？我们都知道只有莫须有的动机是不足以证明阴谋论存在的，但是许多人掉进了陷阱，认为强烈的动机就是阴谋论确有此事的证据。其实，察觉到强烈的动机存在这件事似乎会误导人们以为阴谋论可能真的成立。在印第安纳州瓦伯西学院的一项研究中，普雷斯顿・R.博斯特及其合作者向受试者展示了人们耳熟能详的两个阴谋论（分别是“肯尼迪总统不是被一个独自行动的枪手刺杀的”以及“美国政府把外星人藏在51区里”）和另两个并不为人所熟知的阴谋论（分别是“罗马皇帝尼禄烧毁罗马城是为了使对基督徒的迫害行动合理化”以及“可口可乐公司故意将一种明知不好卖的新产品投入市场，就是为了促成他们原有的产品销量猛增”）。研究者发现，当受试者思考熟悉的阴谋论时，会尝试使用已知事实和科学证据来评估其可信度。然而，在评估较为陌生的阴谋论时，他们则主要依赖被指控为阴谋家的那个人的动机有多可靠做出判断。也就是说，如果那个阴谋家很可能有这样做的动机，那么该阴谋论就很可能是可信的。论文作者指出：“即便是包括各类要素的累积起来的大量证据——统计概率、法医鉴定、复杂的书面记录——对于外行人而言也难以理解并记住。动机或许可以提供一个更简单的认知框架，于是人们可在该框架内对阴谋论主张进行评估。”[29]

我们可以看到这种原理如何在关于转基因食品的争议中发挥作用。在这个议题中，所谓的阴谋主导者假定是农业公司巨头孟山都，也包括政府监管人员，还有应当列入该公司雇员名单中的科学家们。这里涉及的科学问题确实很复杂，我们将在第五章中做更详细的讨论。压倒性的科学共识是，转基因食品对人类健康无害，但是某个基因嵌入某植物的基因组之后如何使其获得对害虫、干旱、除草剂和杀虫剂的抵抗力，还需要复杂的遗传学解释。另一方面，孟山都是一家超大型公司，而其商业实践的目标是获取越来越高的利润。大企业为了牟利，有能力也有实际行动无视各种各样的健康与安全问题。在这方面，烟草和汽车行业已是臭名远扬。因此，我们不想陷入基因改造的复杂问题中，而是受到了孟山都似乎有充分动机欺骗我们这个简单信念的影响——这个动机就是牟利。我们还能识别出反科学阴谋论者的另一个常见思路：某人或某事几乎总会因为赚了钱而受到谴责。

毫无疑问，有些人和企业为了赚钱做了很多坏事。现在在揭示2008年经济衰退的成因的过程中，我们可以目睹一大批这类事例。大型金融公司表现得十分鲁莽，丝毫不顾及其客户的经济安全与经济利益，只为给他们的董事赚取高额利润。企业的贪婪是真实存在的现象，如何监管银行、大型制造商以及金融机构，同时又不至于造成失业问题或危及美国的前沿地位，这场仗似乎并不好打。

不过，假如认为只要某人通过某事赚了钱，其中自然就有不道德、危险或违法之举，这显然并无益处。我们不是来辩论资本主义伦理、收入差距或自由市场经济这几个问题的。我们只想简单地指出，某人通过生产或提供一种安全有益的产品或服务而赚取大笔金钱是完全有可能的。也就是说，“只要为得到某个结果而赚了钱，那它必然就是邪恶的”这种说法并不见得成立。而这正是阴谋论者大致上主张的，通过这样做，他们瞄准的是我们的嫉妒情绪和对生活的不满，而没有诉诸科学。一家制药厂通过生产疫苗赚了很多钱，并不意味着疫苗就是危险品。的确，为了谋求利润，制药厂有动机在安全性方面抄近道，并掩盖本厂药品的问题，但这也不代表它就一定做了这种事。尽管我们支持加大披露医生与科学家从企业得到的经费支持的力度，提高透明度，我们并不认为全体或多数得到制药公司赞助的医生犯下了歪曲药物安全性及有效性的错误。更进一步说，阴谋论分子及关注他们的媒体几乎从不费心去采访作为此阴谋论根源的那些所谓的强盗大亨。

我们读到迈克尔·斯佩克特近期发表在《纽约客》上的关于转基

因的文章之后，惊讶地发现他真的采访了一位孟山都公司的高管，并引用了该高管的原话。在这篇访谈中，这位高管的态度是开诚布公的，承认孟山都犯过一些错误（但没有掩盖过任何质疑转基因食品不安全的科学发现），而且解释了为什么孟山都认为本公司的作为在伦理上是正当的。我们对此大为震惊的原因是，这种访谈实在太少见了。

当一个阴谋论理论家用牟利问题作为自己主张某物不安全的基本依据时，譬如转基因食品、疫苗、电休克疗法和核能，我们必须提高警惕。指责有钱有权的人能在我们这些既无钱也无势的人中间激起强烈的情绪反应，怨气很快就会升级成怒火，而在情绪激动的状态下，我们更容易接受错误的阴谋论。为了证明吸烟有害健康，永远也不必去操心烟草公司能赚到多少钱的问题，因为其中的科学原理始终是很清晰的。因此，我们提示读者注意一个健康威胁类阴谋论的重要可疑线索，那就是：论者未经证实就因为某人获取了利益而宣称自己的论调必然成立。

考虑到转基因食品这类议题涉及的科学问题是人们比较陌生的，阴谋论理论家争取民众支持的最简单的办法就是说服人们相信孟山都公司有很合理的动机去做一些危险的事。这要比尽可能解释遗传学与植物生物学容易被人接受多了。正如普雷斯顿·R. 博斯特和斯蒂芬·G. 普吕尼耶在 2013 年发表的一项研究中提到的，一种阴谋论所假设的动机越强烈，人们就越容易接受该论调。[30] 不过，任何看过犯罪调查电视剧的人都知道，要是没有尸体，就不能怀疑某人犯了谋杀罪，尤其不能仅凭此人有杀人动机就做出判断。我们务必要对大公司、各级政府、专家群体和媒体保持怀疑态度。不能全盘接受孟山都、默克药厂、辉瑞制药、雷诺烟草、通用汽车、雷明登武器、食品药品监督管理局或美国医学会所说的每一句话，但是也应该保证在看到“尸体”之前，不能把动机当成确凿的罪行。

科学家面对营利动机应如何应对？

与此同时，这些结果令科学家们在纠正我们的错误观念时面临的挑战又一次显露出来。正如博斯特和普吕尼耶所总结的：

> 假如这一表述是正确的，也许它能部分解释为什么阴谋论对证伪很有抵抗力。质疑者倾向于在直接证据这个战场上与阴谋论正面交锋。然而，在证据方面取得的战绩并不能改变事件发生之后的记录——那些利弊关系的记录——也因此不能改变对可能缠绕进这些得失利弊的动机的印象。只要表面上的动机依旧存在，阴谋论的说服力也将多多少少存在下去。[31]

阴谋论理论家可以判断出某些很清晰的利弊关系。譬如，孟山都赚了大钱。所以在阴谋论者眼中，赚钱——很可能是借助掩盖转基因食品的危险性而实现的——这个动机无情地导向了高额经济利益。因此，他们断言该阴谋就此得到证实。此时出现的科学家努力辩解称，在某种油菜作物中嵌入一个基因来帮助它抵御农达除草剂中的草甘膦这种对其致命的成分，对人类不可能造成任何伤害，因为整个过程与人类生理毫无关系（我们并不是杂草）。而这里提出的问题与阴谋论理论家提出的是独立的两件事，即转基因生物阴谋论的受众是顺着与有利可图的动机有关的思维链条思考的，目的是证明阴谋可能成立。从本质上看，阴谋论者将问题从科学可能性问题重塑成了动机的强烈程度问题。在这个角度，打击阴谋论的唯一方式是证明动机不成立。

科学家想打破这个动机和结果形成的链条的话，必须分为两步走。这要求他们能够毫不含糊地证明自己与受到指控的怀有动机者——在本案例中，就是孟山都——没有瓜葛。即便远远没有证据证明接受孟山都公司金援的科学家们犯下了有损科学正直性的罪行，为了在跟扭曲科学真相的一方做斗争时取得进展，科学家们必须能够开口说出："我知道孟山都完全有可能是一家恶劣的公司，经营这家公司的人为了赚取利润，连开车撞自己奶奶的事都做得出来。所以不要相信他们说的每一个字。而另一方面，我跟孟山都公司绝对没有任何关系，我没有通过转基因食品赚取一分钱。我在自己的实验室里通过实验来确定转基因食品是否安全，我在这个领域是一名专家，我已经查阅过在其他人的实验室中完成的所有重要的同领域科学研究。现在我告诉你们，转基因食品是安全的。"

互联网的隔绝力

鉴于现在有大量关于阴谋论的信息在社交媒体上传播，推崇科学的人们是时候学习如何更有效率地利用网络了。布赖恩·G. 索思韦尔援引一项研究民众对 H1N1 流感病毒疫苗态度的研究结果，以解释社交媒体是如何塑造民众对医疗保健的看法的：

> 研究显示，一个国家的数个地区内的推特消息若是在正

面的上下文中提及 H1N1 疫苗，那么根据美国疾病预防控制中心的数据，这些地区的流感疫苗接种率也会更高。而在情绪相对更消极的地区，疫苗接种率也较低……此外，研究结果还显示，该国流感疫苗接种相对普遍的群体与相对较少接种疫苗的群体之间几乎没有信息交流，呈现出鲜明的两极分化状态。[32]

这两个群体真的截然不同，以至于绝不可能在两者之间建立有效的联系吗？事实上，此处的事态显现出的似乎正是互联网制造社交隔绝和两极分化的方式。

互联网令数以百万计的人有能力互相交流，否则他们原本不会产生任何接触；互联网也用巨大的信息流开阔了我们的视野。但是它也可能增进人们对阴谋理论的忠诚度，从而呈现出极端隔绝的一面。让我们来看一个假想案例：一位 40 岁出头的受过良好教育的单身母亲谢里尔怎样因难以平衡工作与生活而陷入挣扎。谢里尔在工作和照顾两个孩子之余完全没有时间参加社交活动。她时常感到孤独，但实在是太忙了，无力解决这个问题。一天晚上，她在看 10 点整的新闻节目时看到了一段采访，被采访者是一名男子，他认为持有枪支对保护住宅以及家人至关重要。该男子没有披露自己是否属于任何一个政治团体或倡议者团体，只讲述了一个故事，故事中有另一个男人曾将一名试图行窃的武装入侵者击毙，从而挽救了他的妻子以及当时在二楼卧室睡觉的孩子们的性命。接受采访的男子神态自若地拿着他的冲锋枪宣布："是像这把枪一样的枪支从外面那些罪犯手中挽救了我们的生命。你可不能干等着警察来。你得保护自己关爱的人。"

谢里尔深受震动，走到电脑前用谷歌搜索刚刚听到的那起事件。

排在最前面的搜索结果是一个她从未听说过的组织的链接，似乎提供了证实刚才那段叙述的信息。像我们大多数人经常做的一样，谢里尔点击了那个链接，因为我们总有一种错觉，以为出现在谷歌搜索结果第一位的东西就是最可靠的。这当然并不成立，正如诺琳娜·赫兹阐明的：

> 我们认为出现在谷歌的搜索页面最上方的那些链接就是最可信的——谷歌搜索第一页最靠前的三个结果吸引了约60%的点击率。不过，谷歌选择其搜索结果的依据是该网址的流行度：广义上讲，点击那个网址的人越多，这条结果就越靠前。而流行度并不一定意味着可信度。充斥着意识形态内容的高点击率网站可以轻松地将可靠的学术知识以及值得信赖的证言挤到后面去。[33]

通过浏览那个组织的网站，谢里尔得知了更多细节，如枪击事件中涉及的孩子们的年龄和姓名。网站上还有他们的照片，以及引用自当地警长的一句话："谢天谢地，我们有能反击这些渣滓的这样的男子汉。"单独读这一句话，谢里尔就推断出美国各地想必有很多这类事件，而且几乎三天两头就会发生。"就在此刻，美国的某个地方，"网页上写着，"某人正在遭遇一个准备射杀他的武装狂人的攻击。他有时间报警吗？他应该自己行动起来吗？你在考虑要不要持有一把枪的时候应该问问自己这两个问题。"

到了这会儿，谢里尔很肯定这个组织是拥护持枪权的团体了。阅读网站信息还让她得知这个团体正在面临巨大的挑战：东部的自由主义者、主流媒体和左翼政客在搞阴谋，决定解除守法公民的武装，这些公民因而只能无助地面对游荡在全国乡间的不法之徒。谢里尔看到网站请求她点击一个按键，贡献 10 美元捐款，并成为会员。

谢里尔刚工作了整整一天，还做了晚饭，辅导孩子们做了作业，再哄他们上床睡觉。她累坏了，也吓坏了。花 10 美元成为会员看上去是一笔物美价廉的交易。所以，她注册并缴费了。她不仅感到自己为保护孩子们做了一点儿微小的工作，还加入了一个会用平邮给她寄信件和印刷品的团体。也许她什么时候可以去参加一次集会，也算是走出家门了。她不会为此产生负罪感，因为这件事不只是为了满足她自己的社交需求，还能保护孩子们，而且也不是一笔多大的开销。

从这个显然经过戏剧化处理的故事中，我们能找出的重点是：谢里尔没有采取任何步骤去核实电视节目或网页中的任何事。她没有得到任何科学数据或是能从其他方面反映这个事件的事实。从这一刻开始，她将置身于一个断绝了其他所有关于枪支的信息源的小环境中。哪怕她本人还没决定去买一把枪（枪支很贵，而且她也没时间去学习如何用枪），她现在的自我认同已经是一名阴谋受害者了——这个阴谋剥夺了她的持枪权，剥夺了她在家里享有安全感的权利，还在杀人狂无处不在的情况下剥夺了她受到保护的感觉。外面的每个人都想伤害她，但加入网站上那个团体会给她一点儿安全保障。那个团体对这个问题看得很透彻，还会伸出援手。正如索思韦尔也指出了的：“我们想改善情绪的时候希望与其他人进行的大多数讨论……不见得以分享新的事实信息为主，反而更关注打消疑虑、缓解压力、维持原有的情感联系。”[34] 又一次，我们可以看到对反科学阴谋论的还击是怎样落空的。还击阴谋论既不能令人感到舒服，也无助于建立情感联系。通过摆出数据毫不含糊地证明在自家保存枪支的危险性远远大于保护作用的科学家们并没有邀请像谢里尔这样的人加入一个团体。可是互联网的隔绝力却能保证拥枪团体和反持枪团体不相往来。以此类推，想想看“全国范围内为权益受到侵害而愤愤不平的父母组成的大军，他们发誓疫苗就是自家孩子患上自闭症的罪魁祸首，而且看来听不进去其他意见”。克里斯·穆尼和谢丽尔·柯申鲍姆回答了一个令人心惊的问题：“他们是从哪里得到他们口中的‘科学（知识）’的呢？互联网、公共人物、其他家长，还有极少数坚持挑战科学界共识的非主流研究者与医生，所有这些人共同建立了一个错误信息的回音室，将这些信息不断自我强化。”[35]

在谢里尔这个案例中，我们描述了一个处于隔离状态、正在经历高度压力，因此容易接受阴谋论的人。如果谢里尔真的正在应对不好的遭遇，情况还会更糟。谢里尔的孩子们都没有自闭症，近期也没有得过任何大病。她没有把心思都放在核电站事故上，没有因为陷入严重抑郁而得到接受电休克疗法的建议，没有一位密友刚被诊断出感染了 HIV，也没有被枪口瞄准过。上述任何一种情况都可能令谢里尔更容易接受阴谋论。卡斯·R. 桑斯坦曾指出：“可怕的事件会令人感到愤慨，当人们感到愤慨的时候，他们更有可能去找些理由令自己的情绪显得合理，并且认为那些坏事是有人蓄意为之。”[36]

我们有没有什么办法打破互联网强加给我们的隔绝效应，并至少阻止我们的朋友、家人，甚至是我们自己一开始就注册加入反科学的阴谋论团体呢？这个问题并没有一个很简单的答案，但是我们想强调的是，大多数被说服相信自己是阴谋受害者的人的心理都完全正常，并不是妄想狂。不，他们只是正在因为缺乏自尊、无力感以及对权威基本不信任而感到痛苦的人。[37]阴谋论集团的领袖通过各种手段充分利用这些特征：令新加入者感觉受到团体的欢迎，着力强调阴谋论中非友即敌的这一面，嘲笑任何与阴谋论抵触的说法。卡斯·R. 桑斯坦坦解释道：

> 团体领袖们也许会加强这种隔离，为了阻止普通成员接触到有可能动摇领导对群体的控制的信息。就算有反面信息和主张依其原义被成员听说了，也会被嘲笑或以轻蔑的态度对待。[38]

当我们还是孩子的时候，我们都能通过取笑“其他”群体的人而得到某种满足感。阴谋论者的所作所为与此如出一辙，为的是让置身于这个团体之内的人感到有一种非常强烈的社会关系。

桑斯坦提出了一种相当激进的做法，借此对抗互联网上传播阴谋论团体的力量——“在认知层面潜入极端主义者团体”。他在承认这种做法有一些伦理方面的瑕疵的同时，解释了对于指控政府机关秘密进行有害勾结的阴谋论，这种做法如何发挥作用：

> 在只听过阴谋论者讲述的政府行为的情况下，（极端主义者的组织和团体）成员变得更容易相信和制造此类言论。大概在这些团体内部制造更加极端的观点，从而引入认知上的多样性，就能抑制或扭转他们的看法。政府有可能引入这种多样性——不用说，只有在有迫切而正当的需要去回应阴谋论的情况下才能这样做……通过这种途径，政府特工及其盟友可以进入外国聊天室、在线社交网络，甚至是线下团体，通过质疑这些团体真正的经营场所、因果逻辑链、行动的含义，从政治或其他方向上努力推翻具有渗透性的阴谋论。[39]

不清楚桑斯坦提出这个建议的态度究竟有多认真，这也不是一个我们乐于支持的建议。在我们与阴谋论的战斗中最不应该做的就是让政府机关秘密攻击网站和聊天室。就算这类活动能奏效——这几乎是不可能的——科学家们的立场也会变得很尴尬：他们实际上针对自己希望教育的人搞了阴谋诡计。

不过，以更加开放透明的方式尝试类似“认知潜入”的活动或许可行。Snopes.com 是一个了不起的网站，为查证方方面面的流言提供了有趣的资源，也包括健康问题方面的。网站上有许多已经做过研究的不实传言，你可以自行选读。该网站提供的信息显得很成系统、不带偏见、大体准确。网站配有精美的图片，写作风格轻松活泼，很吸引人。Snopes.com 击溃过各种不实传言，如“伤寒玛丽”曾令数以千计的纽约人染上伤寒一事*；又如2014年的一项宣称日光照射与皮肤癌之间不存在关联的研究。能不能开辟这样一条道路，公开在支持反科学阴谋论的网站上介绍这类击破流言的渠道呢？

校正行动的空间

我们这一章是以悲叹辨别阴谋论的真伪有多么困难开始的。但愿本章提供的建议行之有效。建议内容既包括可以用来鉴定阴谋论是否反科学的部分特征，也包括随后可以用什么手段与之斗争。

我们希望强调的第一大原则是，尽早、尽量强势地出现在有争议的议题中是很有必要的。研究表明，一旦阴谋论被编造出来再流传开

---

* “伤寒玛丽”（Typhoid Mary）是美国第一位被发现的伤寒病毒健康携带者的外号，该女子于 1883 或 1884 年自爱尔兰移民至美国，有可能造成了 51 名纽约人感染伤寒。

来，就很难消除它的影响了。科学、媒体和公共卫生从业人员应当组建一支高级情报员队伍——或许与军方情报部门有几分相似之处——以便在阴谋论刚出现的时候及时发现苗头，鉴定该论调有没有可信之处，假如没有，就立即组织力量予以驳斥。这项工作有大部分内容必须借助对互联网的熟练运用来完成。科学家也许没有时间去了解社交媒体的每一种新形态。因此他们必须雇用他人来做这件事。在与阴谋论斗争时如果不使用脸书、推特和照片墙这几家社交媒体，是不会见效的。再过若干年，只用这些网站说不定也不起作用了。

第二点，认识到错误的阴谋论的倡导者大致是哪类人很重要。自感被同行轻视的心灰意冷的科学家与医生是这类人中的典型。他们往往会组建名称又长又有煽动力的新组织，任命自己为主席、总监或首席执行官，通常尽可能不公布该组织的实际成员数达到了多大规模。最重要的是，他们总爱把自己塑造成被巨型强权集团迫害的独狼，这类集团往往由工业界、政府以及专业机构的多个单位联合组成。

这类阴谋论初创者运用的技巧也会泄露他们的反科学立场。他们更强调动机而非结果。任何人只要赚了钱就自动成了罪犯。可阴谋论理论家倒是闭口不谈他本人靠什么谋生。在阴谋论中，阴谋团伙的力量被大大夸大了。卷入整个阴谋的人员名单越来越长。而最重要的一个技巧或许是，阴谋论理论家利用了情感经验法则，用愤怒、骇人的言语来表达他们的信息，故意不使用科学用语，更青睐情绪激昂而富有戏剧性的说法。

同样重要的是要认识到最容易被上述煽动家蛊惑的人具有何种特征。最基本的就是明白他们并不愚蠢。他们不见得具备突出的科学素养，但一般也是知识分子。他们大多也不是精神病或妄想狂。不，那些被阴谋论所折服的人往往是孤独、封闭的人，对权威尤其是政府不信任，而且感到自己背负着很大的压力。最重要的是，他们有强烈的无力感，正等待着有什么东西能令自己变得更有力量。的确，这样看来我们所有人都可能在某些时候很容易相信某种阴谋论。

科学家和关心科普的人除了要做到及早登场展开讨论，还必须现在就开始尝试各种各样的信息传达形式。我们还不知道如何在提供事实与唤起情感之间取得平衡。在杏仁核与前额皮质之间，我们该更多发挥哪一个的作用呢？科学家一贯不把有效的教育当作自身的一种职责。不得不跟非科学界人士讲话的时候，科学家们的处理方式一般是尽可能简化科学内容。有些科学家在这方面做得比同行好一些，但这一点也许无关紧要，因为我们已经看到，那些相信阴谋论的人已经形成了拒绝接受有效的对抗性信息的思维定式。我们有必要审慎地推进研究，学习与反科学人群接洽的最佳方式，哪怕看似是他们中最冥顽不灵的那部分成员也不例外。

在努力与错误的阴谋论斗争期间，另一个会令科学家们感到不自在的棘手领域是如何调整对受害者范例的同情。很难找到具体哪个能证明自己的健康因食用转基因食品而受到了损害的个人。尽管如此，在这类特定的阴谋论中，阴谋论者还是要求我们去体会那些无辜的受害者的心情，他们以为自己将来肯定会生病，因为阴谋集团把转基因食品加入了我们的食谱。类似的情况还有，我们中绝大多数人都没有经历过自家被闯入，武装袭击者对我们本人或我们所爱的家人造成生命威胁这样的恶性事件。然而拥枪游说团体却希望我们对有过这类遭遇或将要遭遇这种不幸的人产生共鸣。这类模拟场景中缺失的自然是真正的受害者，反科学阴谋论理论家的受害者。他们包括：在非洲因为害虫吃掉了庄稼而挨饿的儿童（而如果使用了转基因种子，就不会发生这种事）；用父母的枪射中了自己的十几岁的孩子；没有接种疫苗，结果染上了麻疹并发展为危及生命的脑病的孩子，或是因为正接受癌症治疗而不能接种疫苗结果被传染了麻疹的孩子；患有严重抑郁症，但是因心理治疗和抗抑郁药物的疗效都不好而自杀的人（他们本来有可能因电休克疗法而获救）；等等。科学家通常不会在讨论上述受害者时使用感情过于丰富的措辞去感染听众，尽管这些受害者的确存在，而阴谋论理论家口中的“受害者”反倒往往是编造出来的。近来，禁烟广告越来越多地使用图片，向人们展示严重肺病患者费力呼吸的样子。科学家也更自然地发表以下这类评论了：“患上慢性阻塞性肺病（COPD）的风险因吸烟而大大提升了。”但是正如我们平时看到的，这样的言论并没有运用相当多反科学言论都在使用的那种人性化的、刺激杏仁核的、强化记忆的力量。大概是时候认清反科学阴谋论理论家才是制造了真正的受害者的阴谋家了。阴谋论的受害者是真正值得我们同情的人，但是我们对他们却几乎一无所知。例如，不知何故，拥枪说客促使我们相信每年被武装入室匪徒射杀的人要多于自己造成枪伤的人。为了与反科学阴谋论理论家相抗衡，是时候学习如何运用互联网的力量和情绪感染的言辞，以及对那些充满无力感的人的同情心了。

第二章　卡里斯玛型领袖

在本章中，与上一章类似，我们将探究科学怀疑论在社会环境中形成的各种途径。不过这一次，我们尤其关注的是反科学群体的领袖，也就是我们称之为卡里斯玛型领袖的这类人。行为经济学家和认知心理学家已经花费了不少时间分析个人走的捷径和犯下的认知错误以哪些方式制造了不理性的想法，在此我们将转而向社会心理学家请教：处在一个群体中会对我们应对风险的方式、理解复杂问题的方式、决定信赖什么人、判断事物的真伪等问题造成怎样的影响。我们将看到，在某些案例中，人们在群体中做出的判断或持有的信念与他们独处时的判断和信念并不相似。在这方面，可以说群体有一种转化能力。协作群体的形成是人类种族进化的基本要素。群体对于成功的人类社会而言必不可少。然而，在本章中，我们将探究反科学群体围绕着一种特定类型的领袖建立起来的多种方式。尽管群体中有着若干种重要而有趣的动力学，卡里斯玛型领袖却尤其在科学否定论群体中扮演着核心角色。

我们将在本章中审视多个此类卡里斯玛型领袖：彼得·迪斯贝格、安德鲁·韦克菲尔德，珍妮·麦卡锡、吉勒-埃里克·塞拉利尼和韦恩·拉皮埃尔。我们还将观察我们的大脑和心智在社交环境中的工作方式以及我们具体是如何被说服的。诚然，某些令我们更有人性的特征，诸如我们分外强调运用想象力的能力，我们渴望融入社会群体并被其接纳的欲望——正是这类特征中的一部分令我们的社会得以运作——也同样是使我们变得最不理智也最容易被卡里斯玛型领袖欺骗的特征。

旁观者眼中的领袖形象

在我们讨论卡里斯玛型领袖的形象以前，审视有哪些因素令领袖们最初得以成为领袖是很重要的。在许多方面，领导力实际上都是由追随者们创造出来的。在某种程度上，这是旁观者的看法。领导力理论讨论的是人们对领袖应有的外在与表现预先形成的概念如何影响到他们具体将哪个人抬高到"领袖"的位置上。例如，在商界，一个穿着讲究、善于交际的人也许会立刻被贴上领袖的标签。[1]

一旦一群人形成了"我们"的共同意识，人群中的领导者就必须符合领袖的模板，即领袖必须被视为群体内部认同的象征。领袖看起来越像是"我们中的一员"，他或她将会产生的影响力就越大。[2]领袖还必须被视为群体中的"捍卫者"。群体必须能感受到领袖加入进来是为了捍卫整个群体的目标，而不是主要维护他或她本人的利益。[3]领袖必须对创造群体的认同具有前瞻性：他或她不该坐等群体成员构想出领袖角色的模板，而是应该勤勤恳恳地创造出那个角色，令该角色在群体中深入人心，并最终完美地扮演它。[4]因此，领袖必须把握好两条路线之间的平衡：一条是坚持做"我们中的一员"，另一条是通过行使权威创建并塑造群体认同。善于达到目的的领袖必须理解群体成员的意图，但也要能够掌控群体的自我表述、发展方式，以及最终支持什么、反对什么。

领袖形象的模板最引人注目之处在于它是动态的。领袖并非置身于真空中，而领袖的塑造也不能被看作与群体的塑造截然分开的过程。这正是为什么本章既要审视卡里斯玛型领袖的特征，也要审视群体心理背后的理论和科学，从而主张领袖及其追随者是携手并进的关系。一个人不能脱离他人而存在，而群体的心理学特征也不仅仅是理解领袖的关键，更是理解该人的领袖形象类型的关键所在。关于卡里斯玛型领袖的准确特征有哪些这个问题，一直存在较大争议；不过卡里斯玛型领袖的权威有赖于该人与其追随者的关系这个事实几乎没有什么争议。因此，卡里斯玛（魅力）不独为领袖一人专有，更准确地说，它属于一个关系实体。领袖与追随者之间的互动因此成了这个过程中最基本的组成部分。[5] 卡里斯玛型领袖与普通或相对没有魅力的领袖并没有什么本质不同，只不过对群体成员的特定心理利用得更加充分，创造了有时可能近似于邪教的更加紧密的主从关系。所以，更明确地说，卡里斯玛型领袖的职责是说服。

是什么令一名领袖具有“卡里斯玛”？

对于我们同样重要的一点是，我们要断然表明自己并没有在“卡里斯玛型领袖”与“煽动家”、“江湖骗子”或其他负面人物之间画上绝对的等号。马丁·路德·金就是一位卡里斯玛型领袖，我们所有人都承认他是史上最善于达到目的、道德上最正确的人之一。卡里斯玛型领袖也可以是善意一方的力量，就算是我们认为扭曲了科学事实、误导了人们的一些领袖在他们着手的议题的某些方面往往也有说得对的地方，尽管我们显然不能认同本章将要简述的那几位领袖。马丁·路德·金和甘地这样的人运用他们的人格魅力向人们灌输前方正确道路的愿景，也实现了重大而显著的社会变革。我们只希望确立卡里斯玛型领袖是强大的说服者这个基本观念，这样我们才有可能更好地理解当这种领导方式致力于为不理性、不科学的信念服务时发生了什么。

大体上，卡里斯玛型领袖都具备如下常见特征：口才极好，沟通能力极强，对“我们”与“他们”的对立有强烈的意识，而且在引发人们的强烈情感这方面具备惊人的才能。这些能力是“天赋”还是后天发展而来的，是一个长期有争议的问题，由此引出的另一个争议是，我们每个人是否都具备某种程度的能力以成为这类领袖。所有领袖都必须制造出“我们”的集体感，但是卡里斯玛型领袖最独特的一点或许是他或她不仅比其他任何类型的领袖制造出了更强烈的与“他们”敌对的感觉，还构想出了一种极为强烈的对“我们”的认同感，强烈到足以排除其他身份认同。也就是说，群体中的“我们”变得如此强大，以至于群体中的人对身为其中一员的身份认同感的忠实度凌驾于自己的其他任何一种身份之上。这种情况当然适用于邪教，而我们将审视是否这种强大的“我们”营销术也在本书中将要剖析的部分医学否定论运动中出现了。

卡里斯玛型领袖这个概念最初是社会学这门学科的奠基人之一马克斯·韦伯构建的。19 世纪末 20 世纪初，韦伯在德国工作，设想出了三种适用于所有社会的支配类型：卡里斯玛型支配、传统型支配和法理型支配。根据韦伯的看法，卡里斯玛型领袖的权威源于正规法制体系的结构之外，他们的合法性一般来自其本身堪为典范的人格特质。他们因此往往被视为“超人”或展现出了“超凡的力量与品质”。[6]另外，卡里斯玛型领袖本质上是革命者。他们往往来自“社会边缘”，代表着与既有社会体系的强烈割裂。[7] 20 世纪 60 年代，一位学者识别出卡里斯玛型领袖的四个特征：“领袖对重要的文化传说有革新；有被认为是英雄式的或超乎寻常的功绩表现；是‘带有离奇或强大的光环’属性的化身；语言技巧极其出众。”[8]我们将看到医学否定论运动中有许多卡里斯玛型领袖的确出身“边缘”之地，往往是主流科学界的边缘。我们还将看到，他们中的大多数人都掌握了说服的艺术，展现出了杰出的语言技巧，并把自己抬高成“真正科学”的模范，而对立面则是他们认为既腐败又利己的科学界。

邪教与卡里斯玛型领袖

尽管邪教代表的是我们在本书中描述各类群体的一种极端得多的版本（譬如，我们绝对无意暗示疫苗反对者们组织的是邪教团伙），邪教领袖和邪教组织构成的特征还是值得一看的，因为邪教领袖基本上就是卡里斯玛型领袖的极致。此外，邪教几乎总是缺乏理性的信念滋生的温床，邪教领袖有意培养这类信念是为了控制其成员。尽管邪教代表的是比反疫苗或拥护持枪的活动者极端得多的群体构成方式，看到卡里斯玛型领袖的最极端形式还是很有帮助的，这是为了对这类人物的内涵有一个透彻的理解。有时候，观察极端状态下的现象可以让我们对这类现象的本质形成最清晰的感知。

将邪教作为一种现象的研究并不罕见。相关研究有一个一致结论是，邪教成员的受教育程度之高往往令人吃惊，他们似乎都是有理性的人。事实上，邪教成员通常拥有高于平均水平的智力，在有些案例中还是从大学校园里被招募到组织中去的。[9] 邪教的灌输大约分几个步骤进行。首先是“软化”阶段，此阶段的目标是招募新人，邀请目标参加集会，老成员会对新人格外关注。第二阶段是“驯化”，新成员开始尝试某些邪教成员的信念和行为，尽管自己也许仍有疑虑。最终阶段是“固化”，新成员变得不顾一切地忠于邪教。[10] 这个阶段可能导致某些发生在邪教成员身上的悲剧，我们有时会在新闻上看到，比如大规模枪击或自杀事件。

邪教领袖当然是极端的例子，其中不少人表现出了超乎寻常的——往往是病态的——自恋人格特征。[11] 不过，邪教领袖的某些特点是任何领袖都会有的，尤其是卡里斯玛型领袖。最引人注目的一点是，邪教领袖会明确将非信徒和外部人称为“敌人”。卡里斯玛型领袖也许不会这样直白，但他们确实会塑造强烈的群体内部认同，这种认同可以让他们熟练地操纵群体心理，改变内部个人的需求、喜好和看法。卡里斯玛型领袖因此比非卡里斯玛型领袖制造了更强烈的“我们”与“他们”之分。此外，邪教领袖还因为切断人们的社会联系而臭名昭著，无论这种隔离手法是否包括把成员直接带去偏远的地方，还是限制成员与亲友的联系。一般的卡里斯玛型领袖当然不会都采取这类极端手段，他们的常规做法是创造一个令人们对群体内部的信念高度认同的环境，这样一来，外部的影响——包括对同一问题的其他理性观点——对这些人就不起任何作用了。

领袖是如何说服我们的？

卡里斯玛型领袖本质上是说服者。纳尔逊·曼德拉运用他的卡里斯玛说服追随者们努力逐渐破坏南非的种族隔离制度。菲德尔·卡斯特罗利用他富有吸引力的人格魅力，说服古巴人民长时期追随他、支持他，尽管这一时期古巴经济低迷，还要承受对外贸易的严重制裁。在能言善辩、情绪把握得当的能力之外，说服者往往还对群体构建与形成认同的心理学特征有很出色的直觉。说服者也会有意利用个体心理的已知基本法则。例如，用于说服受众的信息往往经过了修饰，以便增加或减少受众的矛盾心理。说服者懂得人们有很强的本能冲动去减少认知上的矛盾，并减少不一致的信念在心中共存的情况。[12] 总的来说，人们对于矛盾的容忍度不高，也有社交动机希望表现得跟其他人一致。如果说服者试图改变一位听者对某个特定问题的看法，他或她或许会着力唤起能令该观点的支持者的思维产生矛盾的想法。另一方面，说服者也许希望降低追随者产生思维矛盾的可能性，于是会不断地向人们保证他们做出了正确的选择，他们的观点没有错，或者对于他们已经采取的行动、他们的信念都不存在合理而可行的其他选择。[13] 如果说服者想借助矛盾机制说服人们接受疫苗不安全这种观点，他们一开始或许会这样说："我们都希望自己的孩子生活得很安全、很健康。医生和政府例行公事地告诉我们，为了确保孩子们的安全，必须给他们接种抵御大量疾病的疫苗。然而这些疫苗实际上会令孩子们患上更严重的疾病，比不接种疫苗的情况下可能染上的疾病严重得多。"这种说法几乎可以在任何关心孩子的父母心中制造不适感，只要这些父母对疫苗防疫的基本科学原理不够精通。家长会立即扪心自问:“我给孩子接种了疫苗的话，实际上就是让孩子暴露在得这么多可怕的病的危险下，我还怎么能说我是在保护他呢?”内心的不适感因此形成了矛盾，于是这位家长很可能倾其所有来消除这种难受的感觉。

另外，人们不见得需要全神贯注地去接收领袖提供的信息才能完全信服。心理学家主张，说服他人有两条路径：中央路径和外围路径。当人们仔细查看一则信息并被说服的时候，他们是通过中央路径被说服的。然而，一则未经仔细查看的信息仍然可能具有说服力。这时起作用的是外围路径。在这种情况下，听者会运用到各种线索——其中有一些的作用方式和经验法则很接近——来决定是否应被说服。举个例子，有一条强有力的线索是说服者用到的论据的数量。在一项研究中，对某一特定主题所知甚详的人们完全没有被数量众多但质量不高的论据说服。而对该主题不太了解的人们接触到的论据越多就越感到信服，无论这些论据的质量有多低。[14] 谈到 HIV 是否导致艾滋病，疫苗是否导致自闭症，或转基因食品是否导致癌症，我们大多数人都没有能力对与这些复杂问题相关的某个论据进行精密分析。结果就是，我们更容易被类似于经验法则的“线索”说服，诸如论据的数量、说话人的举止和权威性等。让大量所谓的“研究”和案例像洪水一样倾泻过来就足以令我们印象深刻了。很有可能，所有这些“研究”都是信誉可疑的科学家发表在次级期刊上的，而那些案例则是精心挑选过的极少数，并不能代表多数人的经验。尽管如此，卡里斯玛型领袖还是可以仅凭罗列一张长长的证据清单就能赢得先机。

卡里斯玛型领袖诉诸“情绪脑”

为了把问题进一步搅浑，卡里斯玛型领袖几乎从不谈及我们理性的一面。令他们成为如此成功、富有魅力的领袖的原因之一是他们偏爱以情动人。任何首席执行官都知道，而任何最基础的领导培训课都会教你，一开始就调动人们的理性脑不会令你取得很大进展。人们不仅不会喜欢你，你的公司可能也不会运转得像你鼓励员工思考时更情绪化、更关注大局的情况下那么好。理性对话在任何公司中都占据了重要的位置，但是研究表明，在情绪脑优先的条件下，领导们更有效率，公司也更加成功。卡里斯玛型领袖主要通过与我们情绪化的那一面对话来行事，他们的追随者与那些为善于达到目的但不具备卡里斯玛的领袖工作的人相较而言，一般会觉得自己的工作更有意义，其表现得到的评价更高，工作时间也更长。[15]

尽管这种两分法有过于简化的嫌疑，“理性脑”与“情绪脑”的区分还是有一些道理的。神经学家注意到，最基本的情绪源于大脑进化中较原始的部分，尤其是边缘皮质，该部分包括杏仁核（产生恐惧的关键部位）、岛叶（对恐惧和厌恶等多种情绪的产生必不可少）和伏隔核（大脑的奖励中枢）。人们一看到蛇，杏仁核就会被激活，这几乎能立刻导致相应的一系列行为和生理反应，例如僵在原地或逃跑，呼吸加快（可以增加肌肉的氧化作用），心跳加快，释放更多应激激素（如皮质醇和肾上腺素）。这时大脑几乎完全没有进行思考。不过，如果给某人反复看好几次同一条蛇的图片，大脑的另一部分就会明白这只不过是一张无害的图片，没有什么实际的危险。这部分脑就是前额皮质。前额皮质的各个部位是用位置来命名的（例如腹内侧前额皮质、背外侧前额皮质），也有其他类型的名称，如前扣带回（ACC）和眶额皮质（OFC）。每个部位在认知和决策时的主要功能都有些许不同。总体而言，前额皮质和边缘皮质会弱化对方的活动。强烈的惊吓刺激会激活杏仁核，杏仁核则会抑制前额皮质，为迅速反应做好准备。另一方面，强势的前额皮质则可以用理性抑制情绪脑。这两者之间达到平衡时，就出现了理想的人类：此人既可以体验像爱、恐惧以及同情这样深刻的情绪，又能读、写、掌握数学、规划未来。精神方面的疾病，如抑郁症和焦虑症似乎也有部分原因是前额皮质与杏仁核之间正常的连接中断了；反社会者似乎有杏仁核反应缺陷，因此体验不到正常水平的恐惧感。在本章和全书其他部分，我们将经常提到理性脑和情绪脑这两个概念。我们的理解是，这两者以无法准确预测的复杂方式保持着相互接触和相互影响。

埃默里大学的简·B. 恩格尔曼与合作者设计了一个实验来检测大脑对专家建议的反应。实验要求受试者做出一系列财务决策，同时使用功能性磁共振成像（fMRI）记录受试者的脑部活动图像并进行量化；在决策过程中，一半受试者会得到专家建议，另一半则得不到。正如研究者们所预测的，得到专家建议的那一组受试者倾向于照专家的指示去行动。也许更有趣的是，这项研究显示，接受专家建议组的受试者与另一组受试者相比，在判断可能性时会动用的大脑部位——包括背外侧前额皮质和扣带回——的中性活动相对更弱。此外，做出了与专家建议相反的选择的受试者们的杏仁核活动增强了，而杏仁核是与恐惧反应有关联的。本研究的作者们总结道："综合起来，这些结果显著支持以下假说，即专家建议有一个作用是'卸载'个体大脑对期望效用的计算。"[16] 换句话说，当专家告诉我们该怎么做的时候，我们脑中负责决策的部位关闭了。而更重要的是，与专家对抗会令我们感到焦虑。

与此同时，假如一位卡里斯玛型领袖最初给我们提供有误导性或虚假的信息时使我们受到的惊吓程度足够大，就有可能启动特定神经过程，从而抑制我们纠正第一印象的能力。在以色列魏茨曼科学研究所神经生物学系的迈卡·G.埃德尔森及其合作者完成的一个出色实验中，受试者先得到了错误信息，随后再得到正确信息，整个过程的脑部活动都用功能性磁共振成像记录下来。此项研究首先显示了被作者称为“社会影响中的恢复期”的这一时期，前额皮质的某个区域（前外侧前额皮质，alPFC）有活动迹象。可是，在受试者最初接触错误信息时，强烈的杏仁核活动降低了前外侧前额皮质的活动，相应也就降低了该区域纠正错误的第一印象的能力。该研究的作者总结道：

> 有可能是杏仁核活动导致强编码的错误信息深刻影响了原始表述。这又可能反过来限制恢复原状的可能性。这些发现澄清了错误被纠正——或未能得到纠正——的过程，特别是社会影响如何使之后的纠错受到限制，哪怕后来该影响已经失去了可信度。[17]

这段话的意思是，当我们听说转基因食品会致癌，疫苗会导致自闭症，还有如果我们手无寸铁，犯罪分子就会等待机会杀了我们这些事的时候，我们大概会产生强烈的惊慌反应，这种反应有一部分是在杏仁核活动的刺激下产生的。而之后得知真实情况——转基因食品对人类健康无害，疫苗与自闭症无关，持有枪支提高了枪支拥有者被射中的可能性——时，杏仁核的反应高度抑制了前额皮质纠正卡里斯玛型领袖所造成的影响的能力。这些领袖中最能令我们感到惊慌的那些人也最能令我们对科学探索提供的证据无动于衷。

不幸的是，与情绪脑紧密结合有时意味着忽视理性，而这一点尤其可能在尝试评估冰冷艰涩的科学证据时造成麻烦。这正是卡里斯玛型领袖制造的效果——情绪脑被激活，理性脑则被抑制。将卡里斯玛型领导力与需要慎重进行的科学调查及诠释的议题结合起来就得到了灾难的精确配方，灾难又能为医学否定论群体添一把柴。事实上，有不少理由令我们相信卡里斯玛型领袖与反科学运动尤其合适。理论家们已经指出，卡里斯玛型领袖对一个需要诱导下层成员做出价值判断并理解整场运动的目的的组织是十分关键的。这类领导力在主要关注机械性事务——诸如某家医院应该用哪种技术来记录病历这类事务——的组织中就没那么重要。如果对领袖的服从高度依赖道德判断而非物质激励，那么极高的卡里斯玛水平也是必不可少的。[18] 换句话说，依赖道德判断或价值判断的群体需要更多卡里斯玛型领袖将下属凝聚在一起。这类领导力因此格外适合反科学群体，因为后者正如我们所展示的，并不怎么依赖证据或机械死板的事实，而是高度依赖情感吸引力和价值判断。

案例研究：彼得·迪斯贝格

在尼科利·纳特拉斯那本主题为“HIV 否定论在南非”的书中，她讨论了 HIV 否定论运动和反疫苗运动这两者结构的惊人相似性。纳特拉斯指出，其中最显著的相似之处是两个运动中都存在她称之为“英雄科学家”的这类人。在 HIV 否定论运动中，“英雄科学家”包括彼得·迪斯贝格这类人物。此人是一位曾经备受尊重的科学家，在逆转录病毒方面有丰富的研究经验，曾将关于艾滋病成因的谣传争议引入更公开的讨论氛围中。而在疫苗反对者的队伍中，首要的“英雄科学家”是安德鲁·韦克菲尔德，他1998年在《柳叶刀》杂志上发表了一篇后来被撤回的论文，该论文认为自闭症与多种疫苗有关；他利用自己作为备受尊重的权威科学家的身份公开站在反疫苗的立场上。正如纳特拉斯指出的，这两位领袖对媒体的使用一贯颇有技巧，策略性地利用媒体渠道营造怀疑论氛围，显得在这个问题上科学家们仿佛真的有争议似的。[19]

内奥米·奥利斯克斯和埃里克·M.康韦在他们合著的《贩卖怀疑的商人》（*Merchants of Doubt*）中对某些“英雄科学家”做了概述，揭示出一个共同模式：一位有着突出学术成就的昔日杰出科学家似乎在某个节点误入歧途，接受了相当非主流的观点，并且大肆渲染其本人过去曾担任主要领导者的那个机构如何迫害自己。例如，一位曾掩盖香烟致癌性的烟草业领导者名叫弗雷德里克·塞茨：

> 塞茨曾是美国最卓越的科学家之一，他很年轻的时候就曾参与制造原子弹的工作。塞茨整个职业生涯都没有离开过美国科学界的最高层：20世纪50年代担任北大西洋公约组织的科学顾问；20世纪60年代担任美国国家科学院院长；20世纪70年代……担任洛克菲勒大学校长。[20]

鉴于塞茨辉煌的经历，他有能力从媒体和国会那里获取足够的关注，而他为尼古丁提供的辩护词也就在几十年时间里被这两个圈子里的人当真了。

迪斯贝格在科学界也具有类似的卓越地位。作为一名化学博士，他在20世纪70年代因癌症研究领域的突破性工作赢得了国际赞誉。1986年，年仅49岁的彼得·迪斯贝格入选美国国家科学院，并获得了国家卫生研究院颁发的杰出研究者奖。人们普遍认为他是一位在世界范围内举足轻重的科学家。然而自20世纪80年代末开始，迪斯贝格不断发表文章，最终出版了一部名为《发明艾滋病病毒》（*Inventing the AIDS Virus*）的书，宣称人类免疫缺陷病毒不是艾滋病的病因，同时提出多种阴谋论观点来解释科研机构为何不同意此种看法。

在很多方面，迪斯贝格都可以被视为“艾滋病否定论运动之父”。该运动由于南非总统塔博·姆贝基（任期为1999—2008年）公开站在了否定论一方而达到了悲剧性的巅峰，不过，迪斯贝格早在1987年就开始发表他的相关理论了。迪斯贝格的信念在他2000年供职于姆贝基的HIV与艾滋病总统顾问小组时影响力最大。从那时开始，迪斯贝格就被视为HIV／艾滋病否定论运动的“英雄科学家”。

迪斯贝格用来支持自己的一种策略是单纯地以量取胜。他出版了一部500页的大部头，主张HIV／艾滋病的流行只不过是贪婪的病毒学家编造出来的传说；他还就这个题材继续大量写作，发表在每一个还接受他作品的平台上。现在声誉最好的科学杂志拒绝发表迪斯贝格的文章，于是他转而用自己的理论大肆轰炸边缘期刊、网络渠道和大众媒体。关于这个主题，他2014年的最新文章发表在《意大利解剖学与胚胎学杂志》上。[21] 正如本章前面提到的，通过外围路径进行说服往往只依赖论据的数量。迪斯贝格大量发表的长篇著作表明作者有兴趣以这种方式说服大众。

然而，迪斯贝格最有力的策略之一，是将他的主张呈现为某种人们十分珍视的东西：稀有信息。迪斯贝格反复表现得仿佛是在向读者提供“内部”消息，既珍贵又基本上不会外传的那种。举个例子，他用很长的篇幅将 HIV 不是导致艾滋病的原因这个所谓的“被掩盖”的“真相”与 20 世纪 60 年代发生在日本的斯蒙病（SMON，亚急性脊髓视神经症）事件进行类比。有很长一段时间，斯蒙病这种可以导致瘫痪、失明，甚至死亡的疾病，都被科学家们认为是由病毒引起的。可是最终，他们发现斯蒙病是由氯碘羟喹（clioquinol）这种药物导致的，当时氯碘羟喹被广泛用于预防旅行中的腹泻。迪斯贝格用充满漏洞的逻辑来“证明”同样的情况肯定也发生在了 HIV 和艾滋病这个案例中，即艾滋病真正的病因是有毒的抗逆转录病毒药物，而 HIV 与之毫无关系，而科学家们没完没了地念叨艾滋病成因的病毒“假说”，是为了让病毒学这个照迪斯贝格的说法已经死掉的学科存活下去。他在斯蒙病和艾滋病的病因的确定这两个案例之间进行不恰当的比较，是为了暗示跟斯蒙病那时一样的“错误”必然也发生在了艾滋病上面。

先不提这个比较中植入的令人心烦的逻辑错误，迪斯贝格在讲述斯蒙病的故事时运用了强有力的修辞和说服性策略。他让读者产生了这样的感觉：仿佛可以推断出来，这个信息由于美国政府的压制，相对没有什么人听说过，是一个被严格保守的秘闻，能够得知这件事是很罕见的。这样一来，迪斯贝格就为他的读者提供了一个窥视内部消息源的机会，而这个消息源是他们在别处无从知晓的。在笼统地将斯蒙病和艾滋病进行对比之前，迪斯贝格写道：“一旦斯蒙病的真相再也无法被忽视，这段插曲就会立即发展成成千上万名幸存者的诉讼官司。这个故事在日本以外的地方仍然无人讲述，无人留意，因为此事对于那些追着病毒不放的医学界人士而言太尴尬了。这个故事值得在本书中得到全面披露。”[22] 通过这种说法，迪斯贝格本质上是在对他的读者说：“这里有一些特别详细的私密消息，很长一段时间都在对你们保密，而我现在总算让你们知道了。”

当人们感到一个信息很罕见或是很难得到时，他们往往会更容易相信它。这个现象在实体物品领域内早已根深蒂固：稀有物品在自由市场上一般都能以更高的价格成交，这反映出人们对稀有性的重视程度。最近，心理学家开始研究这一点是否对于相对无形的物品也成立，比如信息这类事物。有一个实验将这条规律呈现得相当出色。一家牛肉进口公司的老板在三种不同的情景下给该公司的顾客、超市的采购员以及零售食品店打电话，向他们推销牛肉。第一种情景中的客户听到的只是标准的销售介绍。第二组客户听到了销售介绍，同时被告知很快就将出现一波牛肉短缺。第三组客户听到了销售介绍和牛肉短缺的消息，还得知牛肉短缺是只告诉他们的内部消息。最终结果是第二组和第一组购买的牛肉数量一样多，而第三组——在引导下认为他们得到了特权，听说了牛肉即将短缺的“内部”消息——购买的牛肉数量是第一组的 6 倍。[23] 这个实验结果说明，人们说服效果够强的不仅有商品的稀缺性，也有信息的稀缺性这种错觉。

与邪教领袖一样，迪斯贝格也制造了一种格外强烈的“他们”在与“我们”对抗的感觉。这种强烈的群体认同的形成能够显著地改变我们的思考方式，比如像某个特定事件发生在我们身上的概率这样直接的问题。强烈的集体归属感甚至可以干扰一个似乎不接受任何操纵的成员。迪斯贝格做到这一点的主要手段是将主流科学描绘成一种绝不容许例外的共识文化：

> 极少有科学家还会再产生意愿去质疑——哪怕是私下质疑——无论哪个具体领域中的一致性主张。成功的研究者——得到最多的拨款，拥有最好的职位，获得最著名的奖

项，发表最多的论文的那些人——就是产出的数据最多而引起的争议最少的那些人。科学的规模从小到大再到超大的转变过程创造了这样的体制：体制中人是技艺娴熟的技术人员，也是平庸的科学家；他们放弃了真正的科学诠释，甚至将自己的实验等同于科学本身。[24]

迪斯贝格在此构建了一个对科学世界的新视角：这是一种保持一致的文化，置身其中的全体受人敬重、功成名就的研究者只会做一件事，那就是重复某些教条式的被普遍接受的核心真理。通过最大程度弱化实际存在于科学界内部的紧张冲突、分歧和激烈争论，迪斯贝格令“敌人”的一致性看起来比实际强得多。将敌人统一起来的最终作用是使用这种策略来将反对者统一起来。事实上，这是卡里斯玛型领袖热爱的策略，它对人们解析真正来自“对立面”的信息的能力具有显著影响。一旦“敌人”团结成为统一体，卡里斯玛型领袖的追随者就更难接触到对立阵营中的个人主张，也失去了分析来自这些阵营但未经领袖过滤的信息的能力。

在其他人的引述中，迪斯贝格通常以 HIV 否定论运动祖师爷的身份出现，而他的如下主张甚至被冠以“迪斯贝格假说”这个专有名词：HIV 不是导致艾滋病的原因，艾滋病的真正病因是非法药物的滥用以及抗逆转录病毒药物。这一主张现在成了 HIV 否定论运动的中心法则。去看看任何主题为 HIV 否定论的网站、文章、书籍或视频，它们都会让迪斯贝格作为这场运动形成过程中的首要人物登场亮相。不仅如此，我们主张迪斯贝格正是一位“卡里斯玛型领袖”，还由于他运用的修辞技巧，他的主张在 HIV 否定论者中间的流行程度，以及他从这群否定论者那里得到的高度崇拜与过高的权威。为了理解

HIV 否定论，就必须理解站在这场运动前方的卡里斯玛型领袖。以此类推，为了理解反疫苗运动，就必须理解执掌这场运动的卡里斯玛型领袖。如果没有这样的理解，我们对上述运动的观点在定义上就是不完整的。

案例研究：安德鲁·韦克菲尔德

自 1998 年在《柳叶刀》上发表论文宣称疫苗与自闭症有关联以来，安德鲁·韦克菲尔德一向是反疫苗运动的主要拥护者，经常在他们的集会与会议上发言。跟彼得·迪斯贝格相似，安德鲁·韦克菲尔德出身不凡，是一位备受尊敬的胃肠病学家兼药物研究者。2010 年，韦克菲尔德的受贿行为曝光：他曾从一位辩护律师处收取金钱，其回报是发表某个特定发现。于是他在《柳叶刀》上发表的那篇论文遭撤回，最终还被吊销了行医执照。除了显然存在的利益冲突，这篇论文在科学上也是站不住脚的，只有 12 个非随机选择的受试者，也没有对照组。[25] 尽管如此，一小部分阴谋论支持者——包括韦克菲尔德本人——始终坚持以下信念：韦克菲尔德的发现实际上就是科学事实，而且他的执照被吊销是阴谋构陷的结果，该阴谋基本上是由对疫苗类制药厂商俯首帖耳的医学界人士炮制的。当然，这种类型的阴谋论我们已经在第一章中讨论过了。

韦克菲尔德具备强大的卡里斯玛型领袖拥有的许多特点，而这些特点让他得以很好地担任反疫苗运动的“科学”发言人这个角色。如果说珍妮·麦卡锡从“人性”、父母的角度代表着这场运动，那么韦克菲尔德就是人们心目中为这场运动提供科学支持的那个人。韦克菲尔德的方法是将自己描绘成受害者，强调对立阵营那盘问般的残酷策略，而对立阵营包括公共卫生界、美国儿科学会和制药业。韦克菲尔德在美国有线电视新闻网接受安德森·库珀的访谈时，提到那个曝光自己的新闻工作者布赖恩·迪尔，说他是一个“职业杀手”，受雇于身份没有明说的“他们”。韦克菲尔德称《柳叶刀》撤回他的论文以及英国医学总会谴责他这两件事是“残酷无情的实用主义做法”，目的是将他对疫苗危害的如实调查掩盖掉。在接受罗伯特·斯科特·贝尔的访谈时，韦克菲尔德谈及医学界时，说他们是一种“宗教（组织）”，其成员不得发问，还将对他本人的指控称为“袭击”。[26] 在美国个人权利集会上，韦克菲尔德是主要发言人，他宣称对自己不利的指控是“徒劳的公共关系操作，注定要失败”。[27] 这些事例表明，韦克菲尔德很是费了一番工夫将他的敌人们打造成既残酷无情又工于心计的形象。正如我们已经看到的，创造一个强大的敌人是卡里斯玛型领袖的常用手段，可以帮助其追随者巩固集体认同感。

韦克菲尔德还做了卓有成效的工作，努力提供理由证明为何运动一开始就需要一位卡里斯玛型领袖。他构建了这样一个情景：病人的利益是一方，公共卫生从业者以及制药业的利益是另一方，双方在进行博弈。他指出进行“社会革命”的时机已经成熟了，将卡里斯玛型领袖在主流业界的边缘地位表现为革命的导火索，正如韦伯当初认定的那样。韦克菲尔德与美国步枪协会的首脑韦恩·拉皮埃尔一样，将竞技场由一个有局限性的特定议题——疫苗或枪支——扩展到个人权利和自由这样更加宏大的议题上。他将自闭症称为“席卷世界的流行病”，将疫苗称为“环境灾难”。他断言，做出选择是很简单的：我们要么照料病人，要么置之不理。他宣称，科学界必须在“尽忠履职和结党营私”之间做选择。而家长必须争取得到选择权，“为了这个国家和世界的未来”。所有这些修辞技巧都有效地树立了安德鲁·韦克菲尔德作为一名卡里斯玛型领袖的形象。韦克菲尔德认为自己是现状的受害者，由于选择了正确的道路而承受着不幸的后果，失去了行医执照、研究职位、职业信誉。据他说，他甚至还失去了自己的祖国。他声称，然而这一切与自闭症患儿、其他发育障碍患儿及他们的家长所承受的折磨相比根本不值一提。与真正的卡里斯玛型领袖一样，韦克菲尔德证明自己完全献身于他的事业的决心无比强烈，不仅愿意牺牲行医执照，甚至愿意牺牲自己的家园。他进一步通过煞费苦心的自我抹杀手段来强调自己对这番事业的投入程度，如把他自己说成是“无足轻重”的，并声明：“发生在我身上的事并不重要，那只不过是障眼法。”[28] 真正重要的问题不是他的职业生涯或职业信誉，而是拯救孩子这个纯粹的目标。韦克菲尔德使用的是宗教狂热分子所特有的语言。他不是在讨论科学——就连他自己也不能在独立实验中重复他的“发现”。他所说的一切都建立在 12 个孩子的实验数据上，其中有些孩子不是自闭症患儿，而另一些在接种麻腮风三联疫苗之前就已经得了自闭症。[29] 回溯来看，这其中没有一丝科学的影子。

韦克菲尔德诚然是一位高超的沟通者，掌握了大量雄辩的辞藻，为了达到最为生动的效果巧妙地使用手势和面部表情，还有着制造紧迫感的能力。韦克菲尔德的说服力主要来自他的卡里斯玛型特质，尤其是他那种将“我们”团结起来对抗“他们”的能力，编造出一场危机的能力：这场危机需要人们马上行动起来，还需要得到一位遭到放逐、富于自我牺牲、超人一般的领袖的指导。不止如此，韦克菲尔德还有令人同情的一面：与冷酷的科学界和医学界针锋相对，这两个领域据说对制药业的突发奇想百般逢迎。韦克菲尔德的目标是保护孩子们，并赋予家长们自主选择权，他非常清楚地表示自己为了实现这个目标不惜一切代价。凭借这份自我牺牲，还有对革命的召唤，以及他位于主流科学界边缘的身份，韦克菲尔德塑造了卡里斯玛型领袖的生动形象，也带来了伴随着这一形象而产生的种种心理后果。

案例研究：珍妮·麦卡锡

珍妮·麦卡锡看似不是本章最显而易见的人选，因为她不像彼得·迪斯贝格或安德鲁·韦克菲尔德那样拥有科学家资质。尽管如此，她依然是反疫苗运动的一位主要领导者，而且有若干理由相信，她的风格的确是卡里斯玛型的。首先，她的外表颇有吸引力。这一特色能帮助她吸引人们的关注。只要看过麦卡锡在媒体上和华盛顿的一些集会现场的表现，就能看出她具备卡里斯玛型领袖的不少特征。她说话的声音十分迷人，面部表情格外生动。她会长时间直视交流对象的眼睛。她的手势颇有表现力，还会微笑，甚至大笑，只要她认为这样做能拉近与听众之间的距离。[30]她的性格显然是外向型的，而研究领导力的理论家们都认为这一点在女性领袖身上尤其符合卡里斯玛型特征。[31]

我们只需看看麦卡锡 2008 年在华盛顿的“净化我们的疫苗”集会上的演讲就能看到上述几条特征。其一，集会现场录像显示，当麦卡锡走上演讲台时，如痴如狂的人群齐声呼喊着她的名字。对领袖的这种热爱说明这是一位卡里斯玛型领袖，这类领袖被视为拥有特殊力量，受到超级英雄般的仰慕的人。齐声高呼“珍妮！珍妮！”的声音当然令人感到震撼，在麦卡锡开始演讲之前，这些喊声已经可以证明她至少获得了卡里斯玛型领袖必然能吸引到的推崇。

而当麦卡锡开始演讲之后，她动用了一整套卡里斯玛型领袖的策略，其中不少都是设计出来激发追随者们的情绪反应的。正如我们之前指出的，一项专为巩固某个特定观点——不是基于事实的观点，而是基于“价值观”的观点，比如理应更加关心我们的孩子，将他们的健康置于我们自己的掌握中——的运动尤其热衷于使用卡里斯玛型领袖的技巧。在这类情境中，比如在反对一个决定事务的方式更加世俗化、机械化的群体的时候，领袖的关系重大。麦卡锡的演讲一开始就要求人群中的每个人都凑得离演讲台更近一些。她多次有技巧地停顿，用讲故事一般的语调发言，极其生动，充满高低起伏。她大力鼓动家长们掌握主动权，将他们孩子的安全掌握在他们自己手中。她多次用“你们大家”来称呼听众，鼓励每个人都将自己孩子的照片展示在集会现场的媒体摄像头前。最后，她把此刻称为公民改变世界并与强权进行斗争的历史时刻。[32] 与许多卡里斯玛型领袖一样，又一次，麦卡锡将诉求的范围扩大到核心议题之外，包括公正和自由这些普遍概念的主题，而这类主题几乎是没人会有不同意见的。这样一来，听众就被搞糊涂了——这到底是要弄清自闭症的病因，还是要为所有人争取自由和公正？整个演讲显然没有提到任何科学方面的内容。

在这短短的演讲中，麦卡锡展现了卡里斯玛型领袖的许多标志性特征。通过将人群聚得离她更近，她制造了更加强烈的“我们”的认同感，邀请她的追随者加入进来制造一个更统一的群体。与之类似，通过将追随者称为“你们大家”，她在追随者中制造了一种共同反击敌方的一体感。你几乎都能看到每个参与者的下丘脑都在疯狂分泌催产素，这种物质令他们充满了被关爱、很安全的感觉。[33] 麦卡锡的语调、语言技巧以及戏剧性的停顿都深深地吸引着听众，而持续的眼神接触和生动的语气也都经常被判断为卡里斯玛领袖风格的核心特征。

或许最有趣的一点是，在演讲的结束语中，麦卡锡号召追随者们热诚地相信现在正是公民们揭竿而起，改变世界，与强权进行斗争的历史时刻。正如本章之前讨论过的，马克斯·韦伯将卡里斯玛型领袖定义为从社会边缘而来的负责人，领导追随者完成某种形式的革命。在此，麦卡锡利用了这一定式，尤其是精心将这场运动打造成了某种革命。她鼓励追随者把此刻看作一个挑战，甚至是推翻掌权者的机会，还应真诚相信这个显然很另类的观点有改变世界的可能。这类革命化语言显然属于卡里斯玛型领袖的特权。

尽管珍妮·麦卡锡也许缺乏安德鲁·韦克菲尔德或彼得·迪斯贝格二人的科学素养，但她的确具备卡里斯玛型领袖的不少特征，而这些特征——正如我们刚才展示的——在她的追随者中创造了非常特别的动力学效应。因此，对反疫苗运动的理解就建立在理解以下问题的基础上：这些领袖具体是如何领导群众的，而对于不同类型的领导方式，人们的反应蕴藏着怎样的心理。

案例研究：吉勒-埃里克·塞拉利尼

纪录片《我们现在都是豚鼠吗》的预告片以一个令人震惊的主张作为开始：第二次世界大战末期，在广岛投下原子弹之后，美国能源部的物资和金钱都相当充裕，不知道还能用来做什么，于是该部门决定着手开展基因测序项目，该项目的直接成果就包括核能与转基因生物。[34]

你可以在 GMOSeralini 网站上观看此预告片，该网站设计得颇有吸引力，充分体现了网站创办者、法国科学家吉勒-埃里克·塞拉利尼的信念。塞拉利尼是反转基因生物运动的宠儿。同迪斯贝格和韦克菲尔德一样，他的履历也很引人注目。他自1991年起在卡昂大学担任分子生物学教授。他的早期工作是内分泌学方向的，他的实验室有过关于芳香化酶的重要发现，并发表在级别相当高的期刊上。或许是这种酶存在于孟山都集团发现并推向市场的、注册商标为农达的草甘膦除草剂中这个事实引起了塞拉利尼的兴趣，但是不管出于什么原因，他后来将研究兴趣从内分泌学转移到了大鼠的转基因测试方面。1997年，他开始提倡暂时对转基因食品颁发禁令。他还成立了基因工程研究与独立信息委员会（CRIIGEN），这是一个支持立法规范转基因技术应用于食品的游说组织。

为了理解塞拉利尼这种类型的卡里斯玛型领袖，先对反转基因生物运动有一定了解是很有帮助的。这场已经进行了20多年的针对转基因生物的战斗对任何一个试图把握住科学否定论根源的人都具有绝对吸引力。事实上，没有任何直接证据证明有人曾因为吃了含有转基因原料的食品而健康受损，我们也已经食用这类食品很长时间了——从特定的角度看，可以说有几个世纪了。尽管如此，却一直有个人和团体满腔热情地站出来谴责转基因食品，要求禁止它们，就是退一万步也要在这类食品上标明其含有转基因成分。

佛蒙特是第一个通过立法下令在含有转基因成分的食品上做标注的州。不知为何，反转基因生物成了一项左翼运动。全食超市拒绝售卖转基因食品，而绿色和平组织要求彻底废止转基因食品。但是正如《经济学人》中某篇文章的图表数据所说，每年世界上有310万人死于营养不良，但没有一个人死于转基因食品。《经济学人》的那篇文章总结道："这一前景令人食欲全消。食物恐慌很容易出现，却很难结束。转基因生物的反对者，就像气候变化否定论者一样，对证据装聋作哑。而世界上的饥民并不能在佛蒙特州投票。”[35] 在夏威夷举行的一场关于转基因的辩论会上，双方意见代表都出席了，可是《纽约时报》记者埃米・哈蒙观察到的是：“流行的观点打扮得像科学一样有说服力，而科学本身却难以掌握。像专家一样说话的人并没有相应资质，而转基因生物的批评者们又说那些有资质的人所说的话不可全信，因为这类人都是生物技术公司的马前卒。”[36]

在这样的纷争中，卡里斯玛型领袖出现了。吉勒-埃里克・塞拉利尼2012年由于在学刊《食品与化学毒理学》（*Food and Chemical Toxicology*）上发表了论文《农达除草剂和耐农达转基因玉米的长期毒性》（“Long Term Toxicity of a Roundup Herbicide and a Roundup-Tolerant Genetically Modified Maize”）* 而声名大噪——有些人会说这是臭名昭著。[37]

在这项研究中，塞拉利尼及其在卡昂大学的合作者在两年时间里喂食大鼠孟山都公司的农达除草剂和耐农达玉米（此前的名称是抗草甘膦NK603玉米）。他们报告称，与没有被喂食除草剂或转基因玉米的对照组大鼠做比较，那些被喂食了农达和耐农达玉米的大鼠更多长出了肿瘤，肝肾出现异常，而且寿命更短。论文摘要的结语是：“农达的非线性干扰内分泌影响以及转基因生物及其代谢后果中的转基因生物过度表达可以解释这些结果。”这句话对于非专业人士而言并不好懂，不过基本上就是宣称这两种产品损害了老鼠的激素与代谢系统。塞拉利尼在一场新闻发布会上介绍了这篇论文，出席发布会的都是指定的新闻工作者。塞拉利尼还要求这些记者签署一份保密协议，禁止签署人与其他科学家讨论这项研究。这种不寻常的计谋使得签署

* 论文标题中译来自GMOSeralini网站。下文中此论文摘要的结语亦同。

了协议的记者不能请独立科学家对此研究发表评论。不仅如此，在新闻发布会上，塞拉利尼还介绍了他的新书《转基因食品，真正的争议》（*OGM, le vrai débat*）以及一部关于此研究的影片。塞拉利尼似乎是在进行激进的公共关系冒险，这并不是科学家们在科学期刊上发表论文的时候会有的常规举动。

各个反转基因组织立即对这篇论文大加赞赏，并根据其内容发布了严重警告。欧盟委员会命令位于意大利帕尔马的欧洲食品安全局（EFSA）对论文进行评估，俄罗斯和肯尼亚都对转基因食品颁布了禁令。

然而，更强有力的是科学家们对这篇论文的嘲笑浪潮。只需读一读上文引用的摘要结语就能立即察觉有什么地方可能不对劲。塞拉利尼等人所做的是一项关联研究，他们通过此研究宣布观察到了食用转基因玉米与患肿瘤之间的关系。但是摘要的措辞暗示他们发现了这种关联的生物学基础，即他们所说的“代谢后果”。实际上，在这项研究中并没有这样的生物学发现，也没有在论文中写出来。确实，很难理解哪一种似是而非的生物学原理能够将耐受除草剂的基因与文章所说的那些后果全都联系起来。由于刚才这句话背后的科学性细节依旧相当复杂，我们在此仅指出一点：置入耐农达玉米中，使其对农达除草剂产生抗性的基因不可能影响其他系统，包括大鼠的新陈代谢。如果该基因真的有这种作用，那么塞拉利尼等人的论文中必须拿出多得多的数据和解释来证明这一主张。

但最重要的是，大批科学家立刻注意到了该研究设计和分析的方式中存在的各种问题。显然，试验中使用的大鼠数量太少，其品种也因极高的自发性肿瘤发病率而恶名远扬，因此科学家们普遍认为，该研究不可能在转基因生物和肿瘤之间找到任何实质性联系。2012 年，在塞拉利尼拒绝撤回论文之后，发表这篇论文的期刊宣布将其撤回。撤回通知中写道：

> 对原始数据进一步深入审视之后发现，在样本量这么小的情况下无法对NK603或草甘膦对总体死亡率或肿瘤发病率的影响得出确切结论。考虑到SD大鼠（Sprague-Dawley rat）自然的肿瘤高发率，不能排除试验组的高死亡率和肿瘤高发率是由正常变异所导致的可能性……最终，（研究）呈现的结果……是不确定的。[38]

塞拉利尼及其合作者当然对撤回表示抗议，指责期刊"双重标准"，坚决主张其研究是有效的。[39] 他们还指出，他们曾对孟山都集团发起过诉讼，在法庭上赢得了查看该公司研究的原始数据的权利，而以前该公司声称这些原始数据未显示耐农达玉米有这样的危害。塞拉利尼声明，与孟山都所说的相反，他对原始数据的分析证实该公司隐瞒了有害后果。

现在战斗继续，塞拉利尼单方面宣布自己成了孟山都集团与科学界的受害者。在影像访谈中，他是一名满怀激情的演说家，宣称自己支持"食品民主"和"透明"。他谴责杀虫剂是"内部转基因（物质）"，同它做斗争"应当是一种革命"。[40] 请再次注意，呼吁革命也是本章中其他卡里斯玛型领袖用过的手段，而且据韦伯的判断，这是卡里斯玛型领导方式必不可少的。在互联网上的一段访谈中，塞拉利尼说："这个问题和疯牛病一样。""转基因生物可以用于制造战争，有两种方法这样做——一种是软性的，一种是强硬的。"[41] 塞拉利尼现在具备了一名反科学群体的卡里斯玛型领袖的全部资质。他有正统的科学资历，将自己打造成威胁我们的选择权与安全的专横恶毒势力的受害者，还将议题扩大到核毁灭及战争这样的大规模灾难上。他在互联网、书籍和纪录片中传达了强有力的信息。他的科学工作受到高度尊重，但他作为演讲者和说服者的能力简直无人能敌。

站在这样的卡里斯玛的对立面，会有人注意到科学家们 2013 年撰写的以下社论吗？

> 新技术总会引发它可能有害的传言。如果危害并非真的存在，就像（转基因生物）这个例子的情况一样，这些传言终将随着时间流逝而消失。但是反转基因生物狂潮仍然如火如荼，还受到电子时代的八卦和有组织的贩卖恐惧行为的煽动——后者能令某些个人和机构获益。我们，以及数以千计签署了这份抗议声明的科学家，团结一致，坚决反对对像黄金大米这样的可贵进展的粗暴破坏，因为黄金大米有望拯救数以百万计的贫苦人类同胞免于不必要的病痛和死亡。[42]

案例研究：韦恩·拉皮埃尔

韦恩·拉皮埃尔，作为拥有 500 万名会员的美国步枪协会执行副总裁兼 CEO，发表过这样几段几乎没人能反对的言论：

> 自由从未像现在这样亟待我们捍卫。
>
> 我们为经济危机令我们预算受限、退休金缩减而担忧。我们为能否给孩子提供合适的医保和大学学费而担忧。我们

> 还担心家人是否安全——这就是曾经遍布自行车和滑板，回荡着欢笑声的小区街道现在变得空旷又寂静的原因。
>
> 不诚实的政客和不诚实的媒体勾结在一起，同流合污，提供虚假信息并引导美国大众相信不实之事。恕我直言，政界和媒体精英在对我们说谎。[43]

上面这几段话是我们从拉皮埃尔 2014 年在保守派政治行动会议（CPAC）上的演讲中摘录出来的，为的是阐明我们对卡里斯玛型领袖的看法：他们的标志性特征之一就是只要他们牵涉在内的议题引起了争议，那他们无论如何都要争论到底，再把这个议题变成另一种能动摇我们生存根基的东西。请注意，无论是左翼还是右翼社会活动家，都会同意之前引用的那些言论：每个人都关心自己的自由是否受到侵犯，也关心经济局势、医疗保险和城市衰退问题。

读者可以轻易想象到，一个几乎什么路线方针都拥护的人也会流畅地表达和拉皮埃尔同样的感情。我们已经指出了塞拉利尼对转基因生物的判断——转基因生物就是对我们自由的威胁。几乎每一个把自己当作受害者的社会活动家都会像念咒一样反复提及堕落的媒体拒绝承认真相。在本节的案例中，我们可以产生这样的见解：对所有这些问题的解决办法就是持有枪支。这就是拉皮埃尔的态度。读者不费吹灰之力就能把拉皮埃尔演讲中每一处提到枪支的地方替换成其他路线方针，比如同性恋、双性恋及跨性别者（LGBT）的权利——这条路线恐怕拉皮埃尔不会有多大热情——而替换之后的语句也一样可以令我们意识到显而易见的不公和个人面临的危险。因此，拉皮埃尔跟许多卡里斯玛型领袖一样，实际上是在引导我们偏离正在讨论的特定议题——在本节中，就是个人持枪是否明智——进入一个尽是老生常谈和普遍忧虑的世界，只唤起我们的情感而无须费神动用我们的分析能力。

韦恩·拉皮埃尔生于1949年，在锡耶纳学院获得学士学位，在波士顿学院获得硕士学位。他自1977年开始在美国步枪协会工作，1991年成为其最高领导人。据结束枪支暴力教育基金会的说法，拉皮埃尔在美国步枪协会的年薪约为100万美元。在互联网上很难找到他的生平信息，这给他平添了一重神秘的光环。好几个网站说拉皮埃尔在越南战争期间由于情绪失常推迟服兵役，这实在很讽刺，因为他坚持主张枪支暴力完全是未经治疗的精神疾病所导致的；不过这些网站大多数都和美国步枪协会立场敌对，也很难证实这条信息是否属实。[44]

无论拉皮埃尔是否曾经患有令他不能参军的情绪问题，他和美国步枪协会都抓住精神疾患不放，将其视为他们为枪支暴力的基本原理进行辩解时的关键战斗口号。拉皮埃尔反复告诉我们，问题不在于人们持有枪支；不，只有精神有问题的人有枪的时候我们才需要担心。他给出的解决办法是确保精神病患不得持有枪支。拉皮埃尔和美国步枪协会坚称，这将解决枪支暴力问题，而大多数没有精神问题的人将自由而和平地享受持有武器的乐趣。

很多人都认为"疯子"是危险的。他们以为，枪支落入某个有精神疾病的人手中或是某个杀人犯手中的情况时有发生。正如希瑟·斯图尔特在《世界精神病学》杂志上发表的一篇文章中所说："诚然，综览全球新闻令大众日复一日地将精神疾患与现实中的暴力联系起来。"[45]在近期的一次调查中，大多数调查对象都支持要求各州向全国性的控枪数据库报告以下人员的名字：并非出于自愿接受了医院的精神病治疗的人，或是法院判定精神不健全的人。[46]总体而言，大多数人都支持的一类控枪立法就是限制严重精神病患者持有武器。

尽管我们并不认为阻止患有严重精神疾病的人持有枪支有什么不妥之处，但这并不能解决枪支暴力问题，原因至少有两点：

1. 大多数枪击案是由并没有精神疾病的人犯下的。

2. 如果阻止患有精神疾病的人群持有枪支，也许能降低自杀率，但这对谋杀率几乎没有任何影响。

我们可以获取的关于人们有枪击人类而非狩猎动物倾向的大量数据读来并不轻松，其中包括从大规模人群中收集到的复杂的统计分析数据。因为，没人能在控制所有涉及持枪者和非持枪者的混杂变量的情况下做一个随机临床试验，找出枪击人们的是谁，这要求非常棘手的试验设计和精密的数学校验。这种局面变得更加困难了，因为美国国会通过了禁止疾病预防控制中心对枪支暴力进行研究的法令。这些基本上也不是卡里斯玛型领袖想要深究的事情，拉皮埃尔喜欢将自己的主张建立在“事实”之上，他在2014年的演讲中发表的言论就是如此：

> 世界上有恐怖分子、入室行凶者、贩毒集团、劫车匪徒、击倒游戏*玩家、强奸犯、仇恨犯罪者、校园杀手、机场杀手、商场杀手、路怒杀手，还有一些杀手密谋用可以破坏电网的大规模暴力突袭，或是可以让我们所在的社会彻底垮掉的化学武器、病毒袭击摧毁我们的国家。[47]

---

* 击倒游戏（knockout game）是一种在美国出现的随机暴打路人以此取乐的恶劣行为，严重时被袭击者可能死亡。

假如拉皮埃尔真的对数据感兴趣，其中有一些乍一看还真能支持他的立场：近期的数据支持这种流行的观念，即患有某方面精神疾病的人群比一般人更容易采取暴力。这些患者大多是饱受被迫害妄想折磨的精神病人。[48] 一项近期研究显示，有被迫害、被监视、被阴谋构陷妄想的人可能有暴力行为，但只会在该人特别愤怒的时候，比如正在争吵时才会使用暴力。[49] 这种妄想可以令人感到威胁大到必须使用暴力来正当防卫的程度。妄想患者往往患有偏狂型精神分裂症，为躁郁症所苦，正处于狂躁的精神异常时期，或者因为兴奋剂类药物，如安非他命和可卡因而处于极度兴奋状态。

但上述情况只是故事的第一部分，之后的进展变得相当复杂，同时也有趣得多。首先，即使假定患有精神疾病的这一部分人在统计意义上比一般人群更有可能采取暴力，事实仍然是由精神病患者犯下的大规模屠杀案件十分罕见——专家都同意，这类事件过于稀少，因而无法预测。[50] 纽敦镇的事是个巨大的悲剧，但相对于 2012 年全年死于枪杀的 1 万名死者而言，这起事件的死者只有 26 人。* 举例说明就是，任何一家精神疾病登记机构都不太可能事先鉴定出纽敦镇枪手的精神状况。事实上，只有 3% 至 5% 的暴力事件是精神病患所为，而这部分事件中的大多数涉案者又没有使用枪支。[51] 美国精神医学学会曾指出，犯下暴力罪行的绝大多数人并没有精神疾病。[52] 患有精神疾病的人真的采取暴力的时候，往往是在与其他人起冲突的情况下临时

---

* 纽敦镇的事指桑迪·胡克小学枪击案，该事件 2012 年 12 月 14 日发生于美国康涅狄格州纽敦镇。当天上午，20 岁的枪手亚当·兰扎用多把枪支杀死 20 名 6~7 岁的小学生和 6 名成年教职人员后自杀。在前往学校之前，他还在家中枪杀了自己的母亲。有说法称此枪手患有阿斯伯格综合征。

起意，而不是精心计划好的大规模屠杀。[53]

有一种精神疾病显然与使用暴力的风险提升有很大关系，应该吸引拉皮埃尔和美国步枪协会更多的注意力：酒精和药物滥用。多项研究反复表明，饮酒显然会增加一个人使用暴力的概率。[54]酒类专卖店分布密集的街区比此类店铺较少的街区发生暴力事件的概率更高。[55]令人警醒的是，持有枪支的人比没持枪的人更有可能大量饮酒、酒后驾驶并成为酗酒者。[56]大量饮酒在携枪自保的人群中尤为普遍。众所周知，在许多用枪支自杀的案例中，酒精都是重要因素之一。[57]《纽约时报》的一篇社论指出：

> 关注精神病患者……等于忽略了那些显然有很大的风险犯下暴力罪行，但没有被联邦法律禁止购买并持有枪支的人。这些人包括犯过骚扰这类暴力轻罪的人，也包括酗酒者。[58]

看到所有这些数据之后，为什么韦恩·拉皮埃尔仍然只关注精神病的问题，并把它当作所有枪支暴力的根源呢？毕竟，他视为珍宝的第二修正案并没有说“人民——除了经诊断患有精神疾病者以外——持有和携带武器的权利不得侵犯”。对拉皮埃尔而言，这类限制不是也足以构成“滑坡谬误”，成为夺走每个人手里的枪支的第一步吗？

显然，拉皮埃尔表面上毫不动摇地支持对第二修正案毫不妥协的姿态，而实际上这并不绝对。这是卡里斯玛型领袖的特征——将一个“外部”群体指定为敌人。对错姑且不论，总之，拉皮埃尔察觉到，对于大多数美国人而言，精神病患者并不是容易引起同情的群体，因此他看出把精神病患者打上问题根源的烙印并没有什么风险。他告诉我们：我们不必担心枪支或持有枪支的人，都是“疯子”的错。美国心理疾病联盟（NAMI）这类组织竭力捍卫精神疾病患者的权利，并提示大家注意，数据证明这部分人群对美国的枪支暴力问题的影响事实上微乎其微。但是，数据不是拉皮埃尔的强项。他打造了一个强有力的工具，即指责新闻工作者与自由派人士试图侵犯美国人的一项基本权利，借此将赤手空拳的我们置于直面犯罪分子、恐怖分子和精神病患者的厄运中。通过吓唬我们，他就可以用以下言论将自己的观点灌输到听者心中：“政治精英逃避不了，自由派媒体的宠儿改变不了上帝赋予好人的自我保护的权利。”[59]

就像我们之前介绍过的卡里斯玛型领袖一样，拉皮埃尔并不准备用任何一种数据或事实说服我们。他本可以引用某些研究来支持自己的观点，哪怕那些研究只占相关科学报告中的少数，也没有被主流科学界认可。但是他没有这样做，而是先恐吓我们，再告诉我们：我们站在自由、上帝和我们的孩子这一边，只要我们照他说的做。对很多人来说，这些主张简直难以抗拒。

卡里斯玛型领袖之间有什么联系？

我们能识别出一种可以将卡里斯玛型领袖联系起来的模式吗？内奥米·奥利斯克斯和埃里克·M.康韦尝试在他们的《贩卖怀疑的商人》一书中做到这一点，这本书讨论了部分科学家为烟草业辩护、质疑气候变化的真实性的可耻表现。他们指出，纵然这些科学家往往是误导我们的卡里斯玛型领袖，其中还有人像迪斯贝格和塞拉利尼一样拥有引人注目的科学资历，但他们基本都没有在自己高谈阔论的具体科学领域做过什么工作。说到那些想说服我们相信吸烟无害的科学家，奥利斯克斯和康韦写道：

> 这些人在这条道路上走了 20 多年以后，在他们参与辩论的任何一个议题上几乎都没有得出过什么原创性科研成果。他们曾是杰出的研究者，可到了他们转而对我们的报道中出现的这些课题感兴趣的时候，这些人基本上只是在攻击其他人的研究和声誉。[60]

实际上，这些科学家中有不少人似乎已经偏离了正轨。尽管塞拉利尼曾就转基因产品发表过一项研究，但他此前的履历与这类毒理学毫无关系，这项研究似乎也是大错特错了。迪斯贝格开始抗议称 HIV 不是艾滋病病因的时候，他的科研高峰期已经结束了，而且他受过的学术训练也是化学而非病毒学或医学方面的。韦克菲尔德作为一名胃肠病学家，在讨论涉及中枢神经系统的病症，如自闭症时，不应作为知识专家得到信任。拉皮埃尔和麦卡锡都不具备任何科学资质。这个模式不是绝对的，但这 5 位领袖的情况是，他们的意见其实不是“专家意见”，哪怕他们在略有关联的领域具有一定资质。

这些卡里斯玛型领袖的另一个伎俩是大肆宣扬对其他科学界人士的指控，说自己受到了欺凌。同样地，奥利斯克斯和康韦提到了弗雷德里克·塞茨这个例子。这名科学家受雇于烟草业，并花费多年时间想方设法说服监管部门和社会大众相信吸烟与肺癌无关。由于这两者之间的联系过于明显，塞茨自然受到了主流科学家们的严厉批评和排斥。“塞茨为了将自己在社交和学术活动上日益孤立的境况合理化，便归咎于其他人。他主张，美国科学界太‘死板’，他的同事们过于教条主义，观念过于保守了。”[61]

正如我们在拉皮埃尔这个案例中所看到的，卡里斯玛型领袖确实通过回避棘手的数据分析并将劝说技巧放宽到自由和公正这类受到普遍关注的问题上来转移我们对核心议题的注意力。他们想吓唬我们，对我们说，我们跟他们一样，都是卑鄙势力的可怜的牺牲品。他们将我们可以团结一致去对付的敌人一字排开：大公司、自由主义者、其他科学家，还有精神病患者。为了对抗卡里斯玛型领袖，科学拥有的全部武器就是设计严密、执行周到的实验，带有满满一页纸等式的数据分析，还有似乎永远也展示不完的无数个新事实。这看起来不像一场公平的较量。

我知道你错了，但无论如何我都要模仿你

如果没有考虑到围绕在某个卡里斯玛型领袖身边的群体的心理状态，对这位领袖的讨论就是不完整的。我们在本章前面部分已经讨论过，很多领导力方面的理论关注的是追随者理解领袖的方式，这些方式决定了领袖实际的权威。我们一旦开始思考卡里斯玛型领袖集中力量塑造“我们”与“他们”之间敌对关系的方式，就必须考察人们的决策和理性思考能力在加入群体之后发生了怎样的变化。

在讨论群体的时候，正如格式塔派心理学理论家所主张的，承认群体大于其各部分的总和是很关键的。群体具有更高阶突现性质，其特点是该性质只有在观察整个群体而非逐个研究群体成员时才会显现出来。正在专注解决某个特定任务或发言人传达的信息的群体是突现性质的一个好例子。单个个人的专注与群体作为整体的专注很不一样。

这类突现性质为群体赋予了有别于其单个成员的简单聚合的新意义。[62]

不过，个人是如何加入群体的呢？他们对群体的认同感逐步增长的时候又经历了怎样的心理过程呢？许多社会心理学家都曾提到，个人将自己划分为群体成员这个简单行为已经足以产生群体行为，以及伴随着群体形成而出现的所有心理过程。[63]这就意味着一个群体的形成是相对容易的——事实上，这代表了我们作为人类最自然的倾向。在当今世界，考虑到只需在脸书、领英、推特和其他各种形式的社交媒体上点击一个按钮就能加入某个“群体”，群体心理的触发点尤其丰富。我们在脸书上加入“净化我们的疫苗”或“不要转基因生物”这类群体的能力降低了部分传统群体形成时也许存在的壁垒，比如地理位置和时间投入。如果心理学家的判断正确，也就是说将自己划归为某一群体的成员这个简单行为足以产生群体行为和群体心理，那么我们就能开始认识到，将其中一些医学否定论运动设想为“群体”行为是很重要的，而将群体心理学的法则应用于对它们的理解也是很恰当的。

建立作为群体成员的认同这个过程的第一步通常被称为“人格解体”。自我开始以群体成员的形式被理解。这个过程导致人们以群体的心理代表这一自我形象行动，而不是作为个人行动。[64]加入群体是一种极端反映适应性的人类行为。这种行为令我们得以理解大量本来复杂难解的世界性现象。尤其是群体成员的身份为社会现实检验提供了条件——我们可以通过将我们在群体中的同伴的看法视为对自己看法的检验，而把“我认为全球变暖是一个严重问题”推进到认定“全球变暖是一个严重问题”。[65]在某种程度上，我们加入一个群体的时候是暂时停止了为针对某个课题形成特定看法而必须做的深入研究，因为我们以为这个群体已经做过这件事了。群体的名号听起来越响亮，这种假设就越有说服力。譬如，“美国步枪协会”就比“持枪者俱乐部”显得更正式。

照逻辑推测，当持对立观点的群体出其不意地出现时，某人对自己群体的认同应该有所动摇，但这并不是普遍情况。显得有些矛盾的是，当人们遭遇那些看似对立或与自身区别很大的人、事、物时，对自己所属群体的认同反而会增强。例如，在一项研究中，两名研究者将人们分为两种类型的群体：同性搭档（男男组合或女女组合）或四人小组（两男两女）。相对于同性搭档，受试者在四人小组中更容易使用基于性别的言辞来定义自己。一旦女性遭遇到男性，她们的女性认同变得比和另一位女性搭档时更加明确了。[66] 当面对支持疫苗的群体时，反对疫苗的群体会更加强烈地认同反对疫苗的立场，即便对方出示了支持其观点的证据也不会改变。这是群体心理的基本原则。正因为如此，当卡里斯玛型领袖强调对立一方的存在，甚至想同对方交战时，这种做法就有效地激活了特定的群体心理模式。这一模式将强化面对差异较大的另一群体时本群体的内部认同。

一旦群体认同形成，人们就愿意遵照群体意见行动，即便是在这些意见显然有错的情况下依然如此。有一些经典实验证明了从众效应的力量。在早年的一个实验中，穆扎费尔·谢里夫使用似动效应（aotokinetic effect）证明从众可以影响个人感知与行为。似动效应是一种视错觉现象，当在暗室中投影一个针尖大小的光点时，光点看起来会移动。一般情况下，每个人对于光点移动了多大幅度都有自己独有的感觉，人与人之间的感觉可能差异很大。谢里夫发现他的受试者对光点移动了多远的感觉相去甚远，可是当他把受试者们聚在一起重做实验时，情况就不同了。受试者聚在一起之后，他们报告的光点移动距离就集中为一个共同的答案了，这个答案与他们各自感知到的距离的中间值差不多。[67]这个实验并未说明人们的感知是否真的改变了，或者说他们只不过上报了一个他们认为一致性最强、在社交意义上最容易被集体接受的数字。不过，在谢里夫的实验之后很多年，神经科学家们继续证明，个人认知方面的感知的确会在与集体保持一致的压力下改变。

埃默里大学的格雷戈里·S.伯恩斯及其合作者呈现了当人们为了顺应同侪压力而对某事改变看法时，就算改变意味着接受错误观念，涉及感知的那部分脑区——枕-顶叶网——也是活跃的。[68]另一方面，负责做决定的那部分脑区——前额皮质——在这个转变过程中则处于抑制状态。这就说明当我们屈服于社交压力时，我们的感知——我们如何看待事实——确实发生了变化，而不是经过理性决策改变的。

所罗门·阿希以20世纪50年代的一个戏剧性更强的从众心理案例著称。一位受试者与一群伪装成受试者的实验助手围坐在一张桌旁。每个人都要先看一张画着一根线的卡片，再看另一张画着三根线的卡片。受试者的任务是辨认出第二张卡片上的哪一根线与第一张卡片上的那根线长度相同。参与者全都聚在桌旁作答。座位事前安排成让受试者最后一个回答的顺序，所以受试者会先听到所有实验助手的答案。在数轮测试中，实验助手和受试者都给出了正确的回答。不过，随后实验助手就会开始给出明显错误的答案。阿希发现有75%的不知情受试者在听到实验助手的错误答案之后至少会答错一次答案。实验结束后做回顾时，阿希发现可以将"屈从者"（听到错误答案之后就会给出错误答案的那部分人）分为不同类型。部分参与者产生了感知扭曲的反应。这部分参与者真心相信错误答案是正确的。在屈从者中，这部分受试者只占很小的比例。另一些人的表现则是判断扭曲，他们相信大多数人肯定是对的，然后就改变了自己的答案，这基本上可以归咎于缺乏自信和极度多疑。而第三类人表现为行为扭曲，说明他们知道正确答案，但是为了从众而答错。阿希的实验对展示强烈的——几乎是无处不在的——从众心理冲动很有帮助，这种冲动哪怕在我们意识到大多数人的观点并不正确时依然存在。

嘿，体育迷

我们整本书都在讨论一点，那就是这类不理性或错误的感知在特定情况下是服务于某个社会目的的。这类感知令我们有机会在社会单位里发挥作用，也有机会组成能够缓解压力、提供庇护、金钱方面的好处以及其他各种生存优势的群体。一个简单的例子就是某一支体育运动队伍的拥趸。球迷群体的成员相信他们队配得上赢得冠军，这是建立在某种神授权利的偏见之上的看法。球迷们会买球衣、球队主题T恤、带球队标志的帽子，并坚称他们队是最棒的。或许并没有证据显示他们的主队确实比别的球队要强，也没有理由认为超自然力量会在这类事情上有所偏向，所以对球队的归属感大概可以说具有相当不理性的特征。可是话说回来，这类归属感能够令本来并无共同之处的人们团结在一起，给人们提供一个机会与一个在其他方面十分多元的巨大群体产生联系。对于很多人，这种体验都很充实，而且这也肯定为球队老板们带来了高额收入。

简言之，保持从众——即使这意味着扭曲事实——也许服务于具有高度适应性的目的。这是人类天性的一部分，这种倾向使人们得以放下彼此之间的差异，走到一起，形成一个运转自如的人类社会的基础。组成这样的社会单位对我们来说是很自然的，而且我们能从中得到提高生存机会的种种好处，包括从家族中得到资助，组建武装力量击退敌人，并逐渐建成当我们在街上倒下时能够得到他人援助的社会性基础设施。问题在于，我们也许会发现难以在保持从众并不恰当的时候克制住这种冲动。尤其是，在我们努力区分关于某个科学问题的复杂证据的时候，从众的冲动就变得十分危险了。在这种情况下，从众心理和组建群体就没有积极作用了，反而具有干扰视线、歪曲事实的功能。除非存在这样一个组织，它的唯一原则就是客观严肃地评估医学类主张的科学价值，并形成基于事实又能在新数据出现时及时更新的结论，否则加入某个群体这件事对增进我们对科学的理解基本上毫无帮助。为什么不组建这样的群体——从小型社区协会到国家级机构——它的主要功能是帮助人们在共同进行能够帮助我们做决策的科学探索的过程中感到温暖、有参与感和归属感呢？譬如，如果有人声称食用不含麸质的食品对每个人都更有好处（而不仅仅是患有乳糜泻的人），那么这个“科学探索”群体就能够帮助人们齐心协力地搞清楚证据是怎么说的。这个群体可以请专家来朗读发表在流行度很高又很有信誉的期刊，比如《科学美国人》上的文章，和听众共同寻找这对当前问题是否有帮助。等到这个任务解决了，群体就可以转向下一个议题了，可以是“全球变暖是不是真的”。

成为群体一员除了能得到实用性好处之外，在心理方面也有极大的益处，尤其是便于得到安慰这一点。诚然，想象力有多丰富，人类的个性就有多少种，但是总体而言，我们是社会性的群居物种，会尽量避免孤立的处境。每当我们感到恐惧、担忧和痛苦时，向其他人寻求安慰是我们的本能。正如布赖恩·G. 索思韦尔所说：“我们想改善情绪的时候希望跟其他人进行的大多数讨论……不见得以分享新的事实信息为主，反而更关注打消疑虑、缓解压力、维持原有的情感联系。”[69]一位像韦恩·拉皮埃尔这样的卡里斯玛型领袖用每个街角都潜伏着持枪小混混这种印象吓唬过我们之后，又安慰我们说，我们可以加入他的组织——美国步枪协会，和其他面临同样危险的人一起找回安全感。神经科学家们已经证实哺乳动物——也包括人类——的社会亲和感与有时被称为“爱的激素”的催产素有关。[70]形成群体亲和感会刺激大脑分泌催产素，而这一效应正如苏黎世大学的恩斯特·费尔与加州理工学院的科林·卡默勒所指出的：“对社交互动中遭到背叛的恐惧似乎可以因此受到限制。”[71]他们基于动物研究推测，催产素或许能减少杏仁核的活动，从而降低遭到背叛的恐惧感。因此，这种对所有哺乳动物的配对行为和母性行为都十分重要的激素也许也能令人们在置身于群体中的时候产生“被爱”的感觉，无论这个群体给他们提供的是误导性信息还是更科学的想法。

成为群体中的一员能通过两种过程改变你的思维方式：信息影响和准则影响。这两者在大多数健康问题的科学否定论案例中大概都发挥了作用。信息影响显示出一种与群体保持一致的欲望，因为你认为这个群体对某事的看法是对的。如果人们私下里并不确定什么是对、什么是错，那么这种形式的影响是很强大的，你在群体里最初遇到的几个成员对你的影响尤其强烈。[72]举例来说，如果你并不确定转基因生物是否致癌，你就会特别容易受到这类影响。你在某个反转基因生物群体中遇到的第一个人会对你的态度产生最大的影响，而等到你在这个群体里认识了20个人的时候，同样的观点你已经听过很多次了，你也已经对它信以为真。因此，某人初次遇到一个持有明确观点的人时，信息影响尤其强烈。一位不确定疫苗对她的孩子是否安全的母亲如果突然遇到了反疫苗群体的成员，哪怕只遇到一个人，也特别容易被说服相信疫苗不安全这种观点。这也是为什么人口统计数据在健康观念模式中如此重要。如果你对某个医学主张的真实性没有把握，又有可能在你居住地附近遇到某个持强烈反对既有观点态度的人，那么你本人一旦真的遇到了某个持此类态度的人，就很有可能接受这种看法。信息影响就这样大大增进了对医学事实的不理性否定，因为科学发现的复杂本质可能导致人们更加难以把握事实的对错。

准则影响与被群体接纳的渴望有关。谢里夫的发现将这类影响解释得最清楚。哪怕你知道群体成员们显然是错的，依旧为了将社交状态维持在可以接受的水平上而积极附和他们。随着群体逐步扩大，主要影响行为发生在整个群体面前而不是私下进行，就常常能观察到这类影响了。[73] 换句话说，你也许私下认为这个群体在某件事上犯了错，尽管如此，你并不会公开指出这个错误。[74] 随着群体的成长，你或许愈发感到被接纳的强烈渴望。在不少健康问题的科学否定论者群体中，大概也有这类影响存在的自然环境，无论人们有没有清晰地意识到这一点。健康问题的科学否定论者群体中的部分成员或许会觉得群体的假设是不对的，却还是为了避免被驱逐出去而保持拥护群体立场的姿态。这类影响在社交网络中尤其强势：如果你家那个街区所有的妈妈都相信疫苗能导致自闭症，并且举行了一场反对疫苗的集会，即使你认为在某种层面上她们主张的前提是有缺陷的，你还是很有可能加入她们。把这种本能与疫苗背后有科学支持这个事实匹配在一起实在是太复杂了，更有可能发生的情况是你也在基本信息层面受到这个群体的影响。

有大量理论讨论我们为什么如此容易从众，哪怕这个群体的观点显然有错也不例外。就卡里斯玛型领袖的追随者这个群体而言，极大的不确定性和焦虑心理是令人们易于受到此类领袖影响的关键因素。事实上，部分领导力理论家有假设认为如果没有危机，卡里斯玛型领袖甚至不可能存在。[75] 卡里斯玛型领袖传达的信息的新奇性，还有听者心中的不确定感受，这两者往往对听者接收信息、信服信息的程度起着很大作用。[76] 不确定性是健康问题科学否定主义最明确的特征。在不确定什么原因导致了癌症或自闭症的基础上，我们也许会因为相信一位强势领袖的说法——转基因生物导致癌症，疫苗导致自闭症——而感觉舒服一些。就反对疫苗情绪这个例子而言，那些自闭症患儿、癫痫患儿或其他病症患儿的家长现在往往由于这些群体而归咎于疫苗，他们显然处于高度焦虑、痛苦的心理状态中。围绕着科学复杂性的不确定性、复杂的慢性病症的神秘性、他们解决问题过程中的心理焦虑，这三者共同创造了一个可供卡里斯玛型领袖传播强力反正统信息的完美环境。这些条件还为形成阿希观察到的那类高水平社会从众心理创造了一个成熟的环境。

避免被说服的预防针

当面对一位高水平卡里斯玛型领袖的说服策略时，我们该怎么办？有没有可能不被说服呢？虽然关于被说服的研究要远远多于不被说服的研究，心理学家们还是发现了也存在人们不被说服的可能。[77] 在他们的描述中，避免被说服的道理跟接种疫苗之后对特定疾病有抵抗力的道理一样。某人可以通过多种方式对说服免疫：构思反对意见，在听到说服信息之前得到警告，还有在听到说服信息之后先不采取行动，而是花些时间独自思考。特别是，就像一个人可以通过注射弱化之后的病毒增进身体对它的免疫反应来避免感染这种病毒一样，我们也可以通过先接触那些说服言论的较弱版本并积极设想如何反驳来避免被卡里斯玛型领袖说服。[78]

有一组理论家辨认出了一种模式，将其称为“说服知识模式”。说服知识模式指的是人们处理强有力的信息并得出被说服的认知这个行为的根据和过程的方式。该理论提出，人们学习“应对”技巧来处理那些可以随着时间成熟和改变的说服性信息。应对技巧也许可以帮助个人将情绪与自己对该信息的评估分离开来；重新把注意力集中到该信息比较重要的内容上，而不是只注意到说服者想办法强调的那一部分内容；梳理导向说服性信息的事件链条；或者对说服者的目的和手段做出判断。[79]

另外一些实验提出，某个个人的认知资源对他或她是否被一则信息说服具有首要影响力。认知负荷指的是施加于某人的认知资源之上的总体压力。在实验中，某个被要求背诵一长串数字的人就处于高认知负荷状态，而另一个被要求背诵一短串数字的人则处于低认知负荷状态。驱使人们完成上述不同任务的目的是了解当人们受到不同程度的干扰时，说服效力会产生怎样的变化。有一项研究试图评估受试者抗拒被说服的能力，这取决于受试者承受的认知负荷。在一个情境中，受试者被告知有一种叫作“强阿司匹林”（AspirinForte）的新药。这种药被媒体进行了负面报道，因为它口感很糟糕，而且如果大量生产就会破坏环境。这些受试者随后得到的要求是背诵一长串数字（高认知负荷状态），这之后他们需要观看一段“强阿司匹林”的广告，并尽可能多地写出反对使用这种产品的意见。在另一个情境中，受试者得到的要求是背诵一短串数字（低认知负荷状态），之后再观看广告并写出反对使用新药的意见。最后，实验者收集了受试者对新药态度的明确程度的相关数据。实验者发现，承受高认知负荷状态的那一组人对新药的态度相对更不明确，尽管他们判断广告的信息源高度可信。此外，据外部分析人员对两组人提出的反对意见的说服力所做的判定，低认知负荷组提出的反对意见质量更高，尽管高认知负荷组提出的反对意见绝对数量要高一些。[80]以上事实都说明，抗拒被某一主张说服的难度与该主张的信息源以外的因素有关。人们得知这个主张时的状态，他们对这个议题的知识知道多少，他们同时受到多少干扰，以上这些因素都将影响他们思考反面意见的能力，而正是反面意见有可能阻止他们彻底被说服。或许有些反直觉的是，你越是疲劳、紧张、忙碌，你就越有可能相信说服性信息，这仅仅是因为你没有足够的精力自己想出更好的想法了。

有一些证据表明，人们如果能意识到自己处理说服性信息以及对待偏见的方式，就会帮助他们反思自己的态度。在一个实验中，研究者让受试者们知晓一条信息，其中一组的信息源相对可靠，而另一组的信息源不太可靠。研究者还特别告知部分受试者不要让“非信息内容”因素影响他们对这条信息的判断。当受试者已经被外围路径——建立在说话人的权威性之类的非信息感知的基础上——说服时，受到警告并由此注意到可能存在偏见的情况会令受试者更加谨慎地审视信息，并在理解它的时候少一些偏见。[81]

这类实验的结果说明，干预说服过程的空间是存在的。促使人们更加谨慎地审视卡里斯玛型领袖提供的格外有说服力的信息的种种可能性是存在的。例如，需要应对害怕让孩子接种疫苗的家长的医生和护士就可以试试观念接种。医护人员可以不与家长争辩，而是提出家长或许听过的比较温和的反对疫苗的主张。医生或护士甚至可以接受训练，以高度非卡里斯玛型的平铺直叙的方式呈现这些观点。研究显示，人们如果短时间内大量接触到一种说服性主张的弱化版本，他们就能组织出反击弱化版主张的有效反对意见。这时医护人员就可以鼓励家长晚些时候再来一次，讨论要不要给孩子接种疫苗。在这一期间，这名家长如果看到了反疫苗信息，他或她就更有可能想出针对这些信息的有效反对意见，也就更有可能在再去看医生的时候改变自己的原有态度。这种策略当然不见得适用于任何人。已经对反疫苗主张深信不疑的人和面临不给孩子接种疫苗的巨大社交压力的人大概都不会被这种策略动摇。可是，这种策略很可能对仅仅是拿不定主意，而且说不定会被反疫苗社会活动者说服的那部分家长起作用。这种类型的家长比坚信疫苗有危险的人数量更多，也更容易受害。如果我们可以让这部分人对给孩子接种疫苗这件事保持观望态度，也许就能填平当下可以看到的令人心惊的疫苗覆盖率鸿沟。

这类观念“接种”的过程大概是这样的：

> 家长：我听说疫苗可能给孩子的脑部造成严重损伤，比如自闭症，我不太确定要不要让我的孩子接种疫苗。
>
> 护士：是的，外面的确有些人说疫苗会导致自闭症。他们的证据是近些年来自闭症儿童人数增加了；疫苗含有少量汞类防腐剂，而大量反复注射汞可能对脑部造成损害；还有部分家长坚持说他们的孩子接种疫苗之后开始出现自闭症症状。现在你已经听过了这些主张，也许想自己做做研究，看看这些主张有什么依据。我很乐意在这方面提供帮助，并且跟你谈谈你的顾虑。我们何不约个时间下次一起讨论讨论你的想法和顾虑呢？

对于那些面对令人困惑而又彼此冲突的科学信息，因而拿不定主意的个人，我们建议采取下面一些策略。花些时间，抽离出来，好好想想你是如何处理面前这些信息的。你在打扫卫生、打电话和给孩子做晚餐的时候是不是让电视放着珍妮·麦卡锡的节目作为背景音？还是说你好好坐下来，在思维清晰的情况下听取这个主张，给自己充裕的时间思考可能成立的反对意见？你有没有可能怀有任何偏见？在为你的健康和福利做重大决定，比如要不要买枪或者要不要让你的家人接受电休克疗法的时候，可能比较明智的做法是花些时间列出一张清单，把你得到这些问题的相关信息时可能怀有的偏见都列出来。是谁告诉你电休克疗法导致脑损伤的？他们可能怀有偏见吗？有哪些非信息因素可能影响你对他们提供的消息的感知？这类简单的反思会起到很大作用，帮助你确定自己不是仅仅被卡里斯玛和偏见说服了，而是对相关事实经过了真正的思考，并且仍然对过程中所有潜在的认知陷阱保持警惕。明确辨认你正在感受的紧张感的源头也很重要，无论它是关于手头的健康问题还是一般意义上的。正如我们在前文中所展示的，在认知负荷最小的情况下做出理性决策是最好的。

诺琳娜·赫兹在她颇有助益的著作《大开眼界：如何在使人迷惑的世界上做出明智决策》（*Eyes Wide Open: How to Make Smart Decisions in a Confusing World*）中说道，如何鼓励人们冷静地考虑接纳其他观点可以产生极强的效果：

> 研究显示，只是简单地提出“想象一下，如果”这类问题，让它们给我们一个机会思考替代解释和不同角度，我们就能与那些可能影响我们的框架、暗示、锚点与雄辩言辞保持距离。从这些诡计花招中解放出来之后，我们能够以更加中立、更不情绪化、更有条理也更细致的眼光来看待信息。[82]

从公共卫生水平的角度看，很关键的一点是，任何尝试限制卡里斯玛型领袖的影响的努力都要充分考虑到那些领袖在令我们感到安全、得到理解甚至受人爱戴这几件事上起到的超强作用。我们曾指出，越畏惧卡里斯玛型领袖能够用魔咒召唤出一个潜在的追随者，特定脑回路的激活程度就越高，从而使得能够抵消卡里斯玛型领袖言论的证据难以产生影响。卡里斯玛型领袖可以诱导脑部发生变化，首先是增强大脑恐惧中枢如杏仁核的反应，接着抑制前额皮质中负责决策的脑部区域。这些脑部变幻同样有助于促进催产素分泌，这种物质会令我们产生归属感和舒适感。干巴巴、学究气地罗列大量数据在这些强效影响面前根本无能为力。不，最关键的做法是令人们感到，在运用自己的心智评估科学主张的同时，他们等于是加入了一个欢迎他们的群体，这里的人相信科学方法，尝试获得怎样做才健康的真相。

不被说服需要某种自知之明和批判性思维，而这两者不见得是直觉式的或符合我们的天性。但是学习如何用前述方式批判性思考可以帮助各行各业的任何人，而且不仅限于帮助人们抵抗反科学主张。因此，如果初高中课程中增加更多可以培养学生这类能力的课时会很有意义。我们在整本书中始终在提倡，学校不应只关注死记硬背，而应该教育孩子们思考复杂问题的技巧。孩子们应该学会如何辨别一个实验是否设计得有缺陷，或者一个主张是否有不足之处，由此明白如何处理各种主张，并构想出可行的反面意见以及验证办法。花费更多时间教授辩论技巧，要求孩子们反对某些他们可能出于直觉就相信的事情，或者干脆教给他们说服术和说服背后的心理学，这些都能促进有益的批判性思维技巧的发展。培养批判性思维和对认知陷阱及偏见的意识不仅能帮助我们识别错误的科学主张，还能帮助我们成为更好的决策者、思考者以及信息理解能力更强的公民。

第三章　确认偏误

美国最伟大的科学家之一用这样一句俏皮话把确认偏误总结得很好："我要是不相信它，就不会看到它。"*

这位科学家是棒球名人堂成员，纽约洋基队球手尤吉·贝拉。我们怎么知道尤吉·贝拉说过这句话？是我们中的一个人听某人说的，而且听起来这也像是尤吉·贝拉会说的那种话。当然，有些人说很多大家以为是尤吉·贝拉名言的话并不是他说的，而且有些据说出自尤吉·贝拉之口的看似荒谬的话语其实在逻辑上有无懈可击的解释。[1]但是，我们不在乎。我们喜欢这个句子，它充分表达了我们的观点，我们会坚持认为这话是尤吉·贝拉说的，不管将来会冒出来什么反面证据。正如尤吉·贝拉可能说过的："你要是遇到了与你原有的信念不符的证据，就把它撕成碎片，然后别理它。"

确认偏误指的是人们都有的一种倾向，就是只关注与我们原本就认为是正确的信息相一致的信息。请注意，我们并不是单纯地说这种偏误无视了与我们的信念不相吻合的证据，而是说这是一个我们主动

---

* 这句话通行的英文原文为"I wouldn't have seen it if I hadn't believe it"。说这句话的是加拿大著名传播学者、媒介理论家马歇尔·麦克卢汉。而本书的原文是"I wouldn't have seen it if I didn't believe it."

有所选择地去关注那些与我们的假设一致的事物的过程。确认偏误不仅导致了大量否定科学证据的行为，也是制造和坚持错误的科学类信息行为的根源。可以说，科学家、医生和公共卫生专家跟其他任何人一样容易“只看得见自己相信的东西”，因此要帮助人们区分真正的科学与错误、彻头彻尾的编造就更加困难了。读者将会看到，确认偏误根深蒂固地深植于原始需求与情绪中，因此仅仅反复重申事实是不足以纠正过来的。

尽管确认偏误并不考虑证据，在这个意义上它是不理性的，但它仍然在很多时候具有适应性，甚至是必要的。有时候在能得到满足我们需要的替代选择的情况下，因为不好的第一印象而拒绝某个事物是很节约时间的，哪怕我们拒绝的理由并没有证据支持。假如我们吃了某个牌子的罐头焗豆之后肠胃不适，下次换个牌子也没有什么坏处，就算仔细研究之后能证明一开始那个牌子跟我们的症状没有关系也无关紧要。确认偏误是一种能令我们快速做出决定的认知技巧。在日常生活中，它是很有益的，但是，在做出真正科学的决定时，它就几乎没有什么好处了。由于确认偏误，人类大脑中的特定网络强化了我们既有的立场，这些网络在进化过程中确保我们感到安全而幸福。挑战这些观念的代价是大量的脑力活动和能量消耗，我们不可能为日常琐事承受这种代价。

在日常生活中以很实用的方式使用确认偏误做必要决策的做法与科学方法的精髓背道而驰：失验（disconfirmation）。科学操作过程大致如下：先在已知信息的基础上提出假设，再设法形成数据证明该假设是错误的。除非竭尽所能都无法令假设失验，科学家才会开始考虑这个假设会不会是正确的。尽管我们应该看到确认偏误也适用于科学家——有时会造成错误推断——但是科学的本质就是不会仅仅因为人们普遍相信一件事就接受它，无论是什么事。正规的科学是一个漫长、疲乏、往往使人崩溃的过程，这期间实验会一次又一次失败。换句话说，科学是一个持久的过程，在此过程中，一个人将尽自己最大的努力去证明我们相信的每件事都是错的。除非这种尝试严格重复了足够多次之后依然毫无成果，我们才开始相信这个科学理论或许就是真的。

在本章中，我们将展示确认偏误这种高度适应性的人类特征其实经常造成科学误解，这是因为我们难以接受科学探索这个往往是反直觉的失验过程。本章将解释什么是确认偏误，为什么它作为一种经验学习方式具有适应性。我们还将探索确认偏误影响医疗问题信念的多种方式，尤其侧重科学和医学方面的专业人士，他们也不可能抵挡得住确认偏误的力量。我们会通过在社会科学与生物学两方面寻找原因来探索为什么存在确认偏误。最后，我们会提供几种抵消确认偏误的办法供读者参考。

确认偏误是什么？

确认偏误时不时地出现在每个人的生活中。举个例子，就这样说吧，有一个我们最近认识的人，他名叫夏洛克，特别聪明。我们觉得他聪明是因为在一个聚会上他纠正了某人对全球变暖的看法，后者认为全球变暖只不过是上个冰期结束带来的自然后果，因此没什么可担心的。夏洛克冷静而清晰地解释道，上个冰期在一万年前就结束了，而且所有数学分析都表明尽管地球自那之后日益变暖，仍然不足以导致我们正在经历的全球变暖的现状。因此，夏洛克清醒而不带一丝感情地总结道，我们还是很需要担心的。

夏洛克的话听上去信心十足。他表达得非常清晰。更何况他的音色低沉浑厚，还有超过平均水平的身高。他身上具备某种“权威性”。当然，他的名字就给人一种印象，那就是叫夏洛克的人都很聪明。

我们后来又在聚会和会议上见过夏洛克很多次。他每次一开口说话，我们就集中精神听他讲，同意他发表的每个观点。有一次在这类场合下，夏洛克解释说巴氏消毒法破坏了牛奶中天然含有的维生素D。他说这是因为维生素D是脂溶性的。

“想想看你烤牛排的时候发生的事情，”夏洛克对我们说，而我们也聚精会神地坐着听他讲，“脂肪融化之后被丢弃了，我们在炉子上热牛奶的时候，维生素D也经历了同样的过程。”

这似乎没什么问题，尤其是因为我们还记得学过维生素D不同于维生素C，的确是脂溶性而非水溶性维生素。不过第二天，聚会上在场的另一个人向我们提起此事，说夏洛克错了。

“首先，”玛莎告诉我们，“牛奶本身并不含有维生素D，是生产商在牛奶中添加了维生素D。这种做法始于20世纪30年代。其次，巴氏消毒法的温度远远低于你用炉子加热牛奶时达到的温度。巴氏消毒奶不会被加热到沸点，因为这样会使其凝固。巴氏消毒的常规做法是将牛奶加热到72℃并维持15秒钟。最后，巴氏消毒法不会令牛奶中的维生素D含量显著降低。”

玛莎并没有夏洛克那样低沉又有吸引力的声音，她的个子也没有夏洛克高。除此以外，我们是在匆匆赶往一个重要的商务会议途中听她说这番话的。玛莎的话细节很多，可我们那时并没有集中注意力听她说。谁在乎巴氏法消毒牛奶需要多长时间，72℃换成华氏度又是多少度啊？我们只注意到她说“……含量显著……”，于是我们立刻想到："所以这还是多多少少降低了维生素 D 的含量嘛。"夏洛克是对的——就连玛莎也承认了这一点呀。

而在开车赶往下一场会议的途中，我们感到气血上涌了。玛莎总是挑衅别人，总是在挑别人的错。她大概是在妒忌夏洛克，因为他更聪明也更有人缘。自那以后，每当有人想对夏洛克说过的什么事表示反对的时候，我们心头都会涌上一股怒意，就是我们在车里反复思量玛莎对夏洛克的反驳时感到的那种怒意；我们对反面信息几乎想都没想。"夏洛克很聪明"这个念头在我们心中反复强化，最后变得不可动摇。

这个关于确认偏误的例子展示了它的不少特点。首先，它容易形成非理性首因效应（irrational primacy effect）：我们对初次听到或体验到的信息的信任程度比之后得到的信息要高。正如雷蒙德·S. 尼克森所说："当某人必须以一段时间内获得并融会贯通的信息为依据下结论时，初期得到的信息比之后得到的信息分量更重。"[2] 首先，我们对夏洛克的第一印象是正面的，当时他确实说对了。当今的全球变暖现象不能归结为上个冰期结束后的遗留效应。其次，确认偏误受情绪影响。我们第一次遇到夏洛克时凑巧心情很好。我们当时在聚会上，很放松，玩得很开心。夏洛克身材高挑，长相英俊，能说会道。与上述情况相反，我们和玛莎交谈时匆匆忙忙的，对她的印象也是带有负面情绪的。最后，为了坚持夏洛克很聪明这个信念，我们对任何与这个判断有冲突的事情都听不进去。我们反而还会为了替夏洛克说话生起气来。结果，夏洛克在巴氏消毒法这件事上彻底说错了。或许玛莎不该谈到那么多细节，这只会令我们觉得她是个学究气很重的讨厌鬼。可是，即便我们不知道那些事实——我们自己并没有为此做过独立研究——还是出于本能相信夏洛克而不是玛莎。

原来，夏洛克当初参加聚会前正好在去看牙医的时候读了一本杂志，上面讲到了全球变暖。除了这个偶然以外，他对科学所知甚少，经常坚持并不正确的假设。但是我们越是正视这个事实，就越可能由于不得不承认我们之前对他的看法是错的而感到尴尬。我们要是承认看错了夏洛克，承认尽管他的名字很棒，但他实际上是个吹牛大王，那么有可能大家都会因为我们之前帮他说话而生气，我们也会显得很傻。所以我们继续站在夏洛克这边，观点也越来越偏激，坚持认为他就是很聪明，其他人对他的判断都是错的。这就暴露出确认偏误的另一个十分严重的影响：使人们走极端。理想状态下，无论何时，只要有人对我们不熟悉的一个议题发表了“事实”，我们就应该怀着健康的怀疑主义心理发问，甚至亲自深入调查，以便得出自己的结论。如果科学家们共同这样做，最后得出某个问题的答案，这个过程就称为协作。另一方面，确认偏误则是一个反协作的现象。每个人或人群都强硬地捍卫自己的立场，由此驱使大家渐行渐远。

你一旦仔细回想，肯定就可以想起人生中近乎确认偏误的时刻。也许是你对某人的判断，也许是你买或不买某样东西的决定。也许你决定租下一间公寓的理由是你喜欢起居室里的大窗户，因为在美丽夏日的傍晚时分，它能让夕阳照进屋里来。随后，你尽量合理化租金有点儿高这件事，认为这里只不过比一个朋友的新公寓稍贵一点儿。你没有理会卧室天花板上看起来像一团水渍的东西，心想那应该是很久以前在罕见的暴风雨期间出现的。你还无视了从起居室地板上快速爬过的一只蟑螂。所有这些都被放在一边，因为你对这间公寓的第一印象就是喜欢。你甚至没想过阳光只能在晴天的傍晚照进来，而那时你基本上还在上班。幸好有人比你先一步交了定金，租到了这间公寓，而这个可怜的人现在正在为修好楼上公寓那一处会滴水到卧室天花板的地方，以及找除虫公司来除掉害虫而跟房东扯皮。这个倒霉的租客没准儿能从但丁早在700多年前就已表达得很清楚的智慧中获益。在《神曲》中，圣托马斯·阿奎那在天堂与但丁相会时提醒他："仓促的意见会使人走向错误，其次，情感也会把心智束缚。"[*3]

确认偏误能够影响我们对自身健康的想法，也的确造成了影响。美国《国家医学院院刊》(*Proceedings of the National Academy of Medicine*)发表过一项研究，研究者们追踪了病人一年多时间，发现病人的关节痛与天气绝对没有关联。[4]我们怀疑这篇发表于20年前的论文并没有对任何一个病人或其医生造成影响，令他们放弃恶劣天气加剧关节疼痛这种观念。这一信念早在几百年前大概就在人们心中扎根了——每个人肯定都听过自己的祖父母用某种说法表达这个意思。一旦这个念头灌输到我们的心智中，我们就会忽略每一个与之抵触的证据，哪怕这种主张并没有丝毫生物学依据。一旦我们认识到两大类关节炎具体是什么——骨关节炎（随着年龄产生的关节退化）和类风湿性关节炎（一种异常抗体攻击人体关节的自身免疫性疾病，任何年龄都可能发病）——就很难理解潮湿、阴天或降雨怎么可能成为影响这种疾病进展的因素。可是我们完全有能力将坏天气与关节痛联系在一起，因为这是我们已经认定了的观念。幸好，相信这个倒没有造成多大害处，尽管如果关节炎患者只因为天气不好就吃太多药或者减少接受治疗和锻炼的次数可能会有不好的后果。

正如我们早先提到的，确认偏误也不是没有优点，也许这正是它仍然属于人类的全套认知装备的原因。我们几乎做每一件事的时候都需要运用自己的经验，用那些我们以前学过的、现在也知道的东西作

*　本句译文出自但丁，2006，《神曲》，王维克译，武汉：长江文艺出版社，湖北人民出版社。

为引导。我们要是买了一个产品后来又发现它有问题，就会对它有偏见，不愿再次购买。也就是说，每当我们在商店里看到这件商品——就假设它是一把很贵的，据说能承受风速为 30 英里 / 时的伞吧，实际上它第一次被一阵小风吹过就坏掉了——就会立即想起它的缺点，这确保了我们不会两次犯下相同的错误。[5] 当然，很有可能我们买的那把伞是这家公司生产的唯一一把有问题的伞。因此，我们基于此前经验做出的不再买这种伞的决定严格来说是有偏见的。在大量评估过这家公司的伞之前，我们不能肯定伞的质量究竟好不好。但是，不会有人责怪我们在这种情况下依赖确认偏误做决定。谁愿意在有那么多可选择商品（比如一把便宜的，能承受风速为 2 英里 / 时的伞）的情况下冒险再次上当呢？很容易想到确认偏误帮助我们凭借经验快速做出可以接受的决定的大量例子，从日常琐事到至关重要的大事应有尽有。

所以人人都很容易产生确认偏误，但是在本章中，我们想强调的观点是：形成否认科学证据的嗜好有种种因素，而智力并不是其中之一。所以我们选用了两个例子，涉及不少公认很聪明，甚至在相关领域接受过特别训练的人：比如开出了过多抗生素药物的内科医生；顽固认为食用脂肪是心脏病成因的健康问题方面的科学家。

科学家抱有的确认偏误

科学与其他领域一样，在很大程度上依赖经验运作。当一位科学家（眼下更有可能的情况是一支科学家团队）完成了一个实验，或者用一种新方法分析了现有数据，就会产生一点儿什么。大多数时候出现的东西无关紧要——失败的实验远比成功的多，这就是科学家们为同一件事操劳那么长时间的原因，也是科学类研究生们备受煎熬的原因——他们期盼着实验能产生足够的意义，最终值得为此写一篇能帮助他们获得博士学位的论文。假如结果很有趣，科学家们就会将他们的发现写成一篇科学论文，并向某个科学期刊投稿。科学期刊的编辑将查看这篇论文，判断它是否有机会在期刊上发表，如果有的话，编辑会将该论文发给数名此领域的独立专家进行同行评审。这些专家一般被称为“审稿人”，而采用这套体系的期刊则叫作“同行评审期刊”。大多数论文的评审结束后会收到拒稿的意见。健康领域最负盛名的科学期刊拒绝发表的论文约占投稿总数的 80% 至 90%。因此，从写出一篇论文到最终发表是一条艰难的道路。

然而，一篇发表了的论文可能会被很多其他科学家读到。论文中的新发现一经发表便具备了某种程度的权威性，而发表它的期刊越权威，论文就越有可能引起学界的注意和重视。[6] 现在，该领域的其他科学家进行各自研究的时候必须考虑这些已发表的发现了，这是十分重要的。如果另一个科研团队做了一个实验，其结果与已发表论文的实验结果一致，这就称为“重复”。可是，假如新的结果和原有的不一致，使用的说法则是第二组研究者“重复（原始结果）失败”，他们有责任解释为什么会得到不一样的实验结果。请注意，在这样的流程中已经存在一丝偏见了——哪怕后来实验的完成情况在科学严谨程度上近乎完美，只要它得出的结果与此前发表的实验结果不同，就会用到“失败”这个词。那么，确认偏误就有了可乘之机，因为没人想要“失败”，尽管事实上一个完成得很好的实验即使产生了不同结果，也不该被称为“失败”。这只不过是不同而已。

在科学领域运用确认偏误自有其优势，正如它在日常生活中有好处一样。运用已经发表的发现引导未来的实验能够缩小探索范围，提高新发现的概率。在当今世界，任何人出于偶然有所发现是极其稀罕的，与 18 世纪晚期爱德华·詹纳发现天花疫苗时的情形大不一样。不，今天的科学工作建立在此前发现的基础上，直到最终得到某些有价值的东西。譬如，制成人乳头瘤病毒（HPV）疫苗的科学家们已经通过前人的工作得知 HPV 对宫颈癌进展起到的作用、它的分子结构，以及免疫细胞攻击病毒的方式。科学家们得以运用这些信息设计一种只提取出必要的病毒蛋白质的免疫方式，令人体产生足够的抗体而又不会造成实际感染。换句话说，这些研究者在过去发表的成果的指引下了解到沿途每个步骤需要寻找什么。当他们因自己的发现与前人不一致而受挫时，首先想到的假设就是在实验过程中是不是有失误，并且想办法修正，而不是放弃整个信念。如果不这样做，就有可能在实验过程中增加一些不必要的障碍。因此，科学家运用确认偏误是为了从此前发表的带有发现过程的成果中获益。

当然，与日常生活中的情况一样，确认偏误对科学和医学都可能产生负面作用。有时科学家们会过于迷信一个发现或假设，以至于拒绝接受证明它有错误的证据。医生们有可能过于相信某种信条，所以确凿的证据也无法阻止他们继续将之付诸实践，而这不仅无用，甚至还有害。“人们有时会在数据中看出他们正在寻找的模式，无论该模式是否真的存在。”塔夫茨大学的雷蒙德·S. 尼克森这样写道，他是研究确认偏误的专家。[7] 抗生素的监管就是一个例子。

医学领域的确认偏误

抗生素使用过量

亚历山大·弗莱明 1928 年的那个著名发现，即青霉菌抑制了一个培养皿中的细菌生长这件事，其实并不像人们以为的那样“出乎意料”。“抗生性”（antibiosis）这个词是 19 世纪新造的，当时生物学家们注意到细菌能产生抑制其他细菌的物质。在弗莱明那个突破性发现以前，也有人发现多种真菌能抑制细菌生长。青霉素甚至不是人类应用的第一种抗生素。磺胺类药物于 1932 年投入应用，而民众直到第二次世界大战之后才用上青霉素。不过，毫无疑问，抗生素是最接近“灵丹妙药”的发明。抗生素改变了人类与引起感染的细菌的相互作用，自 20 世纪中叶以来挽救了无数生命，只引起了相对轻微且罕见的并发症或副作用。

从 1950 年开始，我们生活在一个得到一整类药物庇佑的时代，这些药物能将此前十分严重甚至致命的疾病，如细菌性肺炎、链球菌性咽喉炎[8]、梅毒等变为可治愈的病症。况且抗生素几乎对任何人都无害。偶尔会有人对青霉素或其他抗生素过敏，有时这种过敏甚至能使人立即致死（这个过程称为过敏性反应），但是大多数人摄入抗生素一星期、十天甚至更长时间都不会产生任何副作用。

有了这种业绩记录——在比例上是压倒性的利大于弊——怪不得医生和患者都愈发相信抗生素是咳嗽、喉咙痛、发烧和耳痛这类症状的首要治疗手段。可是，这种做法的第一个问题是，抗生素对引起上述症状没有作用。我们以令学龄儿童深受其害的喉咙痛为例。有一个10岁女孩每次吞咽的时候都觉得喉咙痛。她的体温上升至102 ℉（约38.9摄氏度），而且身上起了红色斑疹，舌苔变白变厚，脸颊发红。她十分不适，不能去上学。女孩的母亲带她去看儿科医生，医生拿出压舌板，让女孩张大嘴巴发“啊——”这个音，看到了她发红的咽喉，判断这是急性感染性咽炎的典型症状。医生注意到有脓液从女孩的扁桃体渗出。他将疹子称为“猩红热样疹*”[9]，宣布这种疹子加上扁桃体流脓是链球菌性咽喉炎的特征。于是，儿科医生开出的药方是服用抗生素一星期。或许他还用棉签擦拭了女孩的咽喉后部，获取用于咽喉细菌培养的样本，并且／或者做了一个快速链球菌性咽喉炎测试，确认她的咽喉中是否真的有链球菌在生长。

这一切问题都在于大多数10岁儿童的咽喉痛是由病毒引起的，[10]而不是链球菌这样的细菌，而抗生素对病毒完全不起作用。儿科医生的正确做法是快速确定链球菌性咽喉炎测试的结果是阳性之后才开具抗生素。如果测试为阴性，医生应该等一两天看咽喉细菌培养结果是否为阳性，如果是，再开具抗生素。他绝对不该在没有得到阳性检查结果的情况下开具抗生素，无论是快速咽喉炎测试还是咽喉细菌培养，或者两者均无。但不幸的是，这样的事情医生们干得太多了。其中部分原因是确认偏误。医生们认为他们看到扁桃体化脓和皮肤上的红色斑疹就能区分出是细菌感染还是病毒感染。他们以前见过扁桃体化脓又起红疹的孩子服用抗生素药物之后好转。因此，每当他们看到这种症状，就认为这肯定是细菌感染引起的，然后采取“合乎逻辑”的做法：开具Z-pak牌阿奇霉素片。[11]事实上，一项研究显示，

* 此处猩红热样疹的原文为scarleptiform，该词仅见于本书，可能为scarlatiniform的误拼。

1997—2010 年，有 60% 的成年人因喉咙痛接受了抗生素治疗，大大高于实际合理的 10%。[12]

当然，医生其实并不能仅仅通过观察喉咙或皮肤的情况，或者任何其他类型的检查区分出细菌性咽炎和病毒性咽炎。如果医生先检查了喉咙疼的病人，做出了诊断，之后才得到咽喉细菌培养的结果，多项研究显示医生在病毒感染和细菌感染之间做出正确诊断的可能性并不高于随机选择。[13] 即便这些研究已经发表在了医生们会读的重要学术期刊上，仍然有部分医生坚持他们有正确诊断上述二者的能力。我们在这里不是要小看医生基于查体做出判断的能力。有时候，看着一位心内科医生为某人做听诊并正确说出哪个心脏瓣膜有异常，或者一位神经科医生通过查体判断出一个脑部肿瘤的准确位置，都是很令人称奇的。很有可能复杂的后续检查，如超声心动图和磁共振成像（MRI）证实了而不是证伪了心内科医生和神经科医生在检查中所做的判断。但是在喉咙疼这个案例中，只有咽喉细菌培养能揭示引起咽喉炎、皮疹、发烧和厚舌苔的究竟是链球菌还是某种病毒。

抗生素处方过多的问题在整个医药界泛滥成灾。据近期发表于《美国医学会杂志》(*JAMA*）的一项研究，来自哈佛医学院的研究者们报告称约有 70% 因急性支气管炎去看病的人得到了服用抗生素的处方。[14] 合理的比例应该是多高呢？零。任何人都不该因为急性支气管炎而服用抗生素，因为这些药物已经一次又一次表现出对这种病症毫无疗效。无论医生开不开抗生素，病人的急性支气管炎都会在最长三个星期左右自行消失。过去大约 40 年的时间里，联邦政府和地方政府的专职人员始终在反复贯彻这一点，然而医生们丝毫也没有改变开处方的习惯。这个问题往往被归咎于病人坚持要求得到抗生素。在这个假设场景中，明明懂得更多的医生们开抗生素的原因仅仅是害怕对病人说不，据说他们是在害怕病人们去别的地方看病。也许真是这样吧，但医生们也的确不是完全依照科学证据行事的。不，他们选择依照惯例和自己的信条行事。

令未来更加阴云密布的是，不必要地开具抗生素显然并非无害。[15] 首先，细菌的变异速度很快。会导致生理特征改变的变异如果发生在人类与其他哺乳动物身上，基本上需要数以千年计的漫长时间才能遗传给后代，可是细菌与病毒的变异只需一代就可遗传。抗生素的作用原理是针对涉及细菌基因与蛋白质的进程进行破坏。快速变异能力意味着细菌可以迅速令这部分基因与蛋白质产生多样性发展，从而不再易于受到抗生素伤害，这一现象被称为耐药性。过去可用抗生素轻松治愈的多种疾病，如淋病，现在更难治疗了，因为致病菌菌株已经进化出了耐药性。[16] 结核病是另一种其致病菌已经产生广泛耐药性的传染病。每一次我们把抗生素提供给某人，都是在为未来的细菌产生抗生素耐药性做准备。美国疾病预防控制中心主任汤姆·弗里登博士近期指出，美国每年因抗生素耐药性患病的人数至少有 200 万，而死亡人数则是 2.3 万。[17] 2013 年，疾病预防控制中心列出了 17 种细菌与 1 种真菌作为有代表性的耐药致病菌。[18]

开具抗生素过多并非无害的第二个理由是，我们的身体是数以千计的不同种类细菌生活的地方，它们对我们绝对无害，在很多情况下还能抑制其他致病菌的生长。过量使用抗生素会杀灭有益菌，给予致病菌菌株蓬勃生长的机会。这正是一种通常称为艰难梭菌（*C. difficile*）的杆菌所引起的严重肠胃病问题日益显著起来的原因之一——太多患有病毒感染而非细菌感染的人在用抗生素，而他们本来不该用的。

尽管医生们在医学院学过抗生素不能杀死病毒，而且过量开具抗生素是有害的，不恰当地开具抗生素仍然是一个泛滥成灾的问题。亚拉巴马大学伯明翰分校的唐纳利及其合作者查看了因上呼吸道感染去看急诊的 1.26 亿个成人的病例数据。[19] 虽然事实上大部分上呼吸道感染都是病毒性疾病——多数是感冒——但是其中高达 61% 的病人得到的处方是抗生素。该研究的作者们据此得出结论："成人急性呼吸道感染患者在美国急诊科得到抗生素的比例高得很不合理。"[20] 在另一项研究中，染上急性支气管炎——这是一种下呼吸道疾病，正如我们早先指出过的，这类疾病几乎总是由病毒引起——的病人随机得到三种药物中的一种：非甾体抗炎药布洛芬、某种抗生素、安慰剂。[21] 此研究的作者们指出，支气管炎是"患者去看家庭医生 * 的最常见理由之一"，而且"大多数支气管炎患者得到的药物是抗生素"。无论如何，此研究的结果是三组患者的康复情况相同，无论他们服用的是布洛芬、抗生素还是无效的安慰剂，都在一个半星期之后康复了。就算是在住院病人中，也有大约 30% 的抗生素使用是毫无必要的。[22] 这个问题已经变得极为严峻，以至于英国最大的医学研究组织惠康基金会的主任杰里米·法勒近期评论道："这件事（抗生素使用）已经发展到了临界点……我们将面临的状况是，人们得到的治疗效力越来越弱，在医院的停留时间越来越长，病情越来越严重，还会出现并发症，最后死去。"[23]

高脂肪饮食争议

有时，确认偏误可能影响整个科学界。有一个长期存在的警告——吃高脂肪食物会增加患心血管疾病的风险——似乎就是如此。

* 家庭医生的原文为 primary care，是美国医疗体系中比较基础的一环，小病患者的首选。

一篇发表在2014年5月《华尔街日报》上的令人紧张的文章提出，确认偏误影响了一代代科学家、医生、营养学家和公共卫生专家，令他们一次次重复这个一成不变的糟糕建议。[24] 这篇文章的作者是尼娜·泰乔尔兹，她还写了一本名叫《令人大感意外的脂肪：为什么奶油、肉类和奶酪是健康食品》（*The Big Fat Surprise: Why Butter, Meat and Cheese Belong in a Healthy Diet*）的书，对这个长期主张——食用富含饱和脂肪的食物会增加心脏病和中风发作的风险——追根溯源，直到追查到一位20世纪50年代在明尼苏达大学工作的科学家安塞尔·本杰明·基斯的工作。基斯发表了一项大型跨国研究的结果，似乎显示了高脂肪饮食与血清胆固醇水平的升高有关，而血清胆固醇升高又与动脉粥样硬化性心脏病和突发性心脏病的发病率提升有关。"基斯博士有着令人生畏的强大说服力，"泰乔尔兹写道，"而且凭借绝对的意志力，通过坚持不懈地支持饱和脂肪提高了胆固醇水平进而导致突发性心脏病，上升到了营养学世界的巅峰，甚至光芒四射地登上了《时代周刊》的封面。"泰乔尔兹列出了基斯及其团队的研究方法和数据分析方式中存在的大量显著的科学问题，但是基斯的研究像吸引社会大众一样彻底迷住了科学家们。在他的一篇论文中，基斯大胆地发表了如下主张：

> 美国男性，尤其是中年男性的冠心病发病率很高，这种情况在很多其他族群中都没有发现，尤其是在日本生活的日本人和在南非生活的班图人。实验证据、理论证据和流行病学都表明，这其中的差异在于饮食，尤其是饮食中的脂肪。迄今找到的其他因素都不能与冠心病发病率产生联系。
>
> 似乎有这种可能，在美洲饮食中更普遍存在的脂肪——

> 特别是在美国往往还是大量食用——也许对血胆脂醇相对过多和动脉粥样硬化形成有促进作用。此外，也有证据暗示，高脂肪饮食可能引起血液高凝，并抑制血纤蛋白溶解。[25]

脂肪可以堵塞为心肌供氧的细小的冠状动脉是一个很好理解的概念。后来的不少研究似乎进一步证明了低脂饮食对突发性心脏病有预防作用。再一次，尽管现在看来这些研究存在重大缺陷，但食用脂肪会导致心脏病这个想法已经深深地在科学家们的心里扎根了，以至于他们无论看什么都能看到证实这个想法的证据。没过多久，我们全都相信鸡蛋和牛排就是名副其实的毒药了。美国心脏协会（AHA）开始建议我们限制摄入饱和脂肪，人人都开始用富含反式脂肪的人造黄油来代替天然黄油了。

上述所有这些情况现在或许显得像是一场确认偏误的大规模表现。在一篇最近发表在美国《内科学年鉴》(*Annals of Internal Medicine*)上的论文中，英国剑桥大学的拉吉夫·乔杜里及其合作者分析了共包含 53.0525 万名研究受试者的 32 项研究的数据之后总结道："现有证据不能清晰支持鼓励多摄入多元不饱和脂肪酸，同时少摄入总饱和脂肪的心血管健康指导方针。"[26] 通过运用一种名叫元分析的统计方法，[27] 本文的作者们发现，将此领域现有的全部研究整合到一起之后，不存在证据表明食用饱和脂肪增加了各种心脏病的风险。[28] 真相一直在那里，但是显然科学家们太相信最初的假设不会有错，所以他们持续在研究设计和结果解读方面犯错，只为了与他们信奉的真相保持一致。[29] 这里没有任何科学欺诈的因素。这不是那种科学家们伪造数据或者结果的情况。确切地说，如果乔杜里等人的发现经受住了检验，那么我们就能见证史上最大一桩确认偏误影响科学与公共卫生政策的案例了。泰乔尔兹后续在她的文章中提出，少吃脂肪的建议导致碳水类食物的消耗增加了，这反过来提高了糖尿病的发病率。现在，根据一项随机临床试验，和低脂肪饮食相比，低碳水饮食对减肥和降低心血管疾病风险——包括降低胆固醇和甘油三酸酯水平——更有利。[30]

不用怀疑，我们将在未来的几年甚至十几年里读到更多关于这个命题的大量读物。低脂饮食的支持者很可能不会轻易承认他们在过去 50 多年来都错了。吃过多脂肪也许有其他健康方面的风险，包括提高某些癌症的发病率。乔杜里的元分析很有可能受到质疑：这类分析总是要求研究者做出多个重要决定，包括在总数据库中纳入哪些研究，以及使用哪些统计检验。这些决定也始终欢迎学界的质疑。

讽刺的是，就连从事元分析的科学家们都可能掉进确认偏误陷阱。奥克兰大学的古德伊尔-史密斯注意到两个研究组对“医生们应当对病人做抑郁症筛查”这个建议进行多项元分析后持续得出相反的结论。其中一组的结论始终是这类筛查能够有效地分辨出患有抑郁症的人，并降低这部分人群的抑郁症患病率，而另一组则发现这类筛查没有效果。古德伊尔-史密斯及其合作者查看过这两个研究组的元分析都使用了的若干独立研究之后，发现两个小组都倾向于只把那些支持己方观点的研究纳入分析对象中。两个小组都找出了并不支持己方观点的研究在方法论上存在的问题，于是他们合情合理地将这部分研究排除在自己的分析对象之外。古德伊尔-史密斯等人假设，“作者们也许在开始元分析之前就对其结果有着某种信念，而这种信念会引导他们在分析过程中做出各种决定，进而影响他们对结果的评价。这就是确认偏误的一种表现形式”。[31]

可是，如果到最后乔杜里等人质疑高脂肪禁忌的研究报告经受住了检验，总的结果必将令大众感到困惑不已。对我们中的一些人来说，现在可以放心地吃鸡蛋、黄油、肝脏并且喝全脂乳制品的这种想法听上去无异于吃些砒霜也不要紧这种说法。我们应该少摄入糖分这个严苛的建议正在迅速代替低脂饮食建议，而前者未来也将受到质疑。那么问题来了：我们怎么才能分辨谁是对的，什么食物是安全的呢？我们对这个难解之谜并没有一个一目了然的解答，因为这取决于人类心理的本质（也就是很容易产生确认偏误）以及科学的发展（持续产出新的数据和结论，其中有一些不可避免地对过去认为正确的信念形成了挑战）。依我们看，我们中的大多数人都不太可能具备足以在错误最初出现在医学文献上时就将其识别出来的高超科学素养。毕竟就连部分世界上最顶尖的科学家都未能看出基斯当初的研究存在问题。未来的解决之道在于提高对科学结论的报道水平，而这就意味着科学家和媒体的行为都要进步。科学家们对自己的工作有信心，这是应该的，但他们必须更加注意向媒体做说明的方式方法。现在，为了提高市场占有率，传媒学校和教学医院急不可耐地用最快的速度公开最新成果。在这样的情况下，保持自制是所需的美德。媒体总爱抓住任何听上去新奇或有争议的东西不放，在时机尚不成熟时便将这类事物塞到我们眼皮底下，之后如果这些研究不具备充分决定性的意义或是与新的发现有矛盾，媒体又不会承认这些进展。

这是我的故事，一个字都不能改

现在我们已经证实，每个人都很容易产生确认偏误，接下来我们想探究确认偏误为何如此根深蒂固。多个实验都清楚地证明，我们的心智有多么顽固地拒绝改变，哪怕我们最初得出结论时运用的原始数据很不严密，而新的证据又彻底推翻了我们原来相信的结论。在一个著名实验中，斯坦福大学的克雷格·A. 安德森、马克·莱珀和李·罗斯告诉受试者，消防员能否救援成功可以通过他们在一个称为风险保守选择测试（RCC Test）中的得分加以预测。有些学生得到的是预测分数越高说明救援越可能成功的样本，而另一些学生得到的是预测分数越高说明救援越可能失败的样本，但这两种情况下的测试都是纯粹编造的。然而，即便在受试者被告知实验设计方式以及风险保守选择测试纯属虚构之后，在后续的实验中，他们仍然认为风险保守选择测试和消防员的成功率存在关联。研究者们自己似乎都对这套实验的结果感到有些惊讶，尽管这符合他们的假设：

> 总而言之，结果强烈支持如下假设——即使支持他们信念的原始证据基础已经被彻底否定了，人们还是不能恰当地转变原来的信念。如果将以下两者——作为受试者原初信念来源的基础证据的质量有多低（即两份“数据得分”）与这份证据的不可靠程度有多么确凿——进行对比，那么受试者们相信的理论几乎完整地保存了下来这一点尤其令人印象深刻。在日常生活中，我们的直觉性理论和信念有时就是建立在这类不明确的数据基础上的，但是这类信念及其背后的数据却极少像这个研究中的情况那样确凿地被彻底推翻。[32]

当然，我们无意暗示说人们坚持的理论、信念和立场总是很不理性的。显然，如果人们很容易仓促改变心中的想法，那么我们的个人生活、组织机构，甚至是整个国家都可能闹出大乱子。在大多数情况下，哪怕“路上有些崎岖不平”，还是坚持既定行动路线，才是正确的做法。

我们在这里讨论的不是建议人们动不动就改变主意，而是劝说人们需要持续评估证据的质量。即便“保持既定路线”是已经决定了的事，我们仍然应该谨慎审视证据，不要视而不见。不过，安德森及其合作者，还有其他一些科学家发现的是我们很容易在只有薄弱证据的情况下迅速形成某种信念。之后，一旦这些信念固定下来，确认偏误就随之而来，于是我们随后看到的一切都扭曲了，只为与一开始的信念保持一致。毫无必要地给病人开抗生素的医生认为他看到的喉咙痛、发烧、皮疹外加全身不适形成了一种固定模式，而他相信自己见过这种模式的病症可以被抗生素治好。因此，在这位医生看来，开具抗生素这个行为完全符合他心目中根据经验得出的理论。与之类似，多年来始终坚持认为高脂肪饮食习惯提高了胆固醇水平、增加了突发性心脏病风险的科学家们对这个概念深信不疑，于是他们在设计实验和解释数据的时候总是确保这两者“符合”这个假设，而没有意识到自己的做法是在帮助这个错误理论长盛不衰。

如果那个女明星有枪的话……

到目前为止，我们已经讨论过个体对确认偏误的易感程度了，可是更糟糕的是这种偏见还能驱使整个群体对有科学错误的信念执迷不悟。研究显示，群体和个人一样容易产生偏见，这一点可以通过他们如何解读呈现在自己面前的关于某个问题的信息表现出来。[33] 前不久，一位知道杰克对科学否定论感兴趣的朋友给他发了脸书上的一个帖子，帖子里的照片是一位女明星伸展肢体摆出带有挑拨性的姿势，配文宣称她和她的丈夫在家里存放了枪支。这个帖子是一个名叫哈特兰研究所的保守派智库发的，该组织捍卫吸烟者的权益，炫耀自己鼓励人们对气候变化保持“怀疑主义”态度，并反对管控枪支的法律。这个帖子——我们始终不能确定其内容是否准确——后面有许多留言称赞这位女明星采取这个立场。[34]

杰克在这个帖子下的回复如下：

> 不幸的是，我不同意哈特兰研究所对此的态度。哪怕安吉丽娜·朱莉相信家里有把枪对她和她的家人更安全，这种想法也是错误的。一位住在自己家里的女明星——在这个问题上无论是什么人都一样——被那把枪杀死或重伤的概率要比她被闯入者射中的概率高许多倍。事实上，假如真的有人强行进入某人的住宅，持枪的屋主相对于没有枪的屋主更容易被杀，因为大多数抢劫犯本来无意向任何人开枪，除非他们自己受到了有枪的人的威胁。把枪带进自己家门的人当然不会相信自己家里的任何人会不小心射中某人，或是他们自己或某个家庭成员可能会因为气愤而开枪打人，要不就是因为抑郁而开枪自杀。这是典型的否定态度。事实上，家庭内部——即使是在教育程度较高、看似幸福美满的家庭中——的枪支暴力事件发生率要比住宅被入侵的概率高得多。这个事实与宪法第二修正案所保护的某人携带武器的权利无关。不，真正有关的是需要教育美国大众明白为了自卫持有枪支既不安全，也达不到自卫的目的。

杰克发布这个回复之后立即引来了潮水般的评论，诸如“典型的自由派胡话！而且也太啰唆了！”还有“你是个大傻瓜”等等。杰克再次努力，补充了一些事实：

> 你们最好看一下这个课题下的实证研究。你们会发现在家里放一把枪是有人身安全风险的。我这不是在针对宪法第二修正案展开辩论，宪法第二修正案绝对保护你们持枪的权利。无论你们是选择持枪还是不持枪，如果你们查看数据，就会发现数据不支持持枪。

对这条留言的回复类似于这样：“你干吗不给他们几巴掌或者好言劝他们离开呢？而我会朝他们开枪。”以及这样：“如果他们要强奸你，你可以朝他们尿尿啊。你到底有什么毛病？哈哈哈。”还有一条：

> 杰克，你真是个傻子，如果你不相信枪，然后又没有枪。我和大多数受过教育的人都有枪。我隐藏携带枪支*的时候感觉更安全，我在家感觉更安全。要是有人强行闯入你家，你就打 911，指望警察在你被射中之前赶到吧。想强行闯入有人在的房子的人自然也想开枪射杀屋里的人。我情愿被 12 个（陪审团的）人裁决，也不愿意被 6 个（抬棺木的）人抬走。

杰克甚至为他贴出来的那条已发表的科学文献提供了出处。有趣的是，在哈特兰研究所页面下跟他对话的人没有一个提到数据。虽

* 在美国，合法携带枪支到自家以外的地方的方式分为公开携带（open carry）与隐藏携带（concealed carry）两种，其中公开携带指持枪者将枪支暴露在外，其他人都可以看到；隐藏携带指持枪者将枪支藏在身上，其他人无法得知持枪者是否有枪。仅有部分州法规允许隐藏携带枪支，不过需要办理相应证件。

然绝大多数关于私人持枪安全性的研究都得出了不安全的结论，也有极少数已发表的研究提供了与之冲突的数据。任何在科学上有争议的问题都会遇到这种情况。做好这些研究并不简单。研究者必须浏览大量数据集，识别出（a）谁有枪，（b）谁被自己的枪射中，或被与之同住的人开枪射中，（c）谁是武装闯入事件的受害者，（d）闯入事件具体有什么后果。合并上述数据集是很令人却步的任务，尤其是在肯定不可避免地存在缺失数据的情况下，比如有些数据就必须排除掉：或者没有意义（例如一条400多年前某男子的记录），或者不够清晰（开枪者与拥有那把枪的人到底是什么关系？）。而具体怎样选择时间跨度、地区范围，如何确保取样对整体持枪人群有代表性（不能因年龄、性别、社会经济状态等因素产生偏差），用哪种统计方法来分析这些数据，这些方面也总会存在问题。

在学术界，高调支持枪械对于自卫的必要作用的人是加里·克莱卡，佛罗里达州立大学犯罪学教授。克莱卡是在学术上经常被引用的、受人尊敬的学者，在枪支控制方面做了大量研究，著述甚丰。他坚持认为，证据显示，使用枪支较多的是普通公民，目的是预防犯罪，而限制公民持有枪支的法律增加了枪支暴力事件发生的风险。他最出名的一个主张也许是这个：每年有250万名美国人被人攻击时用枪来保护自己。[35] 该主张受到了一群其他学界人士的嘲笑，这些人坚信克莱卡和他的联合署名人马克·格茨采用的方法论是彻底无效的。例如，哈佛大学的戴维·海明威就说这个数字被高度夸大了。[36] 克莱卡和格茨的研究是通过对相对数量不大的人群进行电话调查完成的，并将受访者的回答等比放大成一个全国年均数。有理由相信参与此次电话调查的许多人记错甚至篡改了实际情况，而用少量采样的结果去推断一个国家级统计数据也很可能是不准确的。

总而言之，表明私人持枪并不安全的数据的分量是无可辩驳的。但是与杰克对着干的那些枪支狂热分子完全可以拿出克莱卡的研究结果，将他们的主张建立在正式发表过的数据之上。那样的话，双方的意见交流就能脱离对对方的褒贬和空喊口号了。但是，实际情况并非如此。杰克努力了好几次，想把话题引到数据上去，每次都不带感情色彩，只陈述研究结果。他特意避免对支持拥枪者进行人身攻击，也没有因为被叫作“白痴”或“傻子”而发怒，或者辩论说自己有多聪明。然而，每当他提到数据，对方似乎都变得更生气，也更武断了。确实，他们看起来很享受。这似乎有点儿古怪；毕竟，我们是在讨论人们被枪击、被杀死这件事。无论你想到的是自己会枪击一个武装窃贼或强奸犯，还是你的孩子将会找到你的枪，用它来自杀，枪支暴力的后果都绝对没有什么有趣之处。但是，上述脸书上的交流读起来给人的印象就是一个群体团结起来，投入狂热的义愤和一致行动中。

杰克对这件事的印象是，回复他发的数据主导型建议的支持拥枪者们只读出了他们原本就相信的东西。杰克说：“数据显示，放在家里的枪更可能用来朝其所有者或家庭成员开火，而不是朝入侵者开火。”而他们的回复是：“你这个白痴。”没人说：“我来想一想你提到的这些事实。”没人要求更详细的信息或是进一步阐明这个信息。他们只做了一个简单的假设，那就是杰克是一个想剥夺第二修正案赋予他们的权利的自由派。这正是确认偏误真实存在的一个鲜明案例。支持拥枪者认为他们的反对者对世界上存在的暴力的现实性全然无知，住在象牙塔中，是拥有特权的精英阶层，而且一旦真的被人用枪指着，就会放弃自己控枪的信念。他们似乎相信武装闯入者侵入私宅是很普遍的事（实际上这类事件极其稀少），而且，由于他们自己理应知道如何妥善地保管枪支，也懂得教育孩子如何正确使用枪支，所以在家里放置枪支的科学数据对他们不适用。无论杰克说什么，他们只管一再重申自己原有的信念。出现在哈特兰研究所帖子中的杰克，就等于是支持拥枪者原本信念的具体化身，这给了他们一个集体行动的机会，他们似乎也很乐意得到这个机会。最后，杰克大概成功地令他们更加坚信枪支不仅很安全，而且非常有必要拥有一把。反击一个公敌的群体动力的唯一后果就是令他们的执念更加牢固了。

《怀疑论者》杂志那位富有感染力的主编迈克尔·舍默最近写道，他一度认为控枪侵犯了他作为自由主义者的原则：

> 然后我读到了关于枪支和谋杀、自杀以及意外死亡的科学（信息）……尽管能令我信服我们确实需要某种控枪措施的数据始终存在，我过去却因为他们不符合我的信条而忽视了它们……最近在和经济学家、《枪支对犯罪的抑制性作用》（*More Guns, Less Crime*）的作者约翰·R. 洛特二世（John R. Lott. Jr.）的多次辩论中，我仿佛看到了过去的自己——那个只挑选符合自己意识形态信念的事实和研究数据的自己。[37]

上述话语出自一位将自己的职业生涯建立在绝对用证据说话，即使证据与最流行的观念并不一致也不动摇的人口中，可以称得上是真诚悔过了。不过，就连迈克尔·舍默都承认，确认偏误具有强大的力量，能令我们忽视某些我们害怕的东西，也就是那些会与我们想要相信的理念产生冲突的东西。而对于我们中那些不像迈克尔·舍默一样坚信证据至上的人而言，因怀有确认偏误而洋洋自得又会难到哪里去呢？

谁说情绪没有害处?

布赖恩·G.索思韦尔在他的《社交网络与对科学和健康的普遍理解》(*Social Networks and Popular Understanding of Science and Health*)一书中探索了个人因身为某一群体的成员而对确认偏误更加固执的多种方式。他指出，大量研究显示，人们在被煽动得情绪高昂的时候更有可能分享信息。如果这种情绪是负面的，比如恐惧或愤怒，那么情绪高涨的人们会聚在一起互相安慰。“我们想改善情绪的时候希望跟其他人进行的大多数讨论，”索思韦尔写道，“不见得以分享新的事实信息为主，反而更关注打消疑虑、缓解压力、维持原有的情感联系。”[38]像哈特兰研究所这样的群体存在的目的不是帮助人们理解一个议题的两个方面，或帮助人们有能力站在理性的立场做出重要的健康决策。

这类群体中的成员身份的萌芽始于某人——我们就叫她简好了——对拥有一把枪没什么特别的想法。她实际上并没有枪。可是，简是一个吸烟者，已经想尽了所有戒烟的办法，从自助小组到催眠术再到药物疗法，但都不起作用。仿佛每一天她都在面临责难，怪她自己意志太薄弱，戒不了烟，她在毒害自己和别人，谁都不想让她待在自己身边。无论何时，只要她想——更好的说法或许是“需要”——吸烟，别人都会叫她出去。这让她感到整个世界都在回避她。事实上，吸烟人群患抑郁症的概率比一般人群更高。[39]由于反复被告知只要她还在吸烟，许多公共场合就都不欢迎她，简的自信心一直很低。简有时会觉得自己很糟糕，有时又会很气愤。毕竟，她是一个公民，也像其他人一样拥有种种权利。某一天，她在本地报纸上读到一篇关于某个名叫哈特兰研究所的组织的文章，这个组织捍卫吸烟者的权利。事实上，哈特兰研究所会捍卫人们免受自以为是的富裕自由主义者组成的小圈子的荼毒，那些人总在对人们说，我们做的每一件事都会害死我们，于是把大家的生活都搞得很悲惨。我们不该吸烟喝酒，不该吃我们爱吃的东西，不该开车，也不该有枪。而为了得到所有这些规则中的特权，我们必须交越来越高的税。

简开始在社交媒体上关注哈特兰研究所。她发现跟那么多同样感到被欺负和忽视的人互动真的很舒心。她发现，不仅有很多人在吸烟，也有很多人根本不觉得吸烟有什么不对。这些人还警告说，那些想让她由于吸烟觉得自己像个犯罪分子的自由派也不在乎她会不会被入室劫匪枪杀或强奸。他们说，每个人都有权吸烟和持枪，而所有那些关于气候变暖的杞人忧天的说法只不过是空话连篇（这里是有意在说双关语）*。没过多久，简平生第一次开始担心她家说不定哪天会被人破门而入。她该怎么办？她可没有一点儿防备啊。到时她没有任何办法保护自己或孩子们不受那些随时都能在新闻里看到的、只为了寻开心就朝人们开枪的疯子伤害。于是，简买了一支枪。[40]

当简读到某个像杰克这样的人的留言时，她的怒火被点燃了。对她而言，杰克的目的并不只是冷静地讨论关于持枪的科学研究。他说的每件事都令她原原本本地回想起每一句说她是个坏人的霸道自由派言论。杰克的每一句话都令她确信他正是那类人，而她面对这类人必须采取正当防卫。这么多年来，自由派没完没了地告诉简，她每开一次灯或者扔一次垃圾都是在破坏环境，现在她总算可以加入在线社群一起幸灾乐祸地攻击杰克了。

当然，简对枪支的态度和她决定加入哈特兰这类组织的决定背后

* 原文的“空话连篇”是“so much hot air”，其字面意思是“热空气太多”。

有不少深层机制。例如，她相信在她和她新加入的群体成员背后有人搞阴谋。但是，我们在此想指出的是，哪怕简从未读过任何支持或反对持有枪支的科学论文，她就是在一个绝对相信应该持枪的群体中找到了家的感觉。因此，互联网这个本该为我们提供制定理性决策、做出理性选择的全部所需信息的地方，实际上却将一个不理性的念头灌输进了简的头脑中，使得她哪怕只是去思考一下可能证伪自己观点的证据都做不到。不仅如此，简还在处于情绪高涨，即“情绪化”状态中的情况下得出了结论：哈特兰研究所的关注者们对持枪的态度肯定是对的。有很充分的证据表明，当人们处于这种状态中的时候，更容易相信听到的信息，无论它是正面的还是负面的。也就是说，不管我们是欣喜若狂还是极度悲伤，都很有可能相信这种时候听说的东西。“情绪化，”杰出的行为心理学家保罗·斯洛维克写道，“是一种强大的偏好调节器。”[41] 这就是为什么政客们懂得要在说服听众之前先令听众的情绪激动起来。

简接受拥枪理念的另一方面原因是她对可能出现的入室暴徒感到畏惧。尽管证据并不支持大多数人真的有可能遇到这种事，支持拥枪者却绘声绘色地描述了武装入侵者如何闯入人们家中的画面。这种画面当然也被我们看到的电视和电影场景强化了。正如斯洛维克所说：“对风险的理解以及社会对风险的反应与危险唤起的恐惧感程度有很强的联系。”[42] 我们要理解确认偏误，最重要的一点是懂得在情绪激动时——尤其是受到惊吓、感到恐惧时——奠定的信念，是非常持久而且不易被推翻的。每当我们重新体验到当初的情绪，这种信念也会立即在心中浮现。[43] 某人诱导我们产生恐惧感要比促使我们慎重地通过研究数据来判断在家里放置枪支是否更能起到防护作用容易得多。所以，我们在情绪激动时学到的东西此后很难被动摇。

索思韦尔强调，不能期望缺乏自信的人去反驳一个安慰他们的群体怀有的信念：

> 我们知道人们不太可能分享他们觉得自己没理解的信息。在没有直接受到鼓励去挑战或质疑科学信念——如药物创新或生物技术等——的情况下，很多人会默默地照他们认为相对权威的人的指示去做……而自我感觉仿佛可以掌握核心信念的个人更有可能随后与其他人分享这些信念。[44]

当然，随之而来的问题就是，我们如何提升像我们的虚构主角简这类人的自信，好让他们在科学探讨中掌握足够的信息去做出理性判断？据索思韦尔的说法，如果不这样做，我们能接触到的就只有这样的人了：在某个议题上首先以情绪因素——如恐惧和愤怒——为基础下定决心，随后听到一切与此话题有关的信息都会直接强化他们原有的信念。

全都在你脑子里

我们被类似于哈特兰研究所这类大肆否定科学证据的群体动摇的时候关注的是什么呢？这类群体真的改变了我们对手头这些问题的看法吗？还是群体成员这个社交身份诱使我们加入呢？而确认偏误张牙舞爪地捍卫着的成见最初又是怎么产生的呢？格雷戈里·S. 伯恩斯和他在埃默里大学的同事用一个十分精妙的实验试图去理解：个人服从不正确的群体一致意见的原因是以下两者之中的哪一种——他们是为

了附和群体主动做出决策，还是对相关问题的感知发生了变化。[45] 在这个实验中，社交从众与前额皮质——控制理性和其他决策功能的脑区——的活动性降低有关，也与枕-顶叶网——形成感知的那部分脑区——的活动性增加有关。从这些数据得出的结论是，社交从众不是有意识的决定，而是我们看待事实的方式发生了实际变化的结果。当伯恩斯等人的这一实验中的受试者独立于群体而行动时，他们的杏仁核更加活跃。而杏仁核正如此前章节的讨论所说，位于大脑较为原始的区域之一深处，对危险的认知和恐惧感的心理、生理表现都极为重要。我们从中得出的结论与伯恩斯的诠释有所不同，我们认为，对抗一个人所在的群体是一种令人心生畏惧的立场，必须有希望得到某种回报才可能采取这种立场。事实上，其他研究也显示，带偏见的思考减少与杏仁核活动降低有关。[46] 不知何故，我们需要降低改变自己的想法时自然而然会出现的恐惧感。

伯恩斯的脑活动模式研究说明，人们依附于反科学群体不仅仅是因为他们感到孤单，渴望"归属感"。不，他们对具体问题的感知确实发生了变化。脑部活动的这种变化将新的信念固化为固有生理结构的一部分，而且此后难以被修正。到了这时，否定群体的信念就会激活杏仁核并引发恐惧。于是，确认偏误强化了因相信群体的观点而产生的全新安全感。

评估一个我们深信为真的信念，并对它发起质疑，最终甚至使其失验，这是一个令人精疲力竭的过程。为了好好完成这个任务，我们必须压抑自己的情感，尽最大可能理性而清晰地思考。在行为经济学家看来，这就意味着倾向于系统 2，而不是系统 1。正如我们在整本书中一直在讨论的，这两个系统表示一种粗略的区分：我们的脑中相对复杂、进化阶段较晚的系统 2 中心主要位于前额皮质，有时称为基于规则脑（rule-based brain），而相对情绪化和原始的系统 1 中心位于边缘皮质，也被称为联想脑（associative brain）。

为了避免令读者太早得出联想脑比基于规则脑多多少少低等一些的结论，很有必要明白前者对于直觉、幻想、创意和想象都不可或缺。[47] 要是没有它，我们可能就不会有艺术和共情了。人类是唯一一个真正存在利他行为的物种，[48] 要是没有联想脑，我们就不会看到有人在绝对不会获得物质回报的情况下把钱捐赠给街上无家可归的人了。不过，基于规则脑可以主导相对不带感情色彩的行为，例如深思熟虑、形式分析和战略规划。如果我们将要做出的决定是建立在证据基础上的、不受感情干扰的，那么基于规则脑正是我们需要用到的脑区。

更偏爱使用基于规则脑，即系统 2 的人并不见得就很聪明。包括智力在内的认知能力与是否容易产生确认偏误无关。[49] 聪明人，就连其中获得过诺贝尔奖的科学家也不例外，都很有可能只看得到他们本来就相信的东西。

此外，正如丹尼尔·卡尼曼与他的合作者们通过大量研究呈现的，我们越是疲乏萎靡，就越有可能依赖较为简单的手段做决定，也因此更容易产生确认偏误。人脑是一个高度耗能的器官，消耗血糖的速度比人体任何其他部位都要快。如果我们疲劳、饥饿、情绪低落或注意力不集中，大脑就更难得到充足的能量，因此我们的思维处理就敷衍了事，选择最简单的方式做决定。这通常意味着只运用了大脑边缘部位，即系统 1。这种走捷径的方法因此令我们更容易犯下确认偏误之类的错误。

确认偏误：就像吃糖的感觉一样好

通过确认偏误做决定或许真的令我们感觉很好，这就跟人们能从酒精和鸦片制剂中得到积极体验一样。必须再次强调，以下是一种极度简化的说明方式：在大脑中存在一条“奖赏”通路，从脑干中一个名叫腹侧被盖区（VTA）的结构开始，延伸至一个名叫伏隔核的深入大脑较低位置的区域中。每当我们（大多数动物也一样）期望或得到一个奖励刺激或愉悦刺激，这条通路就会释放神经递质多巴胺。例如，研究证实，每当我们小酌一口酒精饮料时，就会激活这条通路，多巴胺随之被释放进入突触（脑细胞或神经元之间的空隙）中。不幸的是，摄入酒精达到一定程度之后，这条通路就会关闭，而多巴胺也就耗尽了，于是人们需要喝越来越多的酒来达到同样的效果。但是对大多数人而言，偶尔饮酒能激活通路，产生温暖舒适的感觉。研究还表明，伏隔核会在做出有风险的经济抉择之前被激活。[50]这能增强投资的兴奋感，很多金融界人士应该都体验过。

《大开眼界：如何在使人迷惑的世界上做出明智决策》一书的作者诺琳娜·赫兹说：“如果我们找到的数据肯定了原有的认知，那么我们会真切地得到一阵多巴胺潮涌，与我们吃巧克力、做爱或坠入爱河时得到的多巴胺潮涌类似。为了急切地得出特定结论，我们只关注支持该结论的信息，无视了一切与之冲突或与我们原来的分析不一致的东西。”[51]

再次重申，必须记住一点：确认偏误同其他所有我们在本书中明确了的、促使人们拒绝接受科学证据的心理机制一样，绝不意味着“不理性”，哪怕它可能产生错误的观念。不，确认偏误是人类大脑自然运作方式的一部分。确实，我们通过运用确认偏误令大脑的快感中枢剧烈活动，得到了它分泌出的多巴胺作为奖励。换句话说，即使我们错了也要“坚定立场”的感觉真的很好。以这种方式来理解人脑生理机制的话，要让某人为了认真对待潜在的反面证据而放弃他/她的信念——哪怕只是暂时的——需要先向他/她提供某种保证，保证冒着风险这样做能得到的奖励至少不低于他/她屈服于确认偏误的情况下能得到的。所以，有必要完成相关研究以明确何种奖励足以激励成年人用开放的心态审视数据。这种奖励的基础会不会是为其他人做了正确的事而产生的利他主义情怀呢？那些激烈反对转基因生物的人会不会同意至少考虑一下转基因生物无害的可能性，因为这样做能令他们感到自己在间接帮助非洲的饥饿儿童生存，或是防止亚洲儿童双目失明？还是说这种奖励有可能源于安全地加入一个新群体？如果让一个坚决反对疫苗的人知道，只要他改变主意，就有机会接触到一大群致力于通过预防麻疹和白喉之类的疾病来保护儿童免于死亡的家长、科学家和医生，他会被这种潜在的奖励——以及与奖励相伴而来的高涨的多巴胺——打动吗？

诚然，人们愿意承担多大的风险总是因人而异的——人们愿意为改变自己的想法从一种固有观念转变为基于新证据得出的新观念而承担多大风险也同样因人而异。有趣的是，人们之间的这种差异有一部分也许是由两个基因的差别引起的，其中之一就在多巴胺系统中活动。[52] 我们从父母那里继承到同一个基因的不同形态，每个形态都被称为一个等位基因。大脑中有 5 种蛋白质作为神经递质多巴胺的受体，其中之一称为 DRD4 受体。对这个受体进行编码的基因有一个变体称为 7 重复等位基因（7-repeat allele），携带 DRD4 的 7 重复等位基因的人愿意承担的风险比没有携带该基因的人高出了 25%。因此，某人改变观念或固守观念能得到多大的激励，有一部分可能取决于他或她遗传到了哪一种多巴胺受体基因。当然，其他基因也与此有关，包括血清素受体系统中的基因，[53]它们的作用是充当非基因因素的寄主。尽管存在这些个体差异，人脑生理和功能的某些基本原理依然可以证明，人类容易产生确认偏误是多么自然的事情。

给我事实就够了

既然确认偏误深深地扎根在我们作为人类的本性中，那么我们怎样才能解除它的武装呢？我们至少知道什么办法不起作用。只给人们提供与他们的信念相抵触的事实并不足以令那些信念失验。事实上，证据显示，这种策略的实际效果是增强确认偏误，因为人们在评估与他们的信念相抵触的证据时态度远远不如评估符合他们信念的证据时那么温和。这世上也几乎不存在没有瑕疵的科学论文。按惯例，科学论文的最后一部分内容就是作者列举自己研究的所有不足之处。作者也许会承认他们的实验样本规模很小，或者他们研究中的受试者不能充分代表最普遍意义上的美国人口（例如，受试者大多来自同一个社会经济阶层），又或者受试者的血样经过了冷冻存储，而没有立即检测。作者通过这种科学“认罪”，最后得出的结论是“还有待进一步研究”。尽管作者显然相信自己的工作是很重要的，他们也还是能够看出其中的缺陷，那么独立的读者从中找到不妥之处就更不是什么难事了。可是，如果某研究支持我们原有的观点，我们往往会粉饰其中的瑕疵，然而要是它违背了我们原有的观点，那么我们就会不知疲倦地攻击它，尽一切可能挑剔每一个细节。

得克萨斯基督教大学的查尔斯·G. 洛德和他的共同作者们在一项实验中证明了上述观点。他们招募了多名对死刑分别持支持和反对立场的本科生。实验要求这些学生阅读两篇据说反映了真实研究的论文，其中一篇发现死刑对犯罪有威慑作用，而另一篇发现它并没有这种作用。正如研究者们预测的，在学生们的评估中，支持死刑的学生认为发现了死刑威慑作用的那篇论文比另一篇更加可信，而反对死刑的学生的态度则正好相反。于是到了实验结束的时候，两派学生并没有因为得到审阅死刑议题的正反两方面数据的机会而走得更近，反而更加确信自己这一边是正确的。洛德等人这样总结道："上述评估和意见变化的净效果是态度两极分化的程度更高了，这是与实验假设一致的。"[54]

证明我们自己错了

至少在一个案例中，对确认偏误的理解彻底改变了一种病症的疗法。阿龙·T. 贝克发现，患抑郁症的人把注意力主要放在他们身处的环境中令他们有理由精神抑郁的事情上。[55]他们只吸收负面信息，任何正面信息不是没被注意到，就是被当成不可靠的东西而不予理会。为了改变这种思维定式，贝克发明了一种名叫认知疗法的开创性精神治疗方法。从某些方面来看，认知疗法致力于通过恢复抑郁症患者的特定识别能力——识别其周边环境中正面与负面事物都存在的证据——而从根本上动摇他们的认知偏误。甚至有脑成像数据表明，认知疗法对恢复前额皮质集中理性思考的能力有帮助，这种能力可以调节杏仁核及其他脑边缘结构的情感暴发。今天，认知疗法成了对抑郁症和许多其他精神障碍最有效的干预方式之一。杰克长期拥护贝克成为诺贝尔奖的有力候选人。

在极大程度上，无意识地产生确认偏误会令我们持续犯错，而这最终几乎总会造成恶果。认为转基因食物对人类健康有危害的人们热忱地相信他们是在保护每一个人免于陷入某种巨大而又模糊的风险，这种风险是大企业集团及其收买的科学狗腿子故意隐瞒下来的。讽刺的是，反转基因生物的拥护者们往往也属于最畏惧贫困和饥荒的那群人，花费了大量精力反对收入不平等和歧视。世人或许期望这些人全心全意支持转基因食物成为一种挽救数以百万计的赤贫亚非人民的新方式。可是目前来看，向这部分人解释说转基因食物实质上并不危险，而且如果不是因为他们，数以百万计饱受疾病与饥饿之苦的人本不必受此煎熬，这些话也丝毫不起作用。反转基因生物人群顽固不化，组织严密，而且只承认那些看似支持他们观点的事实。

在确认偏误的强大力量面前，我们的任务是令人望而生畏的：转移我们的注意力，全心全意地对证据进行理性且持续的评估。正如我们在本书的其他部分也提出了的建议，完成这个任务需要我们大幅改变对儿童进行科学教育的方式。这种改变很有必要包括以下内容：放弃死记看上去无聊又压抑的事实，无论那些事实有多重要；推动学习者理解和领会科学方法以及科学运作的方式。不过，有些周期更短的创新教学法或许也有些帮助。

在本章前面部分提到的安德森、莱珀和罗斯的实验中，研究者们还确定了一点：让人们把他们得出结论的理由写下来会鼓励他们将来在考虑不一致的证据时更加固执己见。研究者们要求读过相关信息，知道伪造的 RCC 测试可以预测消防员未来的救援能否成功的一部分受试者，写下他们如何得出 RCC 测试得分和消防员的成功 / 失败存在关联的结论。与那些没有得到以书面形式明确表述自己想法这个要求的受试者相比，这部分受试者在随后的情况说明中得知前述关联性纯属虚构，并无实际数据支持之后，相对更不容易改变自己的想法。某人得到要求写下自己对一种理论上的关系的理解之后，即使这种关系后来被证实并不成立，也会使该人的信念更加真实具体。研究者们对这个发现的推断是：

> 这表明……以下问题可能存在一种有趣的解决办法：当我们的信念所基于的证据后来受到质疑时，我们面对这种情况会无凭无据地坚持原有信念不动摇。
>
> 这种固执效应可能被消除或减弱吗？举例来说，如果受试者在情况说明之后得到引导，必须明确思考原来得到的解释也许支持的是反对他们原有信念的论点，会怎么样呢？或者，假如在这项研究刚开始的时候就要求受试者列出他们能想到的可以在被研究的两个变量之间建立正面或负面关联的全部理由，这会不会是给受试者的固执效应打了“预防针”呢？[56]

有没有一种方式可以促使不抱偏见的人——至少是那些尚未建立死心塌地的信念并加入想法类似的人群的人——参与某种思维训练呢？这种训练并不是把事实直接告诉参与者，而是要求他们想象争议中的不同阵营、不同后果和不同理解。神经生物学家和认知心理学家都知道，学生消极学习的效果比在执行任务中学习的效果差得多，后者包括要求让学生把他们对各种可能发生的后果的反馈写下来。比如说，可以让转基因生物怀疑论者写一写自己如何对待可以证明这类食物实际对人类健康无害的证据。我们不要求参与者同意这就是事实，只是让他们写下他们认为会发生的情况，他们有什么感受，以及如果这就是真实情况的话会有什么后果。这当然是一个在科学上可以评估的建议，以下假设就是可以证实或证伪的：这种做法将对那些更加没有偏见并且至少愿意看看数据的人发挥作用。我们希望，这类实验已经在进行了，教育者们也将调整教学计划，引进这类信念——当且仅当实验证明其有效性之后——向大众普及。最重要的是，我们需要向人们施加压力，迫使他们为自己而思考，具体就是要求他们想象另一些可能发生的事态，包括那些他们准备反对的。我们要强调，科学家试图用来纠正根深蒂固的错误概念的常规方法——演讲并不管用。这个过程必须互动性更强，重复次数更多。

我们也邀请读者以个人实验的方式来试一试这个程序。想一想有哪件事是你相信得到了强有力的科学证据支持的，而且这种感觉非常强烈。现在，在你相对不受压力的干扰，也没有其他事令你分心的时候，到一个安静的地方去，把你知道的反对你那个信念的主张都写下来。同时，写下你要采取什么手段来改变自己的想法。做完上述事情以后，你也许会发现自己感到迫切需要查阅比往常更多的数据资料，并听取不同主张。最后你或许并不会改变原有想法，但是不管有没有改变，我们都预计你会对自己的观点更有信心，也更满意。

通过正确的途径，在正确的时机与人们接触同样重要。因为完成评估可能成立的失验证据这个任务要求我们的前额皮质付出大量艰辛的努力，也是因为我们不能把使用电刺激来激活这个脑区作为广泛使用的常规手段，我们有必要修正吸引人们注意力的途径，时机也要选择在他们得到了充分休息并且对新事物的态度相对开放的情况下，而不是在他们感到压抑或高度焦虑的时候。这是广告业和市场营销专家应该做的，他们对能够实现最佳效果的各种说服性信息的投放方式掌握得炉火纯青。我们并不是在鼓吹操纵大众，而是在借用上述专家在信息传递中学到的知识来开发能够鼓励人们接纳事实的更加有效的手段。

还有一点也是至关重要的，那就是认识到人们对自身信念的执着背后有着深刻的情感方面的理由，在可以预见到的特定脑回路和脑网络活动下，这些理由得到了巩固。坚持一种信念并加入想法类似的人组成的群体可以激活我们大脑的奖赏中枢，令我们感到安全、被人所爱、站在正义一方。倘若我们希望将人们转变为能够不带感情色彩地考虑科学真相的人，就必须接受他们现在的信念建立在完全可以理解的原则的基础上这个事实。的确，确认偏误并不是一种怪异甚至非理性的现象，而是我们大脑进化的自然结果，这样的进化可以确保我们稳定不动摇，与朋友和同伴们协作，大致保持积极心态，最后帮助我们取得成功。正如莉萨·罗森鲍姆在她发表在《新英格兰医学杂志》（*New England Journal of Medicine*）上的文章中精妙地阐述的：

> 对我们中那些从事基于证据的降低风险类行业的人而言，诸如“社会价值”和“群体认同”这样的术语也许会引起一阵不约而同的别扭感。但是，进一步理解这类因素如何充斥着我们对疾病的感知对于提升我们的总体人口的健康水平至关重要。当然，要理解某人在任何疾病方面的风险都需要建立在事实架构的坚实基础之上。但是，倘若希望我们掌握的事实能够转变为更优良的健康状况，或许需要开始更多地讨论我们内心的感受了。[57]

的确，假如我们想让人们明白以下事实——拥有一把枪是危险的；反对转基因生物会促进疾病和饥馑的发展；滥开抗生素适得其反——我们就有必要将注意力集中在强烈的情绪和脑回路活动上，在人们对前述在科学上无可辩驳的事实的否认背后，隐藏着这两者。我们有必要鼓励人们将他们的信念写下来，尽可能思考一下不同情况，并且意识到什么时候是他们的情绪而非额叶在引导他们做决定。

正如我们所展示的，确认偏误对群体和个人分别有着不同但很重要的强烈影响。在本书的后半部分，我们将转向更加“个人化”的错误科学信念，也就是在个人心智中蓬勃发展，而不是因为群体动力学而形成的错误观念。我们从其中最有意思的例子之一讲起：在存在巨大不确定性的情况下应用因果关系的渴望。

第四章 因果关系与填补知识空白

偶然性不服从规律，即使服从规律，我们也不知道规律为何物。如果允许我使用明喻，那偶然性就如同在我们星球上每时每刻表明态度的上帝。这是一位用不可理解的表情面对自己不可理解的子民的不可理解的上帝。在这十二级飓风内部，通过内核爆炸，实现交往。

——罗贝托·波拉尼奥*

有一句古老的谚语："你不知道的东西不会伤害你。"** 不过，在科学否定论的竞技场上，这句谚语似乎已经被精心重写为类似这样的话语："你不知道的东西在邀请你编造伪科学。"在尚未发现结核病的病因是一种名叫结核杆菌的相对较大的细菌之前，人们普遍认为该病是道德水平低下所致。与之类似，艾滋病曾被归咎于"异常"的生活方式，比如同性恋或静脉注射毒品。在我们不知道某事为什么发生的情况下，总有"专家"在强势地反复告诉我们该相信什么：疫苗导致自

* 罗贝托·波拉尼奥，智利小说家、诗人，代表作有小说《2666》《荒野侦探》。引文译文出自罗贝托·波拉尼奥，《2666》，赵德明译，上海：上海人民出版社，2012。

** 这句谚语的本意近似于无知者无畏。

闭症；电休克疗法导致脑损伤；转基因生物导致癌症。

有意思的是，大众猛然转向极端理论并且坚信不疑这种事并没有发生在所有科学学科内。物理学家不能确定引力如何在两个物体之间传导。解释这个问题的理论解法涉及令人难以想象的复杂数学知识以及看起来十分古怪的概念，比如 12 维的弦在整个宇宙中不停振动。但是，我们并没有在互联网上看到否定引力的理论。也许这只是因为这个问题的答案不管怎么样似乎都不会影响到我们的日常生活。但是，也有这样的情况：尽管粒子物理学的复杂程度与分子遗传学不相上下，我们却都认为前者超出了我们的理解范围，而后者则完全在我们的理解范围之内。不是物理学家的人极少冒险提出关于暗物质是否存在的观点，可是有很多不是生物学家的人却会告诉你免疫系统能耐受什么，不能耐受什么。甚至就连变得有点儿骇人的一些科学事件，只要它们是发生在某些科学学科内，就只会引起很少的关注。有些人以为瑞士的大型强子对撞机（LHC）或许会被人劫持，用于制造足以吞下整个地球的黑洞。早在大型强子对撞机全功率测试的日程确定以前，世界各地就出现了一些试图阻止它的法律诉讼，理由是对撞机也许会导致世界毁灭。有多家报纸甚至报道了这个事件。但是，并没有出现大规模抗议活动，也没有召开国会听证会。没有人试图闯入对撞机实验室去阻止实验。科学家自始至终都很明白那个黑洞假说是错误的。对撞机被开启了，高能亚原子微粒束相撞了，某种叫作希格斯玻色子的东西（有时被称为“上帝粒子”）被发现了。多家主流媒体庆贺这一粒子物理学的重大进展，证明我们对科学始终很感兴趣。而媒体对核能将毁灭世界这一主张的反应与此截然不同。科学家告诉我们情况不是这样的，可是对不少人来说，有没有科学家们的郑重保证并没有什么不同。

这大概也可以理解，一旦涉及我们的健康，每个人都成了专家，而当我们不知道高度关切的某事的成因时，就会共同被各种说法吸引。有时，这些理论有望成真——一种名叫硫柳汞的用于疫苗保存的汞类防腐剂也许与自闭症有关这种想法并非不值一提。只是认真研究的结果证明，这种猜测是错误的。但是在此之前，疫苗导致自闭症的念头就已在许多容易轻信的人心中扎根了，尤其是那些自闭症患儿的父母，他们一直在绝望地寻找答案。

与之类似，我们感冒咳嗽的时候很害怕。病毒是神秘莫测的存在，所以我们认定一类叫作抗生素的药物可以杀死它们，治愈我们。尽管我们现在有一些药物可以成功地治疗病毒性疾病，如艾滋病和疱疹，可是我们自认为得了鼻窦感染和“严重头伤风”的时候吃的Z-pak 牌阿奇霉素之类的药物对这类病毒性疾病是完全无效的。在很大程度上，科学家们并不知道如何治疗病毒性疾病，因此存在一个十分盛行的谬见，即常见抗生素能够发挥作用，来填补这个知识空白。就连医生们也表现得仿佛相信这一套，尽管他们都在医学院里学过相关知识，很清楚事实绝非如此。只是要接受事实，承认我们并不知道某事的原因是什么或者如何解决这个问题，这实在是太可怕了。所以，为什么我们的反应在以下两种情况下截然不同呢？当专家告诉我们黑洞不会把我们全都吸进去的时候，我们相信专家，而我们跟看病的医生说一定要开 Z-pak 处方的时候，又觉得自己是专家。我们该如何带着不确定性活下去呢？即使是在不确定性如此强大，连科学家都找不到——也永远不会找到——所有答案的情况下？

在本章中，我们的目标是理解人们为什么感到需要填补知识空白。我们主张，懂得如何建立因果关系是高度适应性的表现，只不过人们往往操之过急。这是又一个例子，表明某些适应性、符合进化需要的品质在面对复杂争议和理性思考时给我们帮了倒忙。特别是，人们很难与不确定性和谐共处，又尤其难以接受偶然性。我们认为数十年的心理学研究所收集的证据显示，人们对原因和效果存在误解，而我们因此开发出的周密应对机制就是这一误解的结果。最后，我们提出了几种建议采用的方法，以便帮助人们更好地掌握真正的因果关系，又不至于损害我们在恰当的情况下建立因果关系的能力。

什么是原因？

对于“什么是原因”这个问题，其实不存在简单的答案。哲学家、科学家和经济学家几千年来一直在争论是什么构成了因果关系，没有理由相信其中任何一个领域为这个问题提供了出色的解答。因果关系这个问题真正始于亚里士多德。亚里士多德的四因说（质料因、形式因、动力因、目的因）极其复杂，在这里也并不是特别重要，但是他的哲学中对原因的讨论有一方面内容对我们的主旨很有用，那就是提出了这样一个见解：除非我们知道某事物的原因，否则就不算掌握了关于该事物的知识。亚里士多德在《后分析篇》中提出了这个见解，其背后的概念似乎描述了人类心理的一种核心倾向。我们对一切事情都想问个“为什么”。任何曾经跟幼儿相处过的人大概都有一段关于“为什么”游戏的不那么讨人喜欢的回忆。孩子进入某种情绪或阶段之后，无论你做什么或说什么，他或她都会不停地问“为什么”。你可能会说：“我要去超市了。”于是孩子立刻就问：“为什么？”你可能会这样回答：“因为我要去买香蕉。”而孩子立即就追问：“为什么？”“因为我想在麦片里加香蕉。”孩子继续问：“为什么？”对话就这样继续下去。这种行为令成人感到筋疲力尽，因为我们成长到特定阶段之后就会疲于给自己做的每一件事找个理由。然而，在有些情况下，孩子代表了不受拘束的人类天性，渴望知道每件事的“为什么”就是一种人类天性。亚里士多德只是通过点明我们永远不能满足于知其然不知其所以然，从而对这个本能信念做了正式表述。科学家们或许知道中东呼吸综合征冠状病毒（MERS coronavirus）导致了 SARS 这类传染病在中东地区流行，但他们不会停止调查或宣布已经“了解”这次特定暴发，除非搞懂了它准确的起源在哪里。

亚里士多德常常被称为科学之父，不过我们关于因果关系的科学思考更多地直接来自 18 世纪英国经验主义哲学家，尤其是大卫·休谟。休谟和他的同时代人对“经验”这个概念以及它如何形成知识这两个问题很着迷。休谟由此发现了用归纳推理法来明确原因的漏洞。这绝不是一个无足轻重的发现，因为这是科学家们尝试确定某事引起了另一事的基本方法。休谟基本上是给我们留下了一个谜题：如果我们总能观察到 B 在 A 之后发生，会自动认为 A 导致了 B，这是由于它们之间的先后连续关系。休谟当然注意到这一直觉并不意味着 A 真的是 B 的原因。但是，他更感兴趣的是确立我们感知因果关系的模式，而不是定义原因的真实概念是什么。在这种意义上，休谟的哲学代表的是一类心理学理论。我们对因果关系的感知方式取决于因果两者在时序上有先后且在空间上相比邻，无论这是不是真正可靠的建立因果关系的办法。换言之，我们天然倾向于将经验认知到的多次发生的有前后关系的事物判定为存在因果关系。

1843 年，约翰·斯图尔特·穆勒将某些关于因果关系的哲学探讨转变为更加科学的探询过程。穆勒假定有五种归纳法可以引导我们理解因果关系。第一种是“求同法”。这种方法提出，如果某事是必不可少的原因，那就必然总会在我们观察后果时出现。例如，如果我们总能观察到水痘带状疱疹病毒引起了水痘症状，那么水痘带状疱疹病毒必定是水痘的病因。我们的观察中没有发现任何不存在水痘带状疱疹病毒却出现了水痘症状的案例。

第二种方法是“求异法”。如果两种条件除了一个因素以外的每个因素都相同，而结果只会在其中一种条件下出现，那么使两种条件有所区别的那一个因素就很有可能是相关结果的原因。例如，如果两人一整天吃的都是相同的食物，只是其中一个人吃了土豆沙拉而另一个人没有，而最后两人中的一个食物中毒了，穆勒就会说大概是土豆沙拉造成了食物中毒。第三种方法就是求同法和求异法的结合，即“同异并用法”。

穆勒的第四种方法是“剩余法”。在这种公式方法中，如果一系列条件导致了一系列后果，而我们已经明确导致各个结果的分别是哪个条件，只有一组例外，那么剩下那个条件肯定就是导致剩下那个结果的原因。例如，如果有个病人去看病，说自己消化不良，起疹子，还头疼，而他之前午餐吃了比萨、卷心菜沙拉和冰茶。我们确定是比萨让他起了疹子，而冰茶让他头疼，那么我们就可以推断出是卷心菜沙拉让他消化不良。

最后一种方法是“共变法”。在这种公式方法中，如果某现象的一个性质与相关事件的某个性质总是共同改变，那么这个性质很有可能是该事件的原因。例如，如果多种水样本含有的盐分浓度相同，而毒性高低与其中的铅含量高低总是共同改变，那么就可以假定样本的毒性高低与铅含量而非盐含量有关。

追随着穆勒的足迹，科学的因果理论得到了卡尔·波普尔和奥斯汀·布拉德福德·希尔的进一步发展。1965 年，希尔设计了至今仍在全世界的流行病学课堂上教学的九条因果推理准则：

1. 强度：关联性越强，就越有可能是原因。

2. 持续性：在不同时间和地点持续观察到疑似的原因和结果提高了因果关系成立的可能性。

3. 特异性：可能的原因在特定人群中造成了特定后果。

4. 时序性：原因发生在结果之前。

5. 生物学梯度：对原因的暴露程度越高，后果就越显著。

6. 合理性：原因和后果之间的关系在生物学和科学上是合理的。

7. 一致性：流行病学的观察和实验室的发现能互相印证。

8. 实验可行性：如有可能，可通过实验建立因果关系。

9. 类比性：在类似现象中已建立了因果关系。

上述标准中有几条是当代流行病学家更加认同的，而另外几条则没有得到那么高的认同。例如，任何一位科学家都会同意时序性是证明因果关系的基本条件。假如缺失了正确的事件发生顺序，就不能建立因果关系。另一方面，类比性和特异性这类标准就存在更多争议。人们一般认为，这类标准暗示有较低的可能存在因果关系，但是丝毫不能“证明”其存在。

若能证伪，可能为真

20 世纪早期，波普尔为因果关系下了定义，它后来成为科学上因果关系概念的核心信条，更确切地说，这类因果关系变得令不是科学家的人难以掌握。在波普尔看来，证明因果关系存在这个目标是错的。不，归纳推理的目的不是“证明”，而是“证伪”。波普尔因此往往被视为“经验证伪”（empirical falsification）的先驱，而这个概念是现代科学探索的核心。任何科学假说都必须具备可证伪性。这就是为什么“上帝存在”这种说法不是科学假说，因为它不可能被证伪。因此，科学实验法的目的就是试图通过某种类似于体验或经验观察之类的过程去证伪某个假说。正是这种思路决定了验证假说的方式是运用科学和统计学设计出来的。我们总想证伪一个无效假说，即实际毫无发现的假说。因此，一项科学发现永远都是排除无效假说之后的成果，永远不是接受可替代的假说之后的结果。

举例而言，在新药测试中，可以接受的现代实验设计在技术方面所构建的问题不是“我们可以证明这种新药有效吗”，而是“我们有多大的把握证伪‘这种药无效’”。正如下一章我们将在深入探讨复杂性时所揭示的，这种构建方式格外反直觉，也使得科学家们不愿发布诸如“疫苗不会导致自闭症”之类的声明。只因实验的设计方式使然，科学家们说出诸如“接种过疫苗的个体与没有接种过疫苗的个体在自闭症发病率上未见差异”之类的话时会感觉自在得多。而对于我们大多数人，这种声明并不令人满意，因为我们想找到那个有魔力的词语——“因为”。可是，自波普尔以来，科学实验法就不是设计出来明确“原因”的，而是用来证伪无效假说的，因此带有“因为”这个词的声明其实多少算是对科学实验法取得的成果的一种歪曲。

所以，为什么在科学实验中找到“原因”如此困难呢？波普尔观察到的，众多当代科学家为之哀叹的，都是因为不可能观察到能够一锤定音地建立因果性的那种情况——反事实。1973 年，戴维 · 刘易斯简明地总结了因果性和反事实这一概念之间的关系：

> 我们将原因理解为可以导致区别的某物，而它导致的这一区别必须是与它不存在时所发生的事情不同的情况。假如原因不存在，那么它的结果——至少是部分结果，更常见的情况下是所有结果——也都不存在了。[1]

反事实状态指的是在另一个世界可能发生的状况。比如，如果我想搞清楚你的荨麻疹发作是不是因为喝了橙汁，那么最准确的方法就是让时光倒流，看看你要是没喝橙汁会发生什么事。除了喝橙汁，其他所有情况都保持原状。之后我就可以比较这两种情况的结果，无论我观察到了怎样的差异，都肯定与喝没喝橙汁有关，因为这是两种情况下唯一的不同之处。你还是你，你的经历一点儿也没变，你所处的环境在这两种场景下也完全一致。唯一的不同在于你有没有喝橙汁。这就是建立因果关系的准确方法。

鉴于在现实生活中不可能观察到反事实（至少在我们具备穿越回过去的能力之前不能），科学家往往依靠随机对照实验在最大程度上模拟反事实效应。随机对照实验背后的思路是，由于每个人进入对照组和实验组的概率都是等同的，接受治疗的人在系统上和对照组的人并没有什么不同，因此观察到的结果可以认为是治疗引起的。不过，这种方式存在很多问题。有时两组人会互相交谈，有的实验方法会传到控制组中去，这种现象被称为“污染”或“扩散”。有时随机分配没起作用，两个实验组最后产生了系统性差异——这种情况大多数时候纯粹是偶然造成的。有时人们会退出实验，最后令两个实验组产生了系统性差异，科学家们将这个问题称为“失访偏倚”

(attrition bias)。

对于与我们这本书试图解决的问题关系最紧密的那部分流行病学研究最重要的或许是，随机对照实验这种研究方法要么不可行，要么彻底违背伦理。例如，随机安排一些人吃转基因食物，而另一些人不吃，最后观察两组人中分别有多少得了癌症，这种做法就完全不具备可行性。癌症的发展十分缓慢，需要多年时间，而且将转基因食物的影响与人们在日常生活中受到的其他可能导致癌症的影响彻底分离开来也十分困难。更不必说还有这个问题：我们过去这 10 年来吃过的大量食物其实都包含转基因成分，因此不让被随机分配到不食用转基因食物组中的人知道自己在哪个组就比预想中困难多了，因为要求这部分受试者食用的食物比较不寻常。假如我们真的想通过一个严密控制的实验直接测试这一点，就必须将对照组和实验组这两组人在他们成年后几乎整个人生中都隔离在实验区域之内，还要控制一切因素：从他们吃什么到他们从事什么职业，再到他们出远门去哪儿。这种做法成本极高，可行性不强，当然，还很不符合科研伦理。我们也不能随机安排一部分重度抑郁的人接受电休克疗法，而另一些人则不接受，因为要是我们真的认为电休克疗法是行之有效的，那么让真正需要它的那些人得不到接受治疗的机会就太不道德了。换句话说，一旦你明确了某一疗法的功效，就不能仅仅出于实验目的而不让患者接受治疗。

出于上述所有原因，流行病学家往往依靠的是其他实验设计，包括准实验设计、定群研究、病例对照研究等；其中不少方法都包括跟踪存在特定暴露情况的人群与不存在该暴露情况的人群，了解哪些人患上了特定疾病或出现了特定症状。此时对我们而言，更重要的不是上述各种方法的具体细节，而是它们的共同之处：受试者并不是在研究开始前被随机分配进入不同小组的人，而是已经暴露在一种或多种状态下的人或并未暴露的人，而是否暴露的原因不受研究者的控制。有些人只是凑巧生活在被工业废弃物污染的河流附近，而其他人住得更远一些；有些人 2009 年得了流感，而其他人没有；有些人绿茶喝得很多，而其他人不怎么喝；有些人吸烟，而其他人不吸烟。

因果关系理论在理想状态下极大地建立在反事实的基础上，在这样一个世界上，有大量理由认为上一段提到的研究设计就很不完美了。决定某人进入研究中的一个实验组或群组而不是另一个的因素为数众多，而要摘选出最重要的那几个因素从来都并非易事。我们以一项意在明确在某受污染河流附近生活是否增加了某种特定类型癌症发病率的研究为例。有可能住在河流附近的人拥有的船只更多，因此暴露在用来驱动船只的燃料的有毒烟气之下；或者他们中有更多人在污染河流的工厂上班，于是暴露在工厂里那些甚至没有排放到河流中的化学物质之下。假定研究者在生活在污染河流附近的小组中的确发现了更多癌症患者，他们要如何确定问题是水污染本身所致，还是由于受试者吸入了船只尾气，或是在工厂里接触到了有毒化学物质呢？

另一方面，定群研究曾经努力揭示过颇为有力的事实，如吸烟能致癌这个无可辩驳的真相。所以，尽管我们可支配的多种工具并不完美，但它们绝非没有价值。只不过问题在于，建立吸烟与癌症之间的因果关系需要数十年的严密研究和重复实验，到最后科学家才能满意地使用那个有魔力的词语——“因为”。科学家们之所以不太乐意使用这个词语，往往与证据的说服力是否够强没有关系，只不过是因为他们脑中残留着以反事实的形式去思考因果关系这样的思维习惯。除非有人发明了能让我们观察到真正的反事实情况的时间机器，否则科学家总是不愿说出那个有魔力的词语。相反的是，正如亚里士多德机敏地观察到的，外行人则总在一切事物上寻找因果关系，而且除非找到了，否则不会放下心来。这两种思维方式——我们大家都爱使用的那种原始而粗糙的思考因果关系的方式与科学家们接受专业训练之后建立的那种思考因果关系的方式——之间的断裂造成了大量误解，有时还会令大众对科学家所掌握的知识产生不信任感。

画饼难充饥

上一节自然将我们引导至流行病学中常用的关于因果关系的一个概念——充分病因模型（sufficient-component cause model）——面前。出于某些原因，它很难令我们充分领会。充分病因模型是流行病学家肯·罗思曼于 1976 年提出的。到现在，每一年世界各地的流行病学家与公共卫生专业的学生都会面临以这个模型作为主题的不计其数的多重选择问题。本书的作者之一通过自己的流行病学专业训练得知，有不少学生在考试中都会搞错这些问题。它们以复杂晦涩在本专业内著称，有时甚至到了反直觉的地步。充分病因模型将各种现象的原因抽象为一张“原因组合饼图”。例如，肥胖这种现象就可能由多个不同种类的原因引起，这些原因可以组成一张饼图。饼图中的一块应该是对环境原因的详细介绍，例如缺乏适宜步行的良好环境、可供选择的健康食物，以及相应的社群或社会规范。饼图的另一块应该是行为原因，例如高糖分、高卡路里的饮食，缺乏锻炼，以及久坐不动的生活方式。饼图的第三块应该是家庭原因，诸如双亲在养育过程中不注重培养健康的行为习惯，家里有在外吃饭或点外卖的习惯，以及家里长期不存放健康食物。最后一块饼图应该是生理原因，例如肥胖基因，会导致肥胖的激素失调症，如库欣综合征或甲状腺功能减退。综合起来看，在充分病因模型中是这些不同的“饼”共同造成了肥胖症状。而必不可少的那个原因必然存在于每一块饼图中。譬如，如果引起 X 疾病需要存在 A 病因，但同时也需要存在其他病因，那么不同的饼图肯定在包含其他各种病因的同时都包含了 A 病因。如果一个病因是充分的，它就能独立成为一块饼图，即使还有其他潜在病因。举例来说，HIV 就是艾滋病的充分病因。HIV 独立造成了艾滋病，无论其他病因是否存在。

在充分病因模型中，病因可以有四种类型：必要且充分，必要不充分，充分不必要，或既不充分也不必要。第 21 对染色体存在三体变异是唐氏综合征的充要病因。摄入酒精是酗酒的必要非充分病因。如要诊断某人为酗酒者，此人摄入了酒精是必要条件，但是仅凭饮酒这一个事实不足以判定酗酒，否则每个喝过酒的人自然都成了酗酒者。暴露在高强度电离辐射之下是男性不育症的充分非必要病因。该因素可以独立导致不育，但并不是不育的唯一病因；即使没有这个因素，不育症也完全有可能发生。久坐的习惯既不是冠心病的充分病因，也不是必要病因。久坐习惯本身不会引起心脏病，心脏病当然也可能在并没有久坐习惯的患者身上发生。

尽管充分病因模型看上去也许有些抽象，也过于复杂，但它与日常生活和日常健康决策的关系很紧密，超乎很多人的认识。例如，拒绝相信吸烟致癌的人（的确还有人这样想，尽管比几十年前少得多）往往爱唱出下面这段老调：“我姑妈 90 多岁了，天天吸烟，没得肺癌。所以说，吸烟可能不会导致肺癌。”这种论调代表了对充分病因模型的一种误解，而且是最可怕的那种。吸烟对于肺癌是既不充分也不必要病因。这表示肺癌可能在患者不吸烟的情况下产生，也不是每个吸烟者都会患上肺癌。[2] 换句话说，吸烟的人可能不会得肺癌，不吸烟的人可能会得肺癌。但这并不表示吸烟不是肺癌的病因之一。它当然是肺癌病因饼图中的一部分。吸烟只是不属于其中具体的某一块，也不能独立成为一块，因为吸烟行为本身不足以导致肺癌，除非与某种个体基因易感性——易于发生香烟引发的突变——相结合才有这种可能。这个模型告诉我们，90 岁的鲁斯姑妈从 1935 年起每天吸两包烟但是没得肺癌这件事其实无关紧要。吸烟会导致肺癌，哪怕我们并不会观察到每个吸烟者都患有癌症。这一点很重要，因为我们能看到，对充分病因模型的一个小小误解就能导致人们对特定行为的健康风险做出错误的假设。

现在应该已经很明显了，因果关系这个概念非常难以理解。你能想到的几乎每一位知识分子，从哲学家到科学家，大概都在什么时候思索过因果关系的定义以及如何建立因果关系。我们也都看到，对因果关系的推导存在大量问题。事实上，不少流行病学家和研究型科学家会说，建立因果关系在某种意义上是不可能的。鉴于我们不能观察到反事实，我们永远无法确定输入 A 是否导致了输出 B，还是说它们仅仅具有强相关。随机对照实验是我们能实现的最近似于反事实状态的模拟状态，但是无论我们如何努力，它往往也不可能给出某些关于人类健康的重要问题的答案。

精挑细选出恶果

以下两者的结合会令我们遇到一个十分现实的问题：一方面是专业科学家带着健康的怀疑主义精神寻求建立因果关系，另一方面是亚里士多德指出的人类追求因果机制的天性。因为因果关系很难理解，也因为随机对照实验只不过是对反事实状态的模拟，科学家们为了观察到相同的结果必须重复实验很多次，只有这样才能产生一定程度的信心，相信其中存在因果关系。由于在大量实验中找到相同结果的可能性相对很低——如果实验中的真实关系没有因果效价的话——科学家们最终可能开始假定因果关系存在。举个例子，吸烟导致肺癌这个发现就不是一夜之间得出来的。尽管科学家们有强烈的预感认为事实就是如此，也有若干传闻证据支持这一判断，他们还是必须等到大量设计严谨的实验产生适当的数据分析，才能明确吸烟和肺癌之间的关系强到足以判断为因果关系，同时也明确了先观察到吸烟行为再观察到肺癌并不仅仅出于偶然。再加上尼古丁具备导致肺部细胞突变为癌细胞的生物学可能性，科学家们终于得以在吸烟行为和肺癌之间建立关联，确定这必然是一种概率因果关系。

在科学家宣布因果关系成立以前，必须有多个实验证明存在同一种效应，这一点具有另一种十分重要的含义：一般情况下，单独一项实验的结果什么也证明不了。很不幸，投向伪科学信念的信徒始终在犯这种错误。于是，如果有 50 个实验与他们的信念相冲突，而唯独有一个实验似乎与之相符，这些人当然就会抓住那一个实验大肆宣传，同时还要对科学家们加以控诉，说后者始终知道内情，只是一直在掩盖真相。这种做法通常被称为“精选数据”（cherry-picking the data）。

在科学家核实并重复上述实验结果期间，我们总是不愿耐心等待一个“答案”。这正是亚里士多德观察到的现象。人们在自己周围观察到解释不了的现象之后就会感到很不自在。于是，他们就自己想出一套解释来。在很多情况下，这些解释都是错的；我们还将看到，这些解释的基础往往是对偶然性的误解。在这个问题上，理性脑验证并建立因果关系的能力与将因果解释应用到视线所及的一切事物上的进化冲动完全不同。前者要求长时间的思考再思考，还要不断反思“原因”这个词的本义。而后者对于以下情况感觉很有必要：如何活过每一天，如何应对复杂环境，如何满足一个基本的心理需要——至少感觉未知事物是可以被认知的。

巧合？我不这样认为

几个月前，两位作者中的一人（萨拉）弄丢了笔记本电脑的电源线，于是得另外找一根。新电源线有一个很不寻常的特点：笔记本电脑插上电源之后，还需要一小段时间才能识别电源线。这大概是因为它不是这一款笔记本电脑的原配电源线。总之，萨拉第一次把新电源线插到她的笔记本电脑上的时候，把笔记本电脑挪得离插座更近了，同时发现这时电脑识别了新电源线。萨拉立刻想到：“笔记本电脑肯定是需要与插座保持特定距离才能识别新电源线。”于是，每次她给电脑充电的时候，都会这样做。有一天，她刚插上插头，她丈夫就打断了她，所以她没来得及把电脑挪得离插座更近。而当她坐回电脑前时，发现电脑已经识别了电源线。作为一个信奉科学方法的人，萨拉立刻意识到她以为是因果关系的现象其实纯属巧合，而电脑识别电源线真正需要的因素并不是它与插座之间的距离，只是单纯的一小段时间而已。即使如此，萨拉下一次给笔记本电脑插电源线的时候，并没有坐等电脑识别它。恰恰相反，她还是维持了把电脑挪近插座的小习惯，尽管她理智上明白这纯属徒劳，还是得等着笔记本电脑识别电源线。我们的读者肯定立刻就能看出来，这种行为含有确认偏误的成分：即使出现了新的反面证据，萨拉依然拒绝放弃她已经建立的信念。但是这一次，我们从因果关系这个角度来分析。新证据确切无疑地证伪了把电脑移动到靠近电源处可以帮助电脑识别电源线的假设。

讲这个故事并不是为了表明本书的作者们是多么容易犯错（尽管我们做好了准备承认这一点），而是为了简明地呈现人类对因果关系的渴望有多么强大的力量；偶然性会令我们所有人感到多么不自在；还有我们的心理活动是多么具有欺骗性，大多数时候它都是一种直觉，却能够超越、噤声，有时甚至还能摧毁我们的理性思维。确实，即使是在我们知道真实原因的情况下，这种对偶然性的不自在感也在大量经典心理学研究中得到了验证，包括了不起的 B. F. 斯金纳所做的各个实验。偶然性究竟有什么特征令我们感到如此不适呢？首先，我们总是准备着要辨识所在环境中的各种模式。[3] 如果你用一支激光笔在一面墙上照一下，然后迅速关了再打开，人们就会以为这是一个光斑，而不是快速闪过的两个光斑。[4] 换句话说，人们青睐次序，而且会为了消除自身环境中的随机性而跑到偏离正道很远的地方去。简单的强化学习——例如巴甫洛夫著名的犬条件反射实验——表明，我们很难区分看待无论出于什么原因已经在我们脑海中产生联系的多个事物。如果你昨天吃胡萝卜的时候电话响过，今天吃胡萝卜的时候电话又响了，我们恐怕都会认为这极有可能只是巧合，没理由相信吃胡萝卜能让电话响起来。但是我敢向你保证，只要这个巧合多次发生在你身上，肯定会有一个念头——尽管它无比荒谬——划过你的脑海：没准儿是吃胡萝卜这个动作让你的电话响了。你肯定知道不是这样的，甚至会觉得这样想很傻，可你的脑子几乎肯定会想到这个念头。事实上，你可能有每天在固定时间吃胡萝卜的习惯，而这个时间也是不少人结束工作后回到家开始给人打电话的时候。或许你的“胡萝卜瘾”发作与工作结束后、晚饭之前这段时间有关，而这段时间很多人都有空，都有可能给你打电话。这是一个合适的例子，说明两个不相关事件同时发生是因为出现了某个常见的第三变量。这个例子也许显得有些荒唐，但其中的道理是真实的：我们建立因果关系的渴望强烈得凌驾于我们的自觉理性之上。

我们爱模式

正如我们刚刚证明了的，人类随时准备寻找相关性。我们首先对周围环境中的模式产生反应。[5] 这意味着如果两个事件同时发生，我们往往会给它们设置一种模式，假设这两个事件出于某种原因有规律地同时发生。考虑到我们这种亚里士多德定义过的、喜爱给观察到的现象设置因果关系的天性，我们很有可能开始认为上述事件不仅会按照规律同时发生，而且这种现象是因为其中一个事件引起了另一个。因此，一个“信念”就是当事件 B 发生在事件 A 之后时，大脑在两个事件之间建立的简单联系。下次发生事件 A 的时候，我们的大脑就学会了期望事件 B 随之发生。这就是最基础的信念形成方式：“我相信吃胡萝卜会导致电话铃声响起，因为上次我吃胡萝卜的时候电话响了；现在我又一次吃胡萝卜了，我的大脑自然会预期电话再次响起。”

心理学家经常指出，这类模式和信念形成方式大概给我们远古的祖先提供了重要的生存优势。鉴于这些祖先几乎没有任何可靠途径来系统地区分因果关系与巧合，他们习得了关注每一种观察到的联系，并假设其中存在因果关系，以防万一。[6] 举个例子，如果你曾被一只带有橙黑条纹的动物追逐、弄伤过，也许很快就会将橙色和黑色与危险联系在一起。此后当你在周围看到橙色和黑色的时候，就会感到紧张，你的交感神经系统会被激活，你的心理捷径“橙色和黑色会带来危险”也会被激活，你会表现出回避行为。也就是说，你会能跑多快就跑多快。这种行为也许会令你躲避其实并不危险的橙黑色物体，但与此同时也将帮助你避开老虎以及任何对你有危险的橙黑色物体。而与别的没有发展出这种模式认知的人相比，你将因此存活下来的可能性大大提高了。因此在不具备准确区分因果关系与非因果关系的能力时，原始人选择过度地谨小慎微，为可能有危险的情况或显然有危险的情况下的各种条件设置因果关系，不管其中是否存在真正的因果关系，这从进化的角度上看是有利的。这种过度设置因果关系的进化优势在人脑中固化下来，现在已经成了日常生活的一部分，也成了人类的一种天性。

被模式困住

由于前文所述的道理，断言我们在明白周围环境中种种现象的原因是什么的时候感到最自在也并不为过。我们可以回忆一下上次被严重堵车的状况困住是什么感受。在抱怨运气不好，骂骂咧咧几句之后，我们的第一个想法是:“为什么？为什么堵车？出车祸了吗？交通高峰期？道路施工？因为天气好所以人人都想去泽西海岸？还是什么节假日？”然后我们打开收音机调到交通频道，焦急地等待我们这条路的路况新闻。我们出发前没有关注这条路的交通新闻，要是早点儿知道说不定有帮助，能早点儿换一条路线。可是一旦陷入堵车，我们就开始全神贯注地聆听此时此刻被这次堵车困住的原因了。

从现实角度看，你干坐在绵延好几千米的堵车长龙正中间的时候去听交通新闻，哪怕是知道了这场堵车的原因也没有什么特别的价值。你又不能改变路线，因为你的车已经堵上了，而下一个出口又在好几千米之外。你也不能离开车子，改乘地铁或走路。你不能让时间倒流，走另一条路或是冲向事故发生现场，把现场清理干净，更高效地解决这次的交通问题。你对眼下的状况的确是无能为力，知道其中的原因也不会有什么帮助。尽管如此，我们仍然迫切感到需要知道为什么。在停滞的车流中听听音乐坐等堵车结束后到家，是不能令我们满意的。我们之前讨论过，有能力给在我们周围观察到的现象设置原因这件事带来的自在感大概与辨认模式和原因的进化优势有很大关系。由于我们已经形成了寻找原因的固定思维，又由于识别原因曾经给我们提供了显著的进化优势，因此我们能够找到某事的原因时最容易感到如释重负。知道为什么发生堵车是不能化解堵车的，但可以帮助我们化解心中的不快。

正是这类思维驱使我们在身上出现解释不了的症状时去找医生。首先，我们相信医生能切实缓解症状，或许还能彻底治好它。与此同时，我们也会因为得到诊断而备感宽慰，不仅仅是因为诊断令我们更接近痊愈，也是因为我们本能就会因为得知身上发生的症状背后的原因而感觉更好。尽管找不到病因是常有的事，但如果医生告诉我们她不知道我们的病因，我们该有多么不满甚至是气愤啊。不幸的是，这种心态导致医患双方都在诊断检查上更加激进。我们的医保系统濒临破产，只为做那些不必要的磁共振成像、CAT 扫描（电脑断层扫描）及其他高价检查，徒劳地去寻找一个能令我们感到事态在掌控之中的病因。在医学院，医生们受到的教育是："除非你知道某个检查的结果能改变你建议病人接受的治疗手段，否则就别做这项检查。"然而，一旦面对一个出现了症状的病人，这种智慧就被抛到九霄云外去了。医生也许知道得很清楚，某个抱怨背疼而神经系统检查正常的病人最好的治疗办法就是锻炼和理疗。在绝大多数情况下，给这个病人做一个背部磁共振成像之后得到的信息，即便是椎间盘突出，也不会改变上述疗法。可是医生仍然决定做磁共振成像，这样才好告诉病人"你的背疼是椎间盘突出引起的"，[7] 然后建议病人去做锻炼和理疗。

我们就此创造了一个"任意的一致"的世界，这是丹·艾瑞里使用的术语。[8] 作为"寻找原因的动物"[9]，我们的生活方式意味着研究者在尝试建立因果关系的过程中注意到的这类相关关系立即在我们的意识中转化成了真实而确凿的原因。我们的理性让我们明白，相关性不能证明因果性，甚至也看得出来在哪些案例中，这类思维明显有误，然而不变的是，我们的先天心理机制还是会跟我们捣乱，一有机会就设置因果关系。而许多研究者已经证明，我们一旦相信了某件事，一旦形成了"吃胡萝卜能让电话响起"的假设，就要花很长时间才能改变这种信念，无论这个假设是否刚刚成形，抑或是建立在很不可靠、自相矛盾的证据的基础上。[10]

以上这些对我们评估健康类信息有什么意义呢？与健康有关的许多现象其实都是偶然的。例如，某人同时出现两种症状——某种药物引起的过敏性疹子和肚子疼——是有可能的，但这两种症状或许只是同时发生，但没有关联。这在日常生活中是很常见的，可我们更愿意相信同时发生在身上的任意不同症状肯定都有一个相同的原因。

这真的只是巧合

在本书中讨论的健康类议题的术语表中，“巧合”可以在科学没有识别出明确原因的情况下被理解为“因果关系”。最有说服力的例子是疫苗与自闭症的关系这个议题。科学家对导致自闭症的因素有些猜想，诸如患儿受孕时父亲的年龄较大、携带某些高风险基因等，但是在很大程度上，自闭症的病因仍然是个谜。[11] 至于慢性疾病的病因，要明确下个定义就更加困难了，因为慢性病的致病因素是多种多样的，影响患有同样疾病的患者的高危因素组合方式因人而异。幼儿接种疫苗的时间和自闭症发作的时间太接近了，几乎可以看作同时发生的。这种时间上的高度一致性就带来了将巧合理解为因果关系的可能。事实上，不少人认为自闭症的发病率上升与同步上升的幼儿疫苗接种量之间的关系不仅仅是巧合。他们主张，在幼儿保健方式中增加疫苗将“摧毁”幼儿的免疫系统，并导致包括自闭症在内的严重的慢性健康问题。

类似的巧合还可以在核能与癌症这两者之间找到。某个城镇的癌症发病率开始升高的时间有可能与附近兴建一座核能发电站的时间是一致的。基于我们对癌症进程的认识，核电站基本不可能立即导致人们患上癌症。就算核电站和癌症之间真的存在某种关联，也要在核电站建成后很长时间才会出现癌症发病率升高这种现象。但是，我们寻找因果关系的本能也许会让我们把这种巧合当成因果关系，马上认定核电站的兴建就是癌症的真正病因。

将巧合理解为因果关系的思维方式广泛存在于对病因和健康威胁的种种误解中，而我们已经看到，在医学领域建立因果关系是很复杂的，同时科学家和我们普通人对原因这个概念的理解也存在分歧，这两者更是加剧了误解，正如我们在引子中所讨论过的那样。

兔脚*与其他奇怪的信仰

“迷信”的多种定义中有不少都会提到，这个概念是建立在错误归因的基础上的。[12] 迷信是一种十分强力的人类天性，可以完美契合填补无知空白的冲动。我们无法知道周围有很多事为何发生，于是发明了很多理由或手段，设法控制发生的事情，给正巧跟某件事差不多同时发生的不相关偶然事件设置原因。当然，我们都知道其中的门道，而我们也都对动用迷信手段有负罪感，哪怕我们并不认为自己真是迷信的人。我们会特意穿上那件自认为曾在最近一次成功的面试中给我们带来好运的衣服，或是在考试前吃得了高分的那次考试前吃过的同一种早餐麦片。这些都是迷信行为的例子。不少心理学家、医学研究者和哲学家都有算是认知偏误的固定迷信。不过，迈克尔·舍默在他 1998 年出版的《为什么人们相信怪事：伪科学、迷信以及我们时代的其他迷惑》（*Why People Believe Weird Things: Pseudoscience, Superstition, and Other Confusions of Our Time*）一书中挑战了迷信是彻底的非理性行为的观念。舍默实事求是地发问：如果迷信是一种完全非理性的有害行为，为什么能够如此广为流行？舍默提出了这样的假设：人类通过建立因果联系，面临的选择是解决在经典统计学课文中有详细叙述的两类错误之一——第一类是接受某种不真实的事物；第

* 北美有把兔子的脚爪当作带来幸运的护身符随身携带的做法。

二类是否定某种真实的事物。舍默认为，在犯下第二类错误有可能不利于生存下去的情况下，自然选择更青睐犯了第一类错误的生存策略。于是，迷信和错误的因果观念就产生了。[13] 这个看法与我们早先的主张完全一致，我们使用的例子是在被橙黑色动物袭击过之后躲避一切橙色和黑色的物体：过分谨小慎微并且相信可能不真实的事要比否定某件可能为真的事物——例如，每种橙黑色的东西都有威胁——更有好处。

我们都是鸽子

我们怎么知道迷信意识如此盛行？我们中有很多人都自认是理性派，或许会否认我们都有相信迷信的倾向。可是包括 B. F. 斯金纳在内的那几位最伟大的心理学家所做的多个经典实验，都证明了迷信行为是多么自然且普遍，甚至在非人类的其他物种中也是如此。斯金纳的鸽子迷信行为实验已经成了证明以下信念的最有力证据之一：在很多物种中，迷信都是一种自然，甚至近乎自发的反应。在这个实验中，斯金纳每次将一只饥饿的鸽子放在箱子里，每隔 15 秒钟会有饲养人员自动给它投放食物。起初，鸽子静止不动，等着每隔 15 秒投放的食物。可是过了一段时间，每只鸽子都在等待食物投放期间养成了独有的习惯动作。有的会兜圈子，有的会伸脖子，还有的会不断点头。[14] 有趣之处在于，即使鸽子们已经认识到了食物每隔 15 秒钟就会自动投放一次，依然在等待投放期间养成了习惯动作，而且这套习惯又会被 15 秒之后投放的食物强化。在此之后，习惯动作深深地烙刻在鸽子们的脑海中，它们会继续坚持把这套动作做到实验结束为止。这个实验说明，动物在某种程度上有一种控制因果关系的本能。

一种未知的原因，比如每隔 15 秒钟就投放一次食物的未知机制，是不可接受的。这个例子与萨拉的习惯是一样的，她养成了把电脑挪得更接近插座的习惯，甚至在她后来知道时间才是电脑识别电源线的真正原因之后依旧这样做。如果不是萨拉和鸽子有同样的心智，那就是填补因果关系空白的需要在从鸽子、犬类、猴子再到人类的一切物种中都是如此强大而基本，因此这些物种都能为了对在各自环境中所观察到的结果建立控制而养成迷信的习惯。

一个受试者是儿童的类似实验证实了这一点。在这个实验中，3~6 岁的多名儿童首先各自选择一个想要的玩具，随后实验者把小丑娃娃博博拿给他们看，这个娃娃每隔 15 秒会自动分发弹珠。拿到足够数目弹珠的孩子就能得到自己选中的玩具。尽管孩子们知道博博每隔 15 秒钟就会自动分发弹珠，但他们还是养成了各自独特的习惯动作。有的孩子会去摸博博的鼻子，有的会对博博微笑，还有的对这个娃娃做鬼脸。这个实验再次证明，人类试图创造自己能够控制的原因，也希望有能力通过自己的行为解释其结果。[15]

根据一项盖洛普民意调查，约有 50% 的美国人相信某种迷信行为能带来积极的结果，比如摩擦兔脚就能在考试中取得好成绩。[16] 迷信行为和想法似乎可以提高人们的表现，也许人们因此更加迷信了。在一项实验中，大学生们有 10 次机会将一个高尔夫球轻击入洞。其中一些学生得知这是一个“幸运球”，而另一些则什么都没有听说；前一组的表现显著优于后一组。与之类似，让两组学生分别完成一项任务，得到了“幸运符”的那一组表现得比没有“幸运符”的那一组更好。[17] 这类实验向我们展现的不仅是迷信可以得到强化，而且再一次让我们知道非理性信念在某些方面也许是有好处的。毕竟迷信的确让学生们表现得更好了，而且没有任何不良后果。正如我们整本书都在讨论的，绝对理性并不总是适应性最强的策略。不幸的是，彻底放弃理性思维有可能在真正需要理性客观的情况下造成严重误解。

令人畏惧的四格表

除了迷信和不相信巧合之外，人们在探究因果关系的时候还有哪些谬误呢？有一大类误解的根源是我们普遍缺乏理解独立事件的能力。我们往往认为某个事件是否可能发生取决于另一事件是否可能发生。假定我正从波士顿去往纽约，横穿康涅狄格州时堵在了路上，我也许会这样猜测：赶一趟路最多遇到一次堵车，所以我不太可能在纽约再堵车。这种想法是不对的，因为康涅狄格州的交通状况和纽约的交通状况是两个独立现象，可能受到也可能不受同一个第三方因素影响，比如正逢节假日，很多人都在赶路。在康涅狄格州堵车跟在纽约堵车的可能性无关，因为这两个事件是独立的，即使你先后经历了这两件事也是如此。这正是赌徒谬误背后的核心概念。人们往往以为这个世界多少是“均质”的，所以如果我们在轮盘赌上连续转出了25次黑格，就会觉得下一次转出来的肯定是红格。而在现实中，轮盘的每次转动都是独立的，25次连续转到黑格并不影响下一次转到红格的可能性。[18]

我们为什么会犯这种错误？认知心理学家发现，我们易于产生两种类型的认知偏误，它们是我们更可能犯下这种错误的原因。第一种是错觉相关（illusory correlation），这种偏误导致我们认为实际并不相关的事物彼此关联，就像萨拉对她的电脑电源线的想法那样。第二种是注意偏误（attentional bias），这种偏误指的是我们过于关注某些类型的信息而不怎么关注其他信息。为了呈现这个原理，最好的办法是想象一下标准的四格表，这是生物统计学家和流行病学家的最爱，也常常成为他们的学生的噩梦。表 2 就是一个生物统计学家和流行病学家常用的经典四格表。

表 2　经典四格表

	肺癌	其他	合计
吸烟	95	55	150
不吸烟	5	145	150
合计	100	200	300

一看到这个表格，每个上过生物统计课的人都会不由自主地后背一哆嗦，这也情有可原。用这种方式呈现的数据和与之匹配的思维是非直觉的。这就是为什么当学生们看到一个这样的表格时必须思考一会儿，还得检查自己运用表格所做的各项计算是否正确，并且确保自己充分理解了表格的内容，做完这些之后才能对表格中的暴露和疾病之间的关系提出假设。所以，这个表格是什么意思，我们又如何运用它呢？

表 2 代表了吸烟与肺癌发病之间关系的完整图景。这里说的“完整”并不是覆盖了全部人口的意思，因为很显然，这些数据显示的只不过是总人口的一个抽样，而且要做到覆盖全部人口几乎不可能实现。我们用这个词仅仅是为了说明四格表帮助我们思考与暴露相关的所有可能性。这张表不仅帮助我们考虑到了吸烟且患癌的人群，还包括那些不吸烟也患癌的人群。注意偏误实际上意味着我们在这类情形下倾向于只关注第一个数字，即 95，位于四格表左上角的这个数字，而不注意其他几个数字。[19] 有些具有创造力的针对护理人员和病历的

研究甚至证实了医疗专业人员也有这种思维。[20]这说明我们总是在追寻因果关系，诸如“吸烟导致肺癌”之类的，而不是先审视全局。当然，我们现在知道吸烟导致癌症了。但是如果把上面那句话里的吸烟和癌症换成“疫苗”和“自闭症”呢？如果你只看四格表的左上角，当然会看到有些人接种了疫苗且患有自闭症。但是把目光放到整张表格上，你就会明白为什么仅仅基于左上角的数字就假定疫苗是自闭症的诱因——哪怕只不过将两者联系起来——是一个多么重大的错误。这个数字需要与没有接种疫苗又患有自闭症的儿童数量以及接种了疫苗而没有患自闭症的儿童数量进行比较。接种疫苗且患有自闭症的儿童数量这一个数字本身是没有意义的。但是，注意偏误是一种我们随时都在使用的认知经验法则，让我们忽略了四格表的其余部分。

所以，下一次有人提出某种潜在暴露与某种疾病有关联时，你可以看看能不能画出对应的四格表，让对方填充表中的所有空格。用上这张四格表，你就可以问出这样的问题：“你说你发现有 150 个住在核电站附近的人得了癌症，那这个地区有多少没住在核电站附近的人得癌症呢？”你会发现这张表的其余部分被忽略的频率高得令人吃惊。现在，你已经学会了如何将表格填满。

那么我们应该拿四格表怎么办？

现在我们已经勾勒出了我们的心智为了给结果找到原因（也许并不真正相关）、填补知识空白而想出的所有办法，应当想出一些对策来避免掉进这类思维陷阱了。我们已经简单概括过几种对策，包括构建一个四格表并问问自己“在这种情景下，其他空格里应该填什么”。

我们同样希望你能对人类心智立即跳跃到找原因这一步的种种方式有个概念，比如我们坐在堵车的车阵中干等的时候，或是头疼肚子也疼的时候。（“肯定有一个共同的病因。”我们的心智马上会骗我们这样想问题。）此外，我们还简单谈到了独立事件，并论证了一个独立事件的发生与另一个独立事件的发生没有关系。

除了上述这些避免落入因果知识空白陷阱的手段，我们还想提出一些建议。采用这些办法，我们就能更加清醒地认识到我们是如何思考原因的，还能认识到防止我们过快下结论的种种策略。第一个建议是从孩子们年龄很小的时候就教他们因果关系原理。这不仅仅包括教他们什么是因什么是果，还要在更高级别的教学中训练他们怀疑过于简单的归因，让他们学习更多关于因果关系的各种定义的历史。有些学校的课程设置，尤其是共同核心课程已经纳入了这个议题。图 3 就是一个例子，这是一套共同核心课程为二年级学生设计的因果关系练习题。

这类练习题帮助儿童用逻辑思维思考因果关系，帮助他们从小熟知这一概念。对于年龄更大的孩子，教材可以包含这样的作业：从互联网之类的地方找到现成的某个因果关系主张，写一篇短论文说明为什么该主张成立或不成立，其中的证据是否可靠，说理是否有逻辑，举出其他可能存在的原因。将流行病学学生在研究生阶段掌握的部分专业批判思维技巧普及化对于普罗大众是极有价值的。这类技巧包括：评估偏误研究的设计水平的能力，厘清他人对原因的判断是否成立的能力，辨认互相冲突的各种偏见的能力，区分似乎与原因有关的种种现象的不同解释的能力。上述课题供高中生学习时，有很多教学材料可以直接从流行病学教学大纲中选取出来，只需加以简化即可培养学生对因果关系具备更加宏观的批判性思维。无论学生最终选择哪

阅读题目中的原因，写出一种结果。然后造一个完整的句子描述因果关系。

例：　原因：一场暴风雪袭击了城市。
　　　结果：所有学校都关闭了。
　　　造句：一场暴风雪袭击了城市，所以所有学校都关闭了。

1. 原因：我种了一些向日葵种子。
   结果：____________________
   造句：____________________

2. 原因：我姐姐熬夜到后半夜。
   结果：____________________
   造句：____________________

3. 原因：莉齐把牛奶打翻在地板上了。
   结果：____________________
   造句：____________________

4. 原因：戴维报名上吉他课。
   结果：____________________
   造句：____________________

图 3　因果练习题

出处：http://www.superteacherworksheets.com/causeeffectfactopinion/ causeeffect2_WBMBD.pdf。

个学科进行深造，这类练习都会有所助益，因为学会如何以系统化、有逻辑的方式去思考在我们周围的世界上见到的现象，以及如何准确表达一种主张以支持或反对关于我们环境的已有看法，是灵活性极高的技能。上述技能展现了各个工作领域都非常需要的批判思维能力的精髓，也是为了在本科及本科以上教育阶段获得成功必不可少的。

当然，如果你是在与某个对不科学主张——如“疫苗导致自闭症”或“枪支是很好的防卫手段”——深信不疑的人对话，那么你对他或她说什么恐怕都是对牛弹琴。不过，本书有大量建议十分适合为数众多的中立观望的人。与珍妮·麦卡锡之流的情绪化主张相比，他们更愿意接受已经得到验证的科学证据。如果你有机会与一位对孩子是否该接种疫苗抱有疑虑的年轻家长交谈，而对方的疑虑源于听说过疫苗有潜在“威胁”，你就可以实践本章以及其他各章描述的各种技巧，引导对方找到证据。我们在第五章中将更加深入地讨论动机式访谈法（MI）这种帮助人们面对并解决矛盾心理的技术。

激发你内心中科学家的那一面

在上一节中提到的那个与不太愿意让自家孩子接种疫苗的年轻家长谈话的案例中，你可以在常规对话中尝试动机式访谈法这种技巧。为了令技巧奏效，你应该表现出同情，支持对方的自我效能感（self-efficacy，这个概念的意思是，对方相信自己对生活中遇到的事情有掌控力，有能力自己做决定，有能力对某事改变看法），也要能够容忍对方不接受你所说的。你应该问开放式问题，有能力陪对方长时间聊下去。例如，如果对方告诉你，她觉得疫苗不安全，而且在考虑不要让孩子接种疫苗，对此最好的回应不是“实际不是这样的——没有证据表明疫苗不安全”，而是温和地鼓励这个人袒露自己的感受，说些“跟我详细说说”或“你当初是怎么对疫苗产生紧张感的”之类的话。于是你就能指导对方用更加和缓、更加严谨的方式表达自己是经过怎样一番思考得出“疫苗不安全”这个结论的。在这个过程中，你可以帮助她将自己的主要意图表达出来，那就是让自己的孩子们健健康康的。这种谈话技巧可以帮助人们舒缓因矛盾心理而产生的不适，放慢节奏，对诸如要不要让孩子接种疫苗这样的重大决定思考得更加慎重冷静，引导他们思考这类议题中更加明智的问题，更好地理解他们的恐惧与顾虑。当然，这种技巧不见得总能管用，也许还需要和一个人多接触几次才能真正形成影响，但是宁可过分表达同情并运用印证性倾听*，也比迎面倒出一大堆与对方观点相反的事实要好。我们大多数人已经知道，后面这种策略基本不起作用。

另一个你能采取的策略是帮助对方看到整张四格表，而不仅仅是左上角那一格。重申一下，你得温和一些，不能仅仅停留在把事实甩给对方证明她“错了”的阶段。你应该做的是对她的观点表示兴趣，只是请她说得详细一点儿：“这很有意思。你知道今年有多少接种了疫苗的孩子被诊断为自闭症吗？”之后，你可以问问更难的问题：“我很好奇有多少没接种疫苗的孩子得了自闭症。”通过多问几个这样的问题，你也许能打开对方的视野，帮助她更充分地意识到，在科学领域，尤其是流行病学领域内，是如何明确因果关系的。但是，如果你只是对她说她不懂因果关系的本质，她应该掌握四格表的知识才对，那么你等于是在疏远她，令她更加不可能反思自己的矛盾心理，以及内心想法的根基是什么。

在克服日常生活的困难时，推断因果关系是绝对必要的。假如我在开车的时候开始打瞌睡，我就会认为这个问题是我前一天夜里失眠造成的，然后靠边停车小睡一会儿，以免出事故。我们随时都得做诸

* 印证性倾听（reflective listening）又译为反应性倾听、反馈性倾听、共情倾听等，指的是在倾听中了解对方的想法，再用自己的语言表达出来，向对方求证。

如此类的事，有时甚至还从中找到了乐趣：我们中有很多人都爱看推理节目，这类节目的关键问题“谁干的”实际就等于在问因果关系。但是到了为我们自己和家人做医疗保健方面的重大决策时，我们就必须格外谨慎，还要明白过早下结论是我们的天性。科学家和医生也会掉进一样的陷阱。鉴于我们都会犯对因果理论定位不当的错误，通过互相帮助来填满四格表的另外几格就很关键了。

第五章　逃避复杂性

每天都有大量科学论文刊载出来，报告对疾病的原因和疗法的研究结果。这些文章通常有 5 个部分：

1. 摘要：对论文内容的整体概括。

2. 简介：解释论文讨论的问题是什么，为什么本研究或许能提供新的创见。

3. 研究方法：详述研究者所做的具体工作，通常包括统计学章节，作者会在其中解释研究使用何种数学工具来判断研究结果是否有意义。

4. 研究结果：研究中收集的数据（充满了数字、表格和图片）。

5. 讨论：即总结，在这一部分中，科学家会解说其发现的意义，本研究有何不足，今后为了加深对该问题所在领域的理解还需要做哪些工作。

我们希望其他生物医学科学家和临床医生去阅读尽可能多的论文，从而掌握业内最新信息。我们期待我们的医生走在医学的最前端。可是，自然没有哪一个人能读完所有这些论文，哪怕他或她把阅读范围缩小到只覆盖相关性最高的那些课题。更何况，科学论文一般不是最能令人手不释卷的读物。尽管科学期刊的编辑们期望刊发的论文拼写无误、语法正确、句法通顺，但他们的首要目标是在科学上表达准确，而不是出版通俗易读的刊物。所以科学家和临床医生在实验室或诊所结束了漫长的一天工作之后，他们真正会读的是论文的哪个部分呢？

第一个跳过的就是研究方法部分。典型的研究方法部分充斥着大量技术细节，比如受试者是谁或是什么，研究者做了哪些测算工作，数据是如何收集储存起来的。如果涉及人类受试者，则还包括如何获得受试者的知情同意，以及做了何种数据分析。当然，这是论文最重要的一部分。只要认真阅读一篇哪怕是发表在最权威的期刊——如《科学》《自然》《新英格兰医学杂志》等——上的论文的研究方法部分，人们几乎总能发现至少一个值得质疑之处，或者研究者为了完成此次研究而做出的一次假设或妥协。但是研究方法部分看起来实在太“复杂”了，最轻松的做法是假定论文的审稿人和期刊编辑已经排除了论文中所有不妥当的内容。为什么不只看看摘要、瞧一瞧本文有什么新发现就算完事呢？

科学家往往对在他们的理解中缺乏“科学素养”的“一般大众”（不是科学家的人）感到无可奈何。每年都有若干详细叙述某些研究的文章发表，那些研究显示，与其他发达国家居民相比，美国人更加不擅长科学。科学家们哀叹：大多数人贪图方便，情愿相信关于科学知识和发现的表面化描述（这往往是不准确的），而不愿意钻研事实。这类主张在某种程度上无疑是对的，我们晚些时候将在本章中对此展开讨论。但是正如我们在本章开头部分已经描述过的，即便是科学家也不禁会诉诸最便捷的方法来获取信息。在获取关于某个复杂课题的信息时，只要一有机会就逃避复杂性，这不过是人类的天性罢了。

科学不见得是我们需要应对的最复杂的领域，尽管科学家有时希望我们这样认为。哪怕是最杰出的科学家，若是想搞懂联邦会计条例每一年修订的细节、刑事诉讼程序的证据规则，或是詹姆斯·乔伊斯的小说《芬尼根的守灵夜》中究竟发生了什么，都有可能感到困难重重。上述问题分别需要对口的专家——会计、律师和英语文学教授——来解决。但无可争辩的是，当代科学所蕴含的艰巨复杂性似乎远远超出最有智慧的非专业人士所能掌握的范畴。而每一个具体的科学领域，包括我们在本书中所关注的医学与健康领域，都有自己的一套复杂问题，包括专业术语、规范与缩略语。本章详细叙述了另一种人类冲动——逃避复杂性。它出于各种各样有益的原因实属自然，但在理性的科学思索方面也造成了大量误信问题。我们将首先审视对简单性的追求如何影响了我们所有人，就连经验最丰富的科学家也不能幸免；接下来会详细叙述令我们的大脑误解科学、回避理性的几种方式；随后将提出几种使科学思考更接近直觉的潜在方法。我们还将拿出几种简化框架来帮助人们将看似复杂的科学信息分解为更加易于处理和理解的事项；最后，我们会提供一些建议，告诉读者如何分辨哪家科学网站发布的信息是准确的。

科学文盲有多种肇因

《纽约每日新闻》这家小报用头版标题《蠢蛋进化论：大量美国人不相信大爆炸或进化论》（“Idiocracy: Much of U.S. Doesn’t Buy Big Bang or Evolution”）哀叹我们这代人多么缺乏科学素养，这是无济于事的。[1]这篇报道告诉我们，根据美联社所做的一项“全新民意调查”，有51%的美国人不认为宇宙大爆炸发生过，还有40%则不相信进化论。接下来，这篇报道将以“我当时又不在那儿”为由质疑大爆炸“理论”的普通公民取笑了一番。

这样哗众取宠的媒体报道存在很多问题。首先，这家报纸根本没有提供作为这篇报道基础的那个民意调查的任何具体信息，所以我们无从知晓它是否可靠。如果有科学家或是熟练掌握科学知识的人看到了，就会问“做调查的是谁，‘回应率’（收到调查请求的人中有多少同意接受调查）是多少，相应数据分析是否真的告诉了我们这项调查有没有得出准确可靠的结论”。其次，好消息隐藏在报道结尾：只有4%的人怀疑吸烟能致癌，只有6%的人不确定精神疾患是否需要治疗，只有8%的人不相信我们的细胞携带了遗传密码。

而最后也最重要的问题是，该报对普通美国人，也就是被贴上了“蠢蛋”标签的那些人的攻击。不必做多么精妙的心理学实验，我们也知道这种绰号并不可能激励任何人多学一些关于大爆炸理论或进化论的知识，而且还会让科学家、医生以及公共卫生官员丧失教化人们的信心。这篇文章本可以用值得关注的信息开头：尽管烟草业仍有影响，但经过各方协同一致的公共卫生宣传，几乎说服了所有人相信吸烟有危险；或者，尽管遗传分子，即DNA的结构的发现与公布只不过是1953年的事，但现在几乎每个人都相信是基因决定了我们身体的机能与外观。显然，我们需要做更多工作去帮助人们理解大爆炸和进化论是驳不倒的真实现象，让最虔信宗教的人都无法否认这一事实。而把人们叫作“蠢蛋”是一种倒退。此外，这种做法还把我们的注意力从真正的问题上引开了，即如果人们能理解多种科学案例，他们为什么只拒绝接受某些案例中的卫生与医疗类事实，而不拒绝另一些案例中的同类事实呢？在这种意义上，说这是因为人们是“文盲”实属避重就轻。

的确，媒体有时正是孕育了科学错误观念的罪魁祸首。弗兰克·布鲁尼在一篇极富洞察力的《纽约时报》专栏文章中发问，为何曾经的花花公子女郎珍妮·麦卡锡可以凭借疫苗能导致自闭症这种观念赢得如此之多的关注。他问道：“从何时开始，她怀有的这类直观感受可以理所应当地同真正的科学一较短长了？这件事是让她接受电视采访的访谈记者干的……我很愿意知道他们怎么将这种做法合理化。”[2]媒体总是宣称他们只呈现人们爱听的东西，毫无疑问的是，对于不少人而言，看珍妮·麦卡锡接受采访要比听某位科学家长篇大论地讲述疫苗的免疫学原理有意思多了。那么，人们怎么能学到真正的科学事实呢？媒体与其给我们贴上“蠢蛋”这个标签，不如多下点儿功夫教教我们科学。

我们不是蠢蛋

认清这里的问题不是教育水平的问题是很重要的。科学家、医生以及公共卫生官员做出这种假定的情况太多了：任何不认同科学研究结论的人肯定就是因为愚蠢。从这种视角出发，相应的科普干预手段似乎就过于简单了，甚至是居高临下的。可是，就连我们中最聪明的人也难免会有逃避复杂性、不愿深究科学细节的心理。

可是，我们不能怪罪人们畏惧科学的复杂性，伏在媒体脚下迎合它提供的最简单的解释，因为科学社群也承担了很大责任。2013 年，丹·M. 卡亨调查了美国人如何得知一种对抗 HPV 的疫苗已经获得批准以及疫苗的基本情况，而这种性传播病毒是宫颈癌的病因。[3] 2006

年，美国默克制药公司以加卫苗（Gardasil）这个品名推出该疫苗，并发起政治运动，希望各州立法机构下令实施加卫苗免疫，同时，疾病预防控制中心也推荐青春期少女广泛接种它。结果，这引起了极大的争议。疫苗反对者坚称加卫苗的批准过于仓促，而其他群体则提出了另一个忧虑：接种疫苗将以某种方式鼓励未成年人发生性行为。[4] 在这件事上，最令卡亨震惊的是如下事实：乙肝（另一种会导致癌症的性传播病毒）疫苗是 20 世纪 90 年代问世的，而它并未在民间激起任何称得上抗议或争议的抵制声浪，现在已经成为儿童常规疫苗流程中公认的一项。卡亨主张，两种疫苗引起的反响之所以截然不同，是因为科学和监管系统向大众引介加卫苗的方式很不一样。“食品药品监督管理局和疾病预防控制中心过去和现在都没有建立程序，针对其事务流程对大众知悉决策相关科学的无数日常渠道产生的潜在影响进行循证评估。”卡亨写道。首先，药品食品监督管理局快速审批通过了加卫苗，这就让默克公司在与其对手葛兰素史克公司的竞争中占据了上风，后者的宫颈癌疫苗产品名叫卉妍康（Cervarix）。随后，默克公司着手开展了公开度极高的政治游说运动。最后，疾病预防控制中心开始鼓励女孩接种该疫苗，而没有提到男孩。上述决策顺理成章地激起了每个人心中最强烈的恐惧与不信任感。与乙肝疫苗的情况不同，家长们一开始并不是从孩子的儿科医生处得知加卫苗情况的，而是从哗众取宠的媒体报道中听闻的。卡亨直言不讳地指责食品药品监督管理局、疾病预防控制中心、默克公司以及传媒业丝毫没有考虑到美国人民会怎样理解它们的决策：

> 根据以往经验，在缺乏系统性、循证性质的其他备选方案的前提下，不了解情况的（原文就是如此）、事与愿违的风

险沟通是不可避免的副产品……民主社会未能运用科学知识来保护科学传播环境，使其不受某些因素的影响，正是这些因素阻碍了公民认识到决策相关科学有益于自身的幸福安康。

复杂的科学能把我们中最聪明的人搞糊涂

我们假设有这样一位家长史密斯博士，他有历史博士学位，正在考虑是否让自家孩子接种麻腮风三联疫苗。他明白这些具有极高威胁，甚至能致命的疾病几乎已经在人群中绝迹了，这都要归功于疫苗。他基本上是一个有公德心的人，一般情况下很愿意去做对周围的人们最有益处的事情。但是他最关心的是他自己孩子的福利和健康，这自然无可厚非。他听说年龄这么小的孩子接种这么多疫苗会令免疫系统负担过重，最终其功能也将变弱。据说接种了全套疫苗的孩子在将来的人生中会有很高的风险患上各类免疫系统疾病，包括食物过敏、行为问题和癫痫，而这也都是因为疫苗。他看过一些数据，说明这些疾病在美国的发病率逐渐增加，而且其增长率与疫苗的普及率步调一致。我们没办法责怪这位历史教授会有这样的担心：要是给自己的孩子接种了疫苗，最终可能害了他们。

于是这位尽责爱子的家长决定学习更多关于疫苗的知识。或许他首先上网看了看，但很快意识到这是个错误。这个问题在方方面面都有很多文章来论述，其中不少文章的作者看似具备出色的科学资质（有很多是医学博士、哲学博士或名牌大学的获奖科学家）。于是他决定专注于儿科和免疫学方向的医学协会提供的知识。他会发现什么呢？

有些病毒和细菌一进入人体就会被先天免疫系统清除出去，这是免疫系统的一部分，包括自然杀伤细胞、巨噬细胞和树突状细胞。它们不是通过疫苗激活的。对疫苗有反应的是免疫系统的另一部分，即后天免疫系统。后天免疫系统又分为体液免疫系统和细胞免疫系统，前者是由产生抗体的 B 细胞介导的，而后者是由 T 细胞介导的。T 细胞常被称为 CD 细胞*，有着“CD4+ 和 CD8+”这样的正式名称。抗体的组成包括轻链和重链……

我们还能继续往下说，不过希望以上已经把我们的言外之意表达清楚了。虽然我们这位历史学教授若要钻研 14 世纪佛兰德斯地区的一个新增税种对贵族和中产阶级之间的关系有何影响这个问题，将会显得游刃有余，但是探索某种疫苗对他的孩子会有什么作用则会使他迷失在大量字母、缩写和免疫细胞类型之间的箭头组成的龙卷风中。我们上一段提到的只不过是最浅层次的东西。人类的免疫系统是宇宙里结构最精美的系统之一，有能力保证我们在人生每一秒钟都会遭遇的危险微生物发起的密集进攻中脱险。可是，微生物也很擅长为了使人生病而与免疫系统合作或避开它。疫苗如何适应这个为了使人类能够长期存续而进化了数百万年的系统，终究是一个十分复杂的问题。

为了搞懂免疫的科学原理琢磨了好几个小时之后，史密斯博士决定还是看点儿简单的内容好了。他可以很轻松地在互联网上找到简短得多的疫苗作用原理介绍。大多数这类介绍在他看来过于简单，有些甚至都快让他觉得自己被当成傻子了。介绍文章的观点五花八门，有的坚称疫苗很安全，也有的断言疫苗简直就是毒药。史密斯博士开始感到疲惫，心里明白到了某个时候，总得做决定。他没有尝试从科学

* 原文如此。从下文看，CD 细胞可能是 CD 分子的笔误。

报告的所有技术细节中去芜存菁，而是浏览了一个设计得很生动的网站，该网站的资金来源是一家名叫儿童与青少年免疫安全国家协会（该组织纯属虚构）的组织，其负责人是虚构的罗纳德·本杰明·杜舒斯基，其头衔如下：哲学博士、医学博士、注册护士（RN）、社会工作硕士（MSW）、工商管理学硕士（MBA）、其他各种士（我们此处也是刻意用夸张手法强调我们的观点）。这个网站简洁有力地指出疫苗会对儿童的免疫系统造成负担，“现在尚且没有评估接种多种疫苗有何风险的长期研究”，而“研究表明，每天都有许多儿童受到疫苗的伤害”。该网站接下来抛出一个引人注目的故事，描述一个 5 岁男孩正饱受多种食物过敏之苦，唯一不至于在他身上引起哮喘和荨麻疹反应的安全食物是捣烂的胡萝卜泥和甘薯泥。

史密斯博士决定不给孩子接种疫苗了，然后上床睡觉去了。

上述情形粗略地呈现了导致科学否定论的多种不同因素，而我们在此强调的仅仅是其中一种：对复杂性的逃避。尽管史密斯博士教育程度极高，是一名知识分子，但他并非免疫学专家，他面临的问题是要在以下两者中二选一：或者去琢磨学术性极强的免疫作用的生物学原理研讨，或者去读过于简略的介绍。虽然曾经认真尝试过，最终他还是被复杂性打败了，以为自己永远也不可能彻底搞懂这个问题，默认了通俗易懂得多却不那么准确的解释。

大部分人并没有博士学位，智商也没有史密斯博士那么高，但是中等教育程度和知识水平的人也会在寻求理解多种多样的医学意见背后的科学原理时面临类似的两难处境。搞懂一个基因如何植入一株植物的基因组中，从而使后者具备抗旱或抵御害虫的能力并非易事。对于希望深刻理解数据的人而言，同样不容易理解的还有证明在家保管枪支这种做法很危险这类数据，这些数据来自需要复杂数据分析的流行病学研究。就连从事这类研究的很多人都必须与统计学专家合作才能确保其中的数学部分正确无误。一看到资料中出现等式，大多数人——即便是知识水平很高的人——都会感到紧张。

处理复杂问题相当耗费精力

神经科学家、认知心理学家和行为经济学家近年来发展出一种理论，将精神活动划分为两种类型，在不同情况下分别被称为高速路与低速路，系统 1 与系统 2，反思系统与反射系统，或者快思考与慢思考。我们已经强调过，这种二分法是对心智运作方式的过度简化。尽管如此，有一个事实是很清晰的：大量研究表明，人类保留了大脑中相对原始的、全体哺乳动物都有的部分，用于做迅速的、情绪化的决定。正如出色的神经科学家，来自纽约大学的约瑟夫·勒杜所证明的，情绪脑的一个关键部分是杏仁核，这是一个杏仁状的结构，深植在哺乳动物大脑中称为边缘皮质的区域内。[5] 另一方面，人类区别于其他哺乳动物之处则是，我们迄今为止已经多个场合提过的大脑区域，即前额皮质的尺寸很大，复杂程度也很高，我们用它来做基于推理和反思的逻辑处理。人类大脑的绝大部分，包括杏仁核以及边缘皮质内与杏仁核相连的其他结构，都与其他哺乳动物——包括我们在基因上的近亲，即黑猩猩——的对应结构相差无几。不过，图 4 展示的前额皮质这个人脑组成部分则令我们作为人类的独特性表露无遗，无论是好的一面（写小说和交响乐编曲）还是坏的一面（发动战争和内幕交易）。再次强调，某些作者把前额皮质说成理性思维的基地，这种说法对于这个包含数十亿个神经元、多重层次、多个部分的脑区是简化过度了。上述细分结构并非全都与理性思维有关，只有一处名叫背外侧前额皮质（dlPFC）的，它与管理功能、理性思维和逻辑推演关系最紧密。背外侧前额皮质相对不怎么受大脑中较情绪化的部分影响，但是在情绪高涨的时候就很容易被带着走了。如果某人背外侧前额皮质受损，该人就会感情用事、易冲动，并且很难提前做计划、解决复杂问题或是理解复杂的解释。

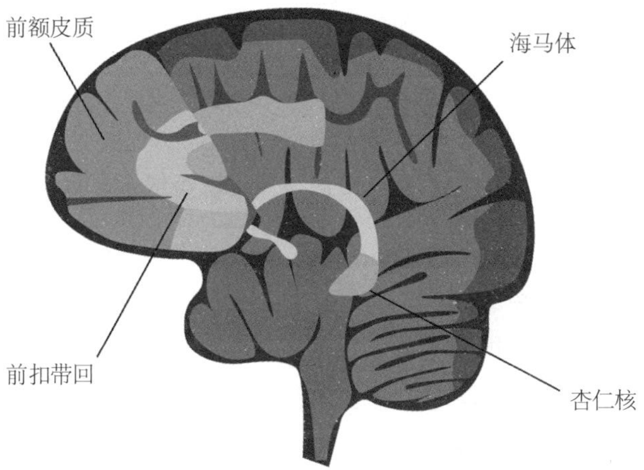

图 4　此图展示了前额皮质、杏仁核以及其他重要脑区

出处：https://infocenter.nimh.nih.gov。

不过，前额皮质的其他部分对理性决策也不可或缺。弗兰克·克鲁格和乔丹·格拉夫曼指出前额皮质能产生三类信念，而这些信念都相当复杂：

> 对健康个人信念处理过程的神经成像研究与临床研究表明，大脑中进化程度最高的部分——前额皮质，也许能调

> 节常规信念处理过程的三个组成部分：一是在理性思考时对一种信念刻意做假装它可能不成立的“信念抑制”；二是用直觉对一种信念的成立“感觉其正确性”；三是用直觉对超乎寻常的信念内容“感觉其错误性”（或提高警惕）。[6]

每当我们采取科学立场并说出“等一下，这如果不是真的呢”的时候，“信念抑制”这个概念都会被激活吗？随后，我们通过考虑反方观点的办法尝试对我们被告知的事情进行理性思考。因此，当我们被告知“证据表示食用包含转基因生物的食物会妨碍人类基因活动”的时候，前额皮质也许会调节产生一个科学的回应，比如“等一下，什么证据支持这种说法？让我们假设这个说法不是真的。我们如何才能知道它是不是事实呢？”

正如行为经济学的两位奠基人丹尼尔·卡尼曼和阿莫斯·特沃斯基说过，而他们的追随者们也注意到了的，前述理性思维的困难在于运用前额皮质并做出理性选择消耗的能量很高，令人疲惫。他们提出，快速做出决定比在正确的道路上苦苦求索要容易得多。讨论起能耗问题来，以下策略其实是最佳策略：一看到某人突然横穿马路冲到你的车前就猛踩刹车，这必须是一种本能反应，完全不需要前额皮质的干预。但同时，大脑中相对原始的部分显然不足以理解复杂的生物学、统计学推论。因此，做健康决策的时候，人类逃避复杂性并且让大脑较为简单的部分来做决定的天性使得我们没有机会就其中涉及的科学知识进行评估。不仅如此，前额皮质与边缘皮质由深入它们的神经束联系在一起。总而言之，强势的前额皮质能够抑制杏仁核，从而令理智压倒情感。而另一方面，强势的杏仁核活动也能抑制前额皮质的活动，从而驱使大脑的主人产生不假思索的迅速反应。

检测不同情况下大脑活动状态如何的方法之一是使用功能性磁共振成像。图 5 展示了一张人脑的标准磁共振成像图。通过使用功能性磁共振成像，我们就能看到在不同类型的刺激下具体是大脑的哪些部分被激活了。阿米塔伊・申哈夫与乔舒亚・D. 格林用功能性磁共振成像对受试者做道德判断时的脑部活动进行了研究，得出的结论是："杏仁核对问题中的行动提供了有效评估，而（腹内侧）前额皮质对行动的预期后果做了实用性的评估，并将其与杏仁核发出的信号相结合，得出'面面俱到'的道德判断。"[7] 总的来说，大脑较为原始的区域——其代表为杏仁核以及边缘系统的其他各部——负责迅速做出情绪主导的反应，以便将即时反应可以获得的优势最大化；前额皮质则

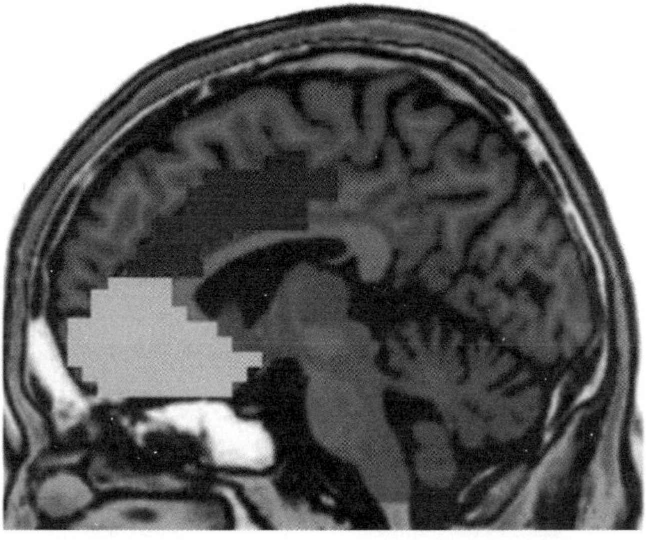

图 5 人脑的磁共振成像图，展示了前额皮质的两个亚区

出处：J. R. van Noordt & S. J. Segalowitz, "Performance monitoring and the medial prefrontal cortex: A review of individual differences in self-regulation," *Frontiers in Human Neuroscience*, 2012, doi: 10.3389/fnhum.2012.00197。

负责在理性思考的基础上做决定，会考虑到长期后果。[8]

在一系列以图像形式呈现上述不同脑区如何作用的有趣实验中，科学家们尝试理解种族偏见的神经系统基础，具体做法是给黑人受试者与白人受试者出示本种族或另一种族的人物图片。埃米莉·福尔克和马修·D. 利伯曼对上述实验做了综述，指出：每当受试者下意识显示出带有种族偏见的回应，他们的杏仁核都会产生剧烈活动，而当受试者有机会思考自己的回应时，他们的杏仁核活跃程度将降低，同时前额皮质的活跃程度则提高了。“大体上讲，”两位作者总结道，“这些报告中的每一个都符合态度（或偏见）调节的框架……情感处理区域（如杏仁核）最初的自发反应随后被修正为慎重思考后的选择（如前额皮质活动中反映的状况）。”[9]

直到现在，科学家们才开始认识到，在什么情况下，一个脑区会凌驾于另一个之上。显然，人类比其他任何生物都更有能力坚持理性胜过感性，但是实际情况千变万化，而且——也许这一点更重要——不同的人这样做的能力也不同。几乎所有人都会在闻到烟味儿的时候逃走，而不会先去想办法弄清楚冒烟起火是怎么搞的。另一方面，听到核电站必将把致命的放射性物质泄漏到我们的供水系统中这种说法时，有些人会要求知道该说法的依据是什么，而另一些人立刻会在要求国会取缔核电站的请愿书上签字。

我们的老熟人可及性经验法则 *

卡尼曼和特沃斯基将我们做决定时使用的直觉式、更快速而较不

* 可及性经验法则（availability heuristic）译法较不统一，又译为“可利用性经验法则”“可得性经验法则”“易得性经验法则”“可得性启发法”“易得性启发法”等。

理性的策略称为“经验法则”，并且向我们展示了所有人都会在面对复杂问题的时候回到这条老路上，而不会选择更辛苦的理性思考。用他们的话说，经验法则是指“协助寻找各种难题的恰当答案的简单过程，虽然找到的答案并不完美”*。[10]

在第六章谈到接受风险这个议题时，我们将更详细地讨论以下内容：心理学家告诉我们，我们不愿与复杂性缠斗，生来就爱用这些经验法则中的一个——可及性经验法则。形形色色的人和组织都在说，我们应该担心与持枪、核能、转基因食品、抗生素和疫苗相关的严重危害。可是以上哪些是我们真正应该担心的呢？以下是读者甚众的《助推》（*Nudge*）一书的两位作者理查德·H. 泰勒（Richard H. Thaler）和卡斯·R. 桑斯坦的看法：

> 在回答这类问题时，许多人都会采用一种叫作“易获得性启发”** 的做法。他们会根据相关例子获得的难易程度来对上述风险的发生可能性做出判断。如果人们能够轻而易举地回忆起有关的例子，他们便会对这种风险更为在意。一种令人记忆犹新的风险（比如说“9·11”恐怖袭击事件引起的后遗症）的严重程度会被认为比一种人们并不熟悉的风险（比如说日光浴和温度日益升高的夏天）更大。人们经常看到他杀行为，而较少看到自杀行为，因此多数人会错误地认为每年死于他杀的人数多于自杀。***[11]

* 引号中的译文引自卡尼曼，2012，《思考，快与慢》，胡晓姣等译，北京：中信出版社。

** 这里的“易获得性启发”是“可及性经验法则”的另一种译名。

*** 本段译文引自泰勒，桑斯坦，2009，《助推》，刘宁译，北京：中信出版社。

当然，患有皮肤癌的人数呈指数级增加——其中还有像恶性黑色素瘤这种可能发展为绝症的类型——因为日光浴的危害永远都要比恐怖分子大，而在美国每年死于枪支的约 3 万人之中，有 2/3 是自杀，1/3 是他杀。然而，我们为了机场安检花费了数十亿美元和无尽的时间，却基本上只能自己摸索着判断哪种防晒霜能在最大程度上保护我们的皮肤，让我们免于患上黑色素瘤这类潜在绝症。

正如我在本书中始终在讨论的，这类能够引导我们得出不正确结论的经验法则在绝大多数时候都能提供重要的益处，不应简单地将其视为缺乏信息或“愚蠢”得不能理解科学资料的人们不经意间犯下的“错误”。可及性经验法则也没有什么不同。当然，有一个基本例子可以说明这个法则，那就是在碰触过滚烫的炉子一次之后，我们就会领教到这样做的后果并且不会再这样做了（或者至少是在想这样做的时候被父母吼过一声“别碰那个！”之后就不会了）。假如我们做每一个决定的时候都要动用前额皮质，就会一整天一事无成，光顾着把事情都搞清楚了，而我们的经验本来可以给我们提供一条行动的捷径。其实，依赖经验法则成为常规手段是有好几个原因的。买菜的时候我们能迅速装满菜篮子，是因为我们相当清楚自己喜欢吃什么，这些东西要花多少钱。要是我们每次走进超市的时候都必须搞一套复杂推理的大工程，那该有多沉闷乏味啊。这种基于经验和立刻就会搞清楚的事实做出简单决策的方法是一种经过进化保留下来的人脑功能，而且特别实用。

可是，科学却要求我们努力抗拒这类决策方法，这就是为什么科学经常与我们的心理本能发生冲突并导致显著的抗拒心理。想象核爆炸要容易得多——我们都在电影里无数次见过那个场面——相比之下想象某个生来就有哮喘的人的呼吸道渐渐被污染的空气破坏殆尽就不那么容易了。所以我们认定核电站是比燃煤更危险的能源获取方式，而事实则恰恰相反。我们都能想起不小心被裸露的电线电了一下的经历，所以会轻易认定电休克疗法肯定会造成脑损伤，而我们不知道的是电击能通过某种方式刺激抑郁患者的大脑，令其情绪好转，所以这是一种能挽救生命的医学手段，本该应用得更加频繁才对。[12] 在上述两个案例中，我们都本能地依赖人脑的快速决策能力。这种能力满足了我们日常生活中的需要，让我们避开了大部分危险。但不幸的是，在这两个案例中，我们得到的结论都是错误的。

在某些情况下，很容易证明科学思维需要与复杂性缠斗，而不是凭直觉做判断。史蒂文・A. 斯洛曼用了那个鲸如何归类的常见例子。[13] 我们想到鲸的时候，脑海中首先浮现出的是一种长得像鱼的动物——它在海洋里游泳，而且有鳍。可是我们都知道，鲸是哺乳动物。这是因为更慎重的思考提醒我们，鲸类在生物学上可归类为具备以下特征的动物——温血，有毛发，给新生儿哺乳。现在，尽管我们也许觉得聚会上那个在我们随口把鲸说成鱼类的时候纠正我们的抠字眼的人有点儿烦人，但也会同意这个纠正不存在争议。鲸是哺乳动物，好的，没问题。另一方面，当我们听到想象一下核电站这个要求时，首先涌上心头的画面是那朵 1945 年被投下的第一颗原子弹爆炸后所产生的笼罩整个广岛的蘑菇云。从想到这幅画面到理解以下事实——核电站如何安全地提供不影响地球的臭氧层，也不会加剧全球变暖的大量无污染能源——要经过很长的思考过程，要比理解长着鱼的外形的鲸是哺乳动物的思考过程更长。与此同时，几乎没有谁在真正意义上对鲸类心怀恐惧，但觉得带“核”这个字眼的任何事物都很可怕，却很自然。所以，不仅是从炸弹到安全能源的思路要比从鱼到哺乳动物的思路更复杂的问题，我们还会本能地在这段思维冒险的每一步路上心怀抗拒，因为我们的杏仁核会发出令前额皮质停工的危险信号，催促我们——至少是比喻意义上的——赶紧逃跑。

因此，我们能清楚看到自己对复杂性的恐惧与逃避受到了一种进化决定的、强有力的人脑功能的干预，这种功能可以转变为心理学意义上的不作为，如可及性经验法则。问题在于有无可能提供一种教育，它能帮助我们在面临哪怕是很复杂的科学问题时克服这种恐惧，变得更有信心。正如我们将要讨论到的，其他很多学者也发现并评论过这一点，那就是传统的科学教育在帮助我们做好准备直面科学的复杂性这方面有很大不足。好在已经有大量研究指出了改善现状的方向。我们相信需要遵循的基本原则就是尽可能从小教育人们真正的科学是什么样的。

学校是否令我们讨厌科学了?

美国人对科技很感兴趣。他们会参观科学馆，排队去买最新的高科技小玩意儿。可他们仍旧认为科学太复杂了，实在理解不了。据皮尤基金会近期的一份报告称："近半数（46%）美国人表示，许多年轻人不想取得数学与科学方向学位的主要原因是他们觉得这些学科太难了。"[14] 我们的中小学提供的科学教育方式似乎在致力于证明这种态度是正确的。美国人看来是准备不抱希望地向科学举手投降了，就算是要请他们为科学事务投票也不例外。在美国科学促进会（AAAS）的 2007 年年度大会上，乔恩·米勒发表了一篇主题为美国人科学读写能力的论文。米勒在论文中谈到 2003 年他与他在密歇根大学的同事们发起的一项民意调查，他们通过此次调查确定了很多成年人对各类问题的看法，包括干细胞研究。当年的结果显示，17% 的受调查者强烈支持这类研究，称赞它有望为各种重疾提供更有效的疗法；还有17% 的受调查者基于反堕胎的立场表示反对。第二年一整年，干细胞研究成了总统竞选中的一个议题。米勒等人在大选前一周重做了原来的民意调查，发现支持和反对干细胞研究的人分别下降到了只有 4%。其余接受调查的人表示这个议题实在是太复杂了。[15] 我们也许是从自己的中小学老师那里学到这种对在科学问题上无力站稳一个“立场”的态度的，其中也包括中小学生物老师。宾夕法尼亚州立大学的迈克尔·伯克曼和埃里克·普卢策发现，当进化论这样的课题在社区中被理解为争议性话题的时候，科学学科的教师们态度“优柔寡断”，宁可对此话题避而不谈。[16] 自然，从科学角度出发，进化论完全没有任何争议，可我们永远也无法彻底理解被托付了科学教育重任的人们是否不愿在科学事实问题上采取强硬立场。

美国的科学教育似乎是在致力于使人们厌恶且恐惧科学，而不是增强人们理解复杂问题的自信心。在小学里，布置给孩子们的作业是收集秋天从树上掉下来的叶子，并根据种类贴上标签，仿佛有了辨别橡树叶和枫树叶的能力，将来就能揭示什么重要的科学原理似的。有些孩子喜欢到户外去收集树叶，可对于大多数孩子而言，这只不过是一个枯燥乏味的任务。在初中，生物课的主题是记住图片中的昆虫、青蛙和犬类的器官名称，仿佛认得出“泄殖腔”和“单心室”就能使孩子们从此爱上科学似的。到了高中，学生们的作业也许就成了背诵元素周期表，118 个元素一个都不能少。这项任务包括记住每个元素的原子序数、符号以及电子排布。有朝一日必须在核能安全性问题上投赞成票或反对票的人知道了第118号元素是Ununoctium*，多么令人欣慰啊。我猜很多有博士学位的化学家都需要把元素周期表挂在他们实验室的墙上，以便记住其中的所有细节。

很不幸，科学工作者与非科学工作者在很多问题上的认知都存在巨大差异，包括食用转基因食品是否安全、给孩子接种疫苗是否安全、兴建更多核电站是否安全。不过看来正如李·雷尼最近在《科学美国人》上撰文指出的，上述双方在一个问题上态度一致，那就是美国的科学、技术、工程和数学（即所谓的STEM科目）教育水平很低。[17] 其中很重要的一点是，从很小的年纪就对科学感到气馁的人在决策时更爱使用大脑中耗能最低的部分，因此产生了偏见。人们将受到限制，对激活背外侧前额皮质产生抗拒，甚至不愿试着去想明白他们必须面对的科学与健康问题。

为何科学方法本身对我们渴望简单的心理形成了挑战

科学是通过“科学方法”发挥作用的。我们不时听说某人宣称自己使用了一种新的科学方法，它有别于“传统科学家”使用的方法。事实上只存在一种科学方法，这个事实就像二加二等于四一样没有争议。科学方法不是信念或意见的问题，它是一套流程：始于提出假设，之后是设计并实施实验，收集数据，分析数据，得出结论，即实验结果能否支持最初的假设。这是演绎推理的范例。所谓的神创论者对进化论的否定总是用一个无法证伪的主张作为开端：“一种更

---

* Ununoctium是1979年国际纯化学和应用化学联合会（IUPAC）发表的尚未发现的118号元素名称，无正式中文名；2016年11月28日，IUPAC将此元素正式定名为Oganesson，中文名为氮。

高的力量创造了这个世界。”事实与此截然相反，正如科学教师雅各布·塔嫩鲍姆在《科学美国人》上发表的一篇文章中所阐释的：

> 提出了人类由进化而来这个观点的科学家们并没有发明寻找化石这个想法。早在 1859 年查尔斯·达尔文发表论文以前，也早在 1856 年一个石灰石采石场的工人们发现后来被称为尼安德特人的奇怪骨头以前，科学家们就在苦苦思索如何解释他们在自然界和化石记录中所观察到的现象。进化论是这一思辨的产物。这就是科学的工作原理。[18]

由观察大自然发展而来的方法现在是理解生物学关键方面的基础。但是，这一路的历程一点儿也不容易。搞懂得出科学结论前的每一个步骤是很重要的，这样我们才能清楚看到要是每一步都做对了，信念、情绪和意见并不在这些步骤中。

首先，我们的最佳猜测

有若干个重要步骤是科学家遵循科学方法行事时必须采取的。第一个步骤是清晰、详细的可验证假设的构想过程，这一步必须放在开始收集任何数据之前。我们强调这个假设必须是可验证的，即最关键的是该假设能被证明是错的。于是马上就能看清为什么神创论者的观点是科学家不予考虑的：没有任何科学能验证诸如“上帝存在”之类的假设，因为没有实验可以证实或证伪此类主张。要记住，科学方法是通过尝试证伪假设实现的，这乍一看是与直觉相悖的。

例如，我们假定有研究者假设某种实验性新药与安慰剂相比能带来显著的体重下降的效果。该结果的主要测量指标是体重指数（BMI），一种根据身高调整的体重指标。有时，一项实验会产生某种并不属于最初假设的未曾预料到的结果。例如，接受测试的新减肥药可能导致比安慰剂更明显的整体胆固醇水平下降。这种情况一旦发生，也许会被证明没有任何意义，又或者是一项重大科学突破的前兆。但科学家们不能回过头去说："噢，这就是我一开始就想得到的结果。"预期外结果的意义只有一点是明确的：接下来该做一项验证新假设的新实验了。如果科学家想证明新药对降低胆固醇也有效，就必须设计、实施一项主要测量这个效果的新实验。

随后，研究者提出的假设并非"药物比安慰剂更有效"，而是"药物和安慰剂没有区别"。这种假设叫作零假设（null hypothesis）。他们现在要设计、实施一个实验来看看他们是否能证伪或拒绝这个零假设。拿出这个可验证的假设之后，研究者们下一步必须准确解释他们将如何确定实验结果是否与该假设冲突。这就要求必须陈述研究的主要结果测量指标。一旦开始大量采集数据，再修改研究假设显然就是作弊了。所以研究者必须准确陈述哪个结果是主要检测对象，该结果将决定零假设是否得到了实验的支持。

公平且平衡

实验人员决定，他们将通过测量人们的身高、体重得出主要结果测量指标，即体重指数。但是，在给人们发放药片并要求他们每周称一次体重之前，还有很多事情要做。实验设计必须确保假设的验证方式是公平且平衡的。研究者们必须采取步骤将实验人员这方面可能影响实验结果的偏见消除掉（或者至少要降至最低）。还记得尤吉·贝拉的名言“我要是不相信它，就不会看到它”吗？科学家会采取各种具体措施防止偏见的产生，以免情况以先决性方式发展到最后；这些措施包括要求全体实验相关人员对受试者被分配在哪个组保持“盲目”状态。例如，假设科学家在考察一种实验性药物对体重下降的作用，则该药物与用来比对的安慰剂必须在外观和口感上完全一致，且科学家和病人都不能知道病人服用的是哪一种。它被称为“双盲试验”，因为研究者和受试者都不知道如何区分药物和安慰剂；只需稍加调整，这种技术就可以应用于几乎每一种类型的生物学实验。

实验还必须包括一项重要内容，即“控制”条件。实验的架构必须确保某内容可与另一内容做比较。有了实验条件，在本案例中是接受测试的新药；就要有控制条件，在本案例中是与新药表面上完全一致的安慰剂。再次强调，这个实验的零假设是新药并不优于安慰剂。

几乎总是还要有一个要求，即受试者是“随机分配”——或“随机化”——进入实验组或对照组的。在本项减肥研究中，有人一开始的体重比其他人更重（即体重指数更高），有人则比其他人年龄更大，还有人是男性。如果实验药物在那些体重指数更高、更年轻且性别为男性的人身上效果更好，那么特意将所有这类人分配到实验组中就是令实验药物通过更容易通过检测的作弊行为了。而将人们随机分配到实验组和对照组中就可以令前述差异平均化。

与合理的实验设计有关的很重要的一点是“采样规模”必须足够大。鉴于科学家们用来分析从实验中得到的数据的数学方法的本质，一项研究中的受试者的人数越少，就越难证明实验中的一者不同于另一者（或者更好，或者更坏），就算不同确实存在。在实际上有区别的情况下错误地接受零假设并判定两者没有区别就叫作“第二类错误”。相反的错误，即在两者实际没有区别的情况下宣称区别存在，就叫作“第一类错误”。

另一方面，采样规模如果太大，从统计学角度出发，哪怕是不足以对任何人的健康或生命构成影响的细微差异都可能显得非常显著。当初韦克菲尔德在《柳叶刀》上发表他那篇今日已声名扫地的论文的时候，貌似是展示了疫苗会引起自闭症这一结果，但本应在第一时间就出现对它最有力的反对：这种事不可能仅仅通过12名儿童受试者的情况得到证明。这个采样规模太小了，无从判断观测到的结果是事实还是偶然。反过来看，大规模采样又是怎么得出误导性结论的呢？本书作者之一杰克的朋友兼导师，伟大的已故生物统计学家雅各布·科恩（Jacob Cohen）曾经写过一篇论文，其结论是身高和智商有正相关性，意思是这项研究中的研究对象个子越高，他/她的智商就越高。[19] 这个结论看来有些荒谬。科恩教授确实也在研究中指出，由于采样规模太大，所以极小的相关性都变得在统计学上很显著了。事实上，若要使一名儿童的智商成绩提高1分，必须让他再长高1英尺才行。统计数据中的这些细节对大多数读者而言并不明显，但又很不幸地常被专家评审和期刊编辑错过。总之我们能说的只有一点，12个受试者太少了，1万个又太多了，在为了验证可能性所做的统计中从这两类极端数据推出的结论很可能是错误的。

关于可靠的实验，我们在此想提到的最后一个关键特征是，这项研究必须是既可重复的又被重复过，最好还是多次重复过。这就意味着，首先实验者必须将他们工作的完整细节清晰地公布出来，包括他们如何挑选受试者，使用哪些工具来评估实验结果，以及他们如何分析数据。这些都会十分详尽地写在科学论文的研究方法部分中，就是大多数人都会跳过不看实际却是任何论文最重要一环的那个部分。研究方法必须写得能让其他实验室的实验者重做这个实验，看看是不是能得到同样的结果。而科学真正的关键点就是任何发现都必须是可重复的：能够被一次又一次地做出来。在科学领域，侥幸事件总会发生。有些情况下，它们发生的理由很清晰，与原始实验的设计方式或操作方式的某种不足有关。而在另一些情况下，始终不清楚为什么一个研究者得出了一个结果，其他做了完全相同实验的人得出的却是另一个结果。但是除非独立研究者能重复产出一个实验的结果，否则这个发现就没有价值。

现在总结一下我们对科学方法的定义，以及遵循科学方法设计的科研工作的关键要素。记住下面这一点很重要：使用这种方法并不能确保得到准确的结果。只要研究的任何一环没有正确完成，此研究就可能得出误导性甚至是错误的结果。不过基本上可以保证的是，假如没有遵循科学方法，任何探索的发现都是无用的。使用科学方法的科学家可能犯错，不使用科学方法的科学家几乎总是错的。而且科学有一个很大的优点是错误很少被重复，因为两个实验室不会犯一模一样的错。因此，一个不可重复的结果自然可以被彻底抛诸脑后。

教育人们科学方法

我们相信，学生在科学课上能学到的最有价值的知识就是懂得如何评估一个主张有没有建立在认真使用科学方法获得的证据的基础上。我们同样相信，哪怕是在小学层级的教育实践中，引入“统计推断”这个概念也是可行的。当然，这并不是说要想办法让五年级学生懂得多元线性回归分析的具体细节。但是，即便是幼童也有能力理解概率、可重复性以及可信性这类概念。给儿童和青少年学生上这类课程会比让他们背诵树叶、人体部位或化学元素的名称有意思得多。学这些不需要数学技巧——很多人（往往是错误地）宣称自己缺乏这方面的才能——只需要逻辑推理能力。采用正确的教学方式的话，科学观念就是平易近人又很有吸引力的，学生们会爱上解决科学问题。最近的一项研究显示，给予幼童——在本研究中是贫困儿童——高质量、高密度的教育干预措施，旨在对抗他们人生初期因缺乏此类干预产生的不良后果，可以提升他们成年以后的健康水平，其中包括使他们今后患肥胖症的风险降低。[20] 这项发表在《科学》上的研究的设计理念富有前瞻性，执行过程十分严谨，实验的随机化也做得很好，充分满足我们此前描述的严格遵循科学方法从事研究的各项标准。该研究显示，从儿童出生至五岁这个时期，对他们进行的教育干预会产生长期影响，包括改善他们的健康习惯。这项研究没有提到以下问题：尝试提高科学素养的教育干预，如果从低龄时期做起，是否无法对具备更强科学理解力的成年人群产生长期影响。[21] 但是关键之处应该是强调过程而非内容：科学是如何实施的，科学家如何得出结论，为什么有些事是纯粹的偶然事件，而另一些事则是可重复的天然事实。

假如老师不再告诉课堂上的孩子们他们今天要做的是把一堆石头分为火成岩、沉积岩和变质岩，而是用以下问题开始一堂课："有谁知道我们如何判断某件事是不是真的？"开场问题还可以是："人们在实验室做什么呢？"或是"我们怎么知道用在身上的药是不是真的会让我们身体变好？"五年级的科学课将变得多么有趣啊！正如谢丽尔·柯申鲍姆在美国有线电视新闻网的节目中所说的：

> 是否每个美国人都能正确回答用他/她上小学的时候必须记住的科学内容编成的突击测验题这一点并不重要。这种

> 做法难道不就是令我们中的很多人不愿接近科学的最初原因吗？重要的是我们要致力于将美国民众培养得对科学更加投入，不仅要支持科学，还要把研究和发展问题放在第一位，只有这样做才能迎接从干旱到流行病等一切21世纪的大挑战。[22]

所以，击败对复杂性的恐惧的方法就是从人们可以适应的最小年纪开始为他们提供将来理解科学方法会用到的工具。

别对我说教

使用前述方法，一位非科学界人士将如何评估一个充满政治意味、引起紧张情绪的问题呢，比如核电站是否安全、艾滋病的病因是不是HIV、电休克疗法是否导致脑损伤，以及疫苗是否引起了自闭症？这些问题中的每一个都涉及极其复杂的科学内容，而大多数人并没有准备好解决这样的难题，我们如何应对这个事实呢？

反正有一件事是不该做的，即完全依赖宣讲。这包括简单的讲座、复杂的讲座、安抚人们的讲座和吓唬人们的讲座。与其强行把信息塞给人们，不如先搞清楚他们的理解力到了什么程度、他们的目标是什么，还有他们迄今为止都被告知了什么。研究显示，相较于被动地听别人讲话的时候，人们在参与讨论的时候运用大脑的理性思维部分——前额皮质——的可能性要大得多。这时的任务是使我们试图说服的那个人积极运用前额皮质，而不是把事实灌输到对方并不专心、不知道哪一部分被激活了的大脑中。很简单就能看到一个消极被动、并不投入的人是多么轻易屈从于大脑中较为原始的系统，那个运转起来省力得多而且会做出冲动、情绪化判断的脑区。事实上，通过训练某人去做心理学被称为执行任务*——这种能力与计划并执行需要逻辑推理的复杂操作有关——的事情增加背外侧前额皮质的活动是可行的。[23] 这种训练似乎还能减少杏仁核对情绪刺激的回应。我们不是在鼓吹一种只有理性没有情感的人类感知模式，不过毫无疑问，如果我们想具备以证据为依托的健康类决策能力，那么更勤奋地思考复杂问题，同时更不理会饱含感情色彩的口号是有必要的。对低龄儿童持续传授这种方法将大大简化向普罗大众讲解科学数据的整个过程，还将帮助成年人在做健康类决策的过程中降低意志力损耗和对经验法则的依赖。

激励大脑接受改变

神经科学家们还告诉我们，要改变某个人对任何问题的观点都是很难的，部分原因是保持一种观点可以激活大脑的快感中枢，而改变观点则会令大脑与焦虑甚至厌恶有关的区域兴奋起来。剑桥大学和伦敦大学学院的余和同事们令受试者们参与一项赌博任务，同时用功能性磁共振成像测量后者的大脑区域活动情况。[24] 在赌博游戏中，参与者输掉一把之后，有机会坚持之前的选择或是转而采取新选择。研究者发现，坚持不变会激活一个名叫腹侧纹状体（ventral striatum）的脑区，而改变立场则会激活岛叶。腹侧纹状体包括前文提到过的名叫伏隔核的脑部结构，是大脑快感反应的中心。这个区域是时常被酒精

* 执行任务（executive task）在这里指执行功能（executive function），执行功能是发展心理学概念，指对个体的意识与行为进行监督和控制的各种操作过程。

和海洛因这类成瘾性物质刺激的脑区之一，而且会在动物和人类感到快乐时被激活。直接用电极刺激动物的腹侧纹状体，动物就会产生与快感有关的反应。与之相反的是，岛叶则会在某人感到紧张、受到惊吓或看到令人恶心的图片时被激活。余和同事们还在实验中发现，某人如果在改变选择之后输了，他的感觉会比坚持不变又输一次的情况下更糟糕。所以改变观念与恐惧有联系，如果我们想要使人们的思想从熟悉、简单的错误立场转变为更复杂也更科学的立场，那么这正是我们需要克服的难题。

此外，前述这两个脑区的活动还能调节一个人的心情如何影响他 / 她做出改变的意愿和能力。K. M. 阿尔莱和亚利桑那大学心理学系的同事们在一场最后通牒博弈实验——一种用来揭示人们如何进行选择的经济学实验——之中观察到，情绪低落的受试者比不喜不悲的受试者拒绝不公平的金钱分配方案的次数更多，而且这些情绪低落的人有如下脑部活动：岛叶的活动增多，而腹侧纹状体的活动减少。[25]当然，拒绝不公平的金钱分配方案是一种积极结果，所以有人会说在这种情况下，悲伤情绪是有保护作用的。但是这个重要实验的重点在于，悲伤的人对改变现状感到抗拒，而这一点反映在了特定脑区的活动情况中。每件事在他们眼中都不合心意（前岛叶活动体现了这一点），也不能令他们感到愉悦（腹侧纹状体活动体现了这一点）。焦虑的人也有类似表现，他们接受不了接触到的新证据，因此拒绝更新自己对事物真相的看法。[26]这里我们得到的信息是，为了抵消上述效应，我们传达的信息必须有刺激性、积极乐观，被设计成可以刺激腹侧纹状体而非岛叶的形式。如果这些信息能避免引起焦虑和恐惧心理就最好了。其实，判断各种科普类交流方法有效性如何的实验或许应当同时用功能性磁共振成像观察受试者的脑部活动。应该把那些最能激活腹侧纹状体而又对前岛叶刺激最小的交流方法挑选出来做进一步测试，因为它们更可能发挥作用。

一种引导人们将科学事实与虚构内容区分开来的模式是心理健康方面的专业人士采用的一种技术，被称为动机式访谈法。这种方法在此前章节中提到过，临床医生发现此法对帮助人们养成健康行为习惯特别有效，例如停止过量饮酒或坚持按规律服用糖尿病药物。临床医生没有命令病人禁止饮酒或按时服药，而是尝试通过与病人共同评估后者希望实现的目标来激励他们做这些事。某个酗酒的病人一开始可能坚持说他不想停止饮酒，但也同意自己不想再因为酒驾被捕。而糖尿病人一开始则会说按时吃药太麻烦了，再说他也不觉得自己有哪里不舒服，不过或许会表达出希望今后一些年不要心脏病发作的愿望。访谈人员可以首先明确病人有什么样的目标，再与对方合作确定如何实现这些目标。

以类似的方式，解决复杂问题的办法之一或许是从确立具体个人怀有的目标和价值观开始。在某些情况下，比如临床医生与一位病人讨论疫苗、电休克疗法或抗生素的使用问题的时候，这项工作可以在个人对个人、面对面交流的基础上完成。在其他情况下，比如讨论核电站或转基因生物的决策问题时，设计能够吸引大多数人投入进来的公共卫生政策就很有必要了。我们试图在本书中解决某些议题，以下是我们为其中部分议题列出的目标，相信无论大多数读者对具体议题站在哪个立场上，都会同意这些目标应当实现：

1. 疫苗：我想确保我的孩子得到了针对可预防传染病的最大限度的保护，我希望我周围社区中的孩子也得到了同样的保护。

2. 抗生素：我只想得到对我或我的家人可能患有的疾病已知具有

疗效的药物，而且我不想要对健康弊大于利的药物。

3. 电休克疗法：假如某人的严重抑郁已经到了生命受到威胁的程度，因为他不吃东西或想要自杀，那么我想他应该接受最有可能降低抑郁程度的疗法，只要这样做不会产生不可逆的严重负面效果。

4. 转基因食物：虽然这种技术已经投入使用几十年了，但我对它并不熟悉，这是一种我将始终抱着谨慎甚至怀疑的态度去看待的事物。我需要有人用我能理解的语言来说服我相信它是安全的。我同意帮助世界各地的饥民缓解饥荒是值得努力的目标，但不能以危害我家人的健康为代价。

5. 核能：我们需要更廉价也更清洁的能源，它不应污染空气或加剧全球变暖问题。

6. 作为艾滋病病因的 HIV：艾滋病是一种可怕的疾病，知道它的病因很重要，这样才能发明有效的疗法。问题在于科学家是如何确定一种疾病的病因的，还有他们是否真的已经找到了艾滋病的病因。

7. 持有枪支：我想保护我的家和家人免受任何想要伤害我们的人或事物的威胁，包括使用武力闯入我家的人。但我也不允许家里放着可能伤害我自己或我家人的东西。

8. 巴氏消毒：我的家人吃喝的食物营养价值应较高，同时传染疾病或造成其他健康问题的风险应较低，这对我而言很重要。

以上述条件为前提，访谈流程是按照苏格拉底的方针制订的，在整个过程中，访谈者每个步骤都要评估访谈对象对话题有多少了解、听说过什么，以及对方想知道的内容。我们以第一个话题，即疫苗问题为例来展示一下。首先，我们要描述一个本意很好但恐怕不会奏效的例子。萨姆·王（音译，Sam Wang）是普林斯顿大学的神经科学家，他专攻的领域是寻找自闭症的病因。他 2014 年 3 月 29 日在《纽约时报》发表的标题为《如何思考自闭症的风险》的专栏文章写得很清晰，信息量很足，也很有说服力。他催促我们采用一种叫作“风险比例”的数据测量方式来思考，他说这是“一种我们熟悉的概念”。风险比例越高，风险就越高。他指出，疫苗和自闭症的风险比例低于 1.0，意思是疫苗引起自闭症的风险绝对不存在。而另一方面，选择性剖宫产引起自闭症的风险比例是 1.9，意思是经剖宫产出生的人比经顺产出生的人患自闭症的概率高了几乎两倍。他引用了另外一些因素的风险比例，有的因素的风险比例相对更高；他还指出了如下事实：

> 人类基因组中零散地分布着数以百计的自闭症风险基因。单独来看，每一个基因通常都是无害的，还对人体正常功能有着必不可少的作用。这就说明，自闭症是若干基因共同作用的结果。把多个基因的组合想象成打扑克，再把患上自闭症想成某一手牌的花色决定的就行了。新的突变在整个人生中也可能出现，或许导致若受孕时父亲年龄偏大则生下自闭症患儿的风险稍有提高这一后果。

这里存在的问题是，王的文章充满了导致自闭症的基因和环境因素这方面的信息。我们被告知风险基因数以百计，这个概念对于非专业人士并不是立刻就有直觉反应的。大多数人都听说过基因能致病，比如亨廷顿舞蹈症；可是“多个风险基因若非以特定方式组合就可以说是正常的”这种概念，尽管在生物学上好像说得通，却很难掌握。除此之外，文章还提供了一大堆自闭症病因的其他风险比例，包括早先提到的剖宫产风险，外加：空气污染，缺乏社交刺激，出生时小脑有损伤，母亲在孕前或孕期压力过大。王总结道："每当读到或看到新闻报道的时候，要记住吓人的报道并不总是表面上这个样子。就这一点而言，看一看实打实的数据可以帮助家长们保持头脑冷静。"[27]

可是事实上，王的文章很吓人。王并没有抓着疫苗导致自闭症这个假观点不放，倒是告诉家长们，他们体内有数以百计的基因可能导致孩子得自闭症，而且可能还有其他原因：母亲在孕期感到焦虑，或选择剖宫产。在自闭症患儿的父母眼里，压力和剖宫产如何导致自闭症或许并不比多个基因合并作用理论更好理解。王的本意是写文章给一般大众看，而且实际上《纽约时报》的读者的受教育程度可能还高于平均水平。可他的解释听上去很复杂，要说明白这些解释又需要一大堆别的解释。基因通过相互作用导致某种疾病的方式是一种十分复杂的过程。母体压力改变胚胎脑部发育的机制也是一样。再次强调，一位消极被动的读者也许会轻易站到情感上更容易接受的立场那一边，即疫苗中的一种有毒物质硫柳汞导致了自闭症。某种有毒物质进入了我们的身体，从而导致某个严重的问题，这种思路相比以下说法更容易掌握：我们体内早已存在的多个基因以神秘的方式相互作用，从而造成了有害结果。

我们在此无意批评王的文章，那篇文章真诚地试图解释为什么自闭症的疫苗致病说是毫无根据的。他非常努力地向非科学界人士解释为什么真实情况是这样的，我们要为他以及每一位这样真诚努力过的科学家鼓掌。王从未瞧不起他的读者，或是暗示我们不够聪明，理解不了他在说什么。然而，我们要强调的一点是，必须始终先去理解受众的心理状态。假如读者的心态是紧张关切又害怕，比如许多想确定给自家孩子接种疫苗有没有问题的家长就是如此，用多个新事实代替错误信息并不能保证改变他们的想法。首先要做好的基础工作是令读者怀着平静且乐于接受的心情，对接纳新观点保持开放态度。我们相信采纳动机式访谈法技术是实现这一目标的一个途径，应当对它在这种情景中的应用进行研究。

从正确的地方起步

使用动机式访谈法的关键在于将人们从科学信息的消极聆听者转变为科学讨论的活跃参与者。前文中提到过福尔克和利伯曼的一篇研究综述，关于表达种族偏见时的脑部活动的研究。文中指出，与偏见有关的杏仁核激活反应“当要求受试者口头表达看到的图像属于哪个特定种族时，就消失了，而且右侧（腹外侧前额皮质）的活动量增加与杏仁核的活动减少有关”。[28] 简而言之，将我们的偏见大声说出来需要使用我们负责执行的脑区，同时减少了恐惧。这是做出更有理性、更少偏见的回应的第一步。动机式访谈法提高科学素养的办法从访谈对象（可能是多人）发现自己在访谈开始时处于的那个水平上开始，一旦访谈对象准备好了，访谈的复杂程度就可以提高。这里有一个具体如何操作的案例：

> 儿科医生办公室的一位护士正在和一位新来诊所的母亲讨论给她两岁大的孩子接种麻腮风三联疫苗的问题。护士已经确立了最初的前提，即琼斯女士显然不想让她儿子道格拉斯染上某种可以预防的危险疾病，而且她以自己身为一个希望每个孩子都能得到最大利益的好公民为荣。
>
> 安东尼护士用这个问题开始对话：“关于疫苗安全这个

问题，你听说过什么？”

“我听说过很多非常让人担心的事。”琼斯女士答道，“我好多次听说疫苗会引起自闭症，还有别的神经方面的问题。我还读到过这种说法：像我们现在这样给孩子接种这么多疫苗会给幼儿的免疫系统太大压力，而且会在他们长大以后造成严重后果。”

“让我们从疫苗引起自闭症这个说法开始聊吧。你目前对这种主张的依据知道多少呢？”

“自从他们开始为了保存疫苗而在里面加入汞，自闭症发病率就越来越高了。”

“这个，你说对了一点儿，近年来自闭症在世界某些地方以值得警惕的速度迅速增多。但是你也知道，在疫苗被加入汞以前，就有孩子得自闭症了，所以这不可能是唯一的病因。”

“对，但它解释了发病率上升啊。”

“要是知道下面这件事，你会不会改变想法呢？大部分疫苗不再含有汞了，但自闭症发病率仍在持续上升。”

“我以前不知道这个，但是那就很难解释为什么疫苗里没有汞了，自闭症发病率还是在上升。”

随着这段对话的进行，琼斯女士变得越来越投入。她积极参与到对话中，而且话题每深入一步，安东尼都能用更复杂一点儿的方式来解释各种事情。最后他甚至能用相当复杂的说法向琼斯女士解释以下这些事：疫苗作为自闭症病因的主张在生物学上是不可能的；把两个事物之间的关联性或相关性理解为因果关系的思维是很危险的；[29] 还有疫苗的作用方式是用高度特异的方式刺激人体免疫系统中极小的一部分。还要注意一点，安东尼在询问琼斯女士她需要什么信息来做决定时，他问的是“知道大部分疫苗不再含有汞了”这件事会不会改变她的想法。这里的一个重要特色是将访谈对象掌握的证据水平扎根在任何话题上，甚至要将他如何着手收集信息也扎根下去。例如，这样提问：“无论如何，关于疫苗的安全性，需要怎样做才能使你信服呢？这样说吧，有个人告诉你，研究显示，疫苗和自闭症之间存在联系。这话很有说服力吗？这个人必须具备什么资质呢？你想不想从不止一个人口中听到同样的说法？”还有一点也很重要，就是询问访谈对象假如她的决定错了，那么她认为会发生什么。“现在，”安东尼护士也许会这样问，“你说你认为疫苗会伤害你的孩子，你在考虑援引哲学豁免法则*不给他接种疫苗。就这一会儿，假设你错了，疫苗与自闭症其实没有任何关系。那么，之后会发生什么呢？你这个决定的后果是什么呢？”

我们描述的这个场景当然存在种种问题。首先，即便是在面对面交流的情况下，医务工作者通常能够花费在每一位病人身上的时间往往也不足以说服对方。其次，鉴于我们假设儿科医生肯定没时间进行如此冗长的对话，于是把访谈任务布置给了一名护士。可护士也是十分忙碌的医务工作者，恐怕也没有时间与病人长时间面谈。再次，在我们现行的这种往往起反作用的医疗保健类资金使用制度下，医生或护士花时间说服某人给孩子接种疫苗所耗费的金钱成本肯定不可能得到报销。最后，这种方法显然不是适用于大众医疗的解决之道。需要投入创造力，大概还有全新的洞察力，才能将动机式访谈法模式转变为某

* 哲学豁免（philosophical exemption）法则是指在美国各州法律的相关规定中允许幼儿不接种疫苗的豁免法则，详见第六章第一节。

种能够在大规模人群中实现的做法。但是，新的技术手段，特别是社交媒体经过设计可能完成这样的任务，这种可能性自然也是存在的。

我们还想补充一点，我们对疫苗相关咨询的落实缺乏资金这一现象深感悲痛。凯瑟琳·圣路易斯最近发表的一篇精彩的专栏文章引用了埃默里大学流行病学家萨阿德·奥默的话："在那些'相当大的一部分时间被疫苗问题占据'的地方，医生们所做的疫苗咨询工作应该单独收费。"[30] 每当有人想到一个改善大众健康状况的好主意，就会响起"保险又不会为此付钱"的魔咒，也许是时候挑战它了。毕竟，花费一些医保公司的钱财来防止有人不必要地死于某些我们掌握了疫苗的疾病，难道不值得吗？

最重要的是，我们建议的方法用"积极投入"和"只在参与者逐步投入到话题中时才讨论复杂知识"代替了"消极聆听"。这并不能保证在任何个案中都得到接受科学解决方式的结果，但是，这种方法本身是可以检验的。可以设计实验来裁定在说服人们接受科学方法的成果方面，动机式访谈法是否优于演说宣讲法。

"请访问我的网站，多谢!!! "

我们已经花费了大量时间讨论学术文章，以及如何判断一篇文章是否可靠。但是在如今这个时代，更常见的情况是，我们会从互联网上获取信息。所以，我们如何知道一个网站是否可靠呢？这并没有绝对的法则，因为网上发布的内容与已经过同行评议的科学论文为代表的出版物相比，相对自由得多，也不成熟得多。尽管如此，我们还是提供了几条指南，下次你搜索一个争议性很强、令人困惑的科学议题的信息时可能用得上。

1. 拼写和语法：明显的错误相对容易发现，而且你们中的多数人大概都不会信任在这方面犯太多错误的网站。不过仍然值得重申，如果一个网站文章写得很差，错误百出，它很可能不是一个可靠的信息源。唯一的例外是这个网站来自国外，而且／或者是从外语翻译成英文的。

2. 域名：有“.edu”和“.gov”这两种域名的网站通常是科学信息的可信来源。怀有疑虑的时候最好寻找带有上述域名的消息源，它们是最保险的。当然，也不是说其他域名，如“.com”“.org”“.net”等就一定不可信——远非如此。但是，要是你真的置身于困境中，无比艰难地分辨一场科学争议中出现的概念都是什么意思，那你最好试试看搜索带“.edu”和“.gov”域名的网站，在上面寻找可信的解释。

3. 信息源：留意网站上的文章或信息引用的是哪种信息源。它们是否根本没有引用任何来源就发布了很多主张？除非这是一个纯粹而清晰地只表达意见的网站，否则一般是不好的迹象。如果它们有引用的信息源，尽量对此做些研究。它们引用的是什么信息源？是否只是贴出了与这个网站非常相似的其他网站的链接，而那些网站也没有信息源列表？或者它们带给你一大批经过同行评议的科学期刊论文？还要留心引用的材料是什么时候发表的。科学的发展是非常迅速的，假如一个网站总是在引用很多年以前的信息，这就很能说明它不是一个可靠的信息源。

4. 设计：这一点当然主观性很强，但是一般而言，可靠的网站看起来很专业，也给人很专业的感觉。它们大多设计得比较好（虽然预算紧张的政府机关网站也许不怎么精美）。至少这类网站应该有个整洁的外观，各个版块布置得井井有条。杂乱无章、过度使用感叹号、多种颜色的大号字体、视觉设计图片，这些都是证明这不是一个可靠网站的有力证据。

5. 作者信息：当网站上的资料带有作者姓名时，花点儿时间研究此人。这个人是如何存在于网络上的？用谷歌快速搜索一下，跳出了 37 份他 / 她签名的反转基因生物请愿书，还有一张他 / 她在反转基因生物集会上的照片？或者出现的是一个专业网站，内容是你产生疑惑的这个领域的专家意见？这种方式既重要又快捷，可以衡量该网站是否企图引导你产生特定方向的偏见；更重要的是，可以确定网站的信息是否准确而权威。

现在，让我们做个小练习。看一遍图 6，合上书，能写下多少危险信号就写多少。

你的练习做得怎么样了？我们数出了至少 5 个危险信号：视觉设计图片（尤其是那张身上扎着很多注射器的婴儿图片），多种颜色和多种随机加粗、空格的字体，杂乱、使用不当的感叹语句（“天花警报！”），以及你从本书配图中看不出来的使人分心的动态图片。因为这个网站主页上的很多元素其实都是会动的闪光图片。现在把这个主页与图 7 中的主页比较一下。

图 7 是美国疾病预防控制中心关于疫苗和免疫的主页。是的，这或许不是你见过的最美观的网站，但它简洁有序，字体、加粗和色彩的使用有一致性。页面上没有发光图片或使人分心的感叹号。这是一家我们可以信赖的网站。尽管我们刚才提供的这几条指南不是万无一失的，不过它们应该能帮助你评估任意一个网站上的说法是否可信。即使网站引用了 100 篇科学类文章，还是要关注设计和图像方面能帮助你区分真实信息与错误信息——假如不是伪造信息的话——的小细节。

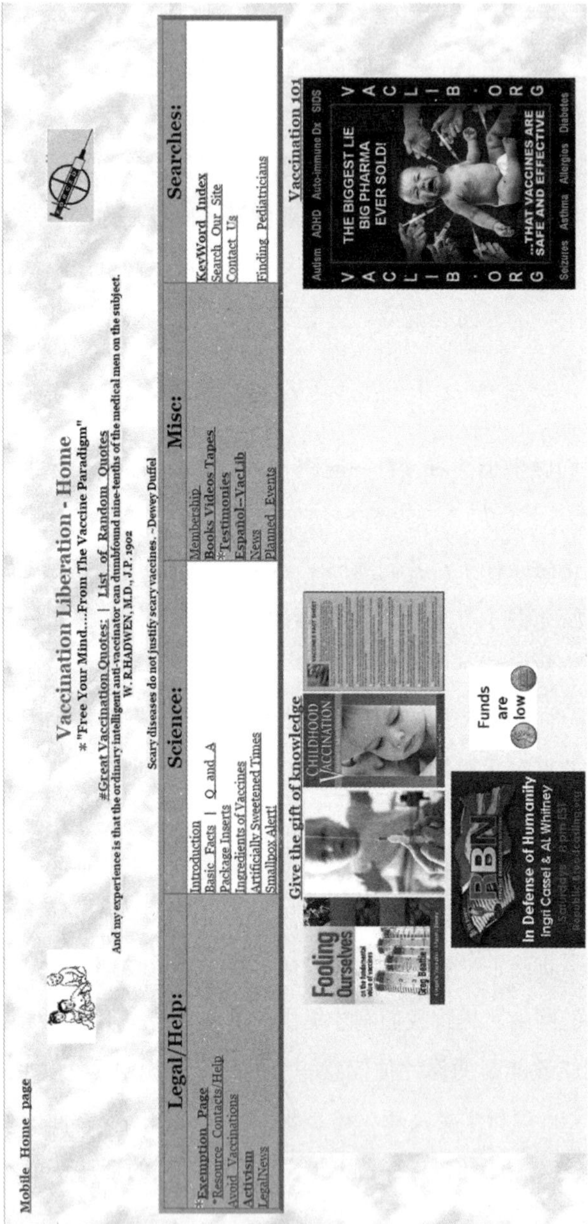

图 6 疫苗自由群体主页（http://www.vaclib.org）

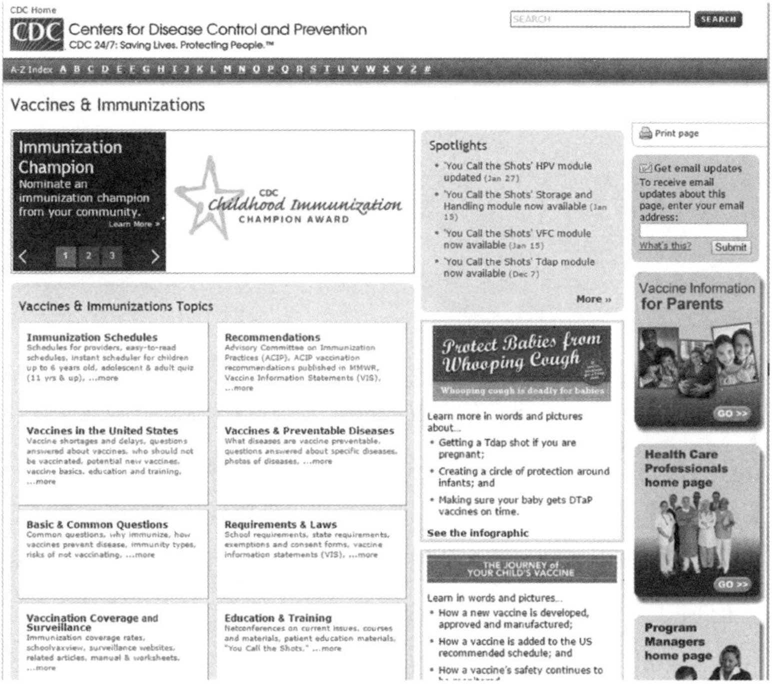

图 7　美国疾病预防控制中心疫苗和免疫主页（http://www.cdc.gov/vaccines）

我们要在科学界已经确立的认识和非科学界人士知道的科学进展——或者他们以为自己知道的科学进展——之间架起桥梁，填补两者之间的鸿沟，这显然是当务之急。这道鸿沟有时看似无比巨大，不可能让里面的水分开，不可能让知识遍及整个人群。如果聪明人以为解决办法是恐吓、嘲笑或轻视我们的话，那么这项工程就完成不了。我们需要一种实验性方法来转化科学知识，这种方法必须遵循当初获得这项科学知识的时候所涉及的一切科学准则。

第六章　接受风险与可能性

每天早上你照常淋浴的时候，都有 1‰的概率摔倒，以至于受重伤，甚至死亡。你的第一反应或许是认为你每次走进浴室时摔倒并受重伤的概率是 1‰，因此没什么可担心的。这或许是因为你想起了在基础统计学课上学到的著名的抛硬币规则：因为每次抛硬币是一个独立事件，所以每次你都有 50% 的概率得到正面。但是在上面这个例子中，你想错了。在浴室里摔倒的真实概率具有可加性。这在统计学里称为“大数定律”。只要你做某事的次数足够多，即使是小概率事件也会发生。因此，只要你淋浴了 1 000 次，就几乎肯定会受重伤——对于一个每天淋浴的人来说就是每三年会受伤一次。当然，摔得很重的情况并不常见，因为还有各种干扰因素存在。尽管如此，根据疾病预防控制中心的数据，2008 年在美国 15 岁以上的人群中，在浴缸、淋浴间、马桶和水槽附近约发生了 234 094 起非致命伤害事故。[1]

2009 年，美国一共发生了 1 080 万起交通事故，而道路交通事故死亡人数则有 3.59 万人。[2] 据疾病预防控制中心估算，每个人一生中有 1% 的概率死于交通事故，有 20% 的概率死于心脏病。但是，这些事实没对我们的行为带来多大改变。我们淋浴的时候采取的防范措施并不多（甚至根本没有）。每当我们坐进车里，就会发短信、吃东西、打电话，昏昏沉沉地开车，对我们将自己（以及他人）实实在在置于危险境地中这件事毫不在意。而且我们还总在吃麦当劳、吸烟，对这些行为最终将给我们的健康带来极端而致命的影响这个事实不管不顾。

另一方面，百日咳—白喉—破伤风（百白破）疫苗致死的风险大小经过验证的结果则是 0。而白喉的死亡率是 5%，破伤风的死亡率是极高的 20%。[3] 然而我们却在见证各个发达国家选择给儿女接种疫苗的父母人数出现了史无前例的下滑。有 25% 的美国家长仍然相信疫苗引起了自闭症，尽管这一理论已经被彻底戳穿了。[4] 现在美国有 21 个州允许那些基于个人、道德或其他信念方面的原因拒绝接种疫苗的人援引“哲学豁免”法则。近年来，哲学豁免的发生率提高了，幼童的疫苗接种率降低了，由此导致的儿童传染病暴发在加利福尼亚州和华盛顿州都有发生。在加州，父母寻求哲学豁免的比例从 1996 年的 0.5% 提高到了 2007 年的 1.5%。还是在加州，2008—2010 年，有 20 个以上特意不接种疫苗儿童的幼儿园数量几乎翻倍：从 2008 年的 1 937 所增加到了 2010 年的 3 675 所。[5] 上述事实促使加州于近期取消了哲学豁免选择，虽然这一法律修正值得欢迎，但仍不清楚那些曾在豁免法则失效前利用过它的加州父母们的态度是否同时也发生了转变。疫苗接种率在全欧洲也有所下降，[6] 导致在法国、西班牙、意大利、德国、瑞士、罗马尼亚、比利时、丹麦和土耳其都暴发了麻疹和风疹。2013 年，一场毁灭性的 1 000 例麻疹大暴发在威尔士的斯旺西发生，原因可以追溯至家长对疫苗的恐惧，而这又是直接由安德鲁·韦克菲尔德 1998 年发表的那篇（错误地）主张疫苗导致自闭症的论文造成的。[7]

别让数据挡了你的道？

类似的动态变化可以在与枪支有关的大众风险意识中看到。实际上，人一生中死于持枪袭击的概率据估算为 1/325。害怕持枪入侵者是人们决定在自家存放枪支的首要原因。还记得我们在第三章讨论过的拥枪机构哈特兰研究所发的那个描绘一位女演员宣称要为了自我保护而持有枪支的那个帖子吗？一位著名女演员信心满满地对我们说，她有一把枪，而且会用它保护孩子们免受武装闯入者的伤害。可是一把放在家里的枪更有可能杀死屋子的居住者而不是入侵者，这是一个无可争议的事实。[8] 2003 年，当时供职于加州大学洛杉矶分校，现在供职于宾夕法尼亚大学的道格拉斯·维贝报告称，两项大型研究的结果清楚地显示，在家中存放枪支增加了被谋杀或自杀的概率。[9] 数年后，维贝的研究团队发现，拥有一把枪使某人在袭击中被枪击的可能性相对于没有枪的人提高了四倍。[10] 因此，就算想用枪自卫，更可能发生的仍然是枪支的主人被害，而不是袭击者受到了制止。哈佛大学的戴维·海明威指出，“在三项由哈佛伤害控制研究中心赞助的全国自卫用枪调查报告中，没有一例用枪支保护 14 岁以下儿童的个案”。[11] 凯勒曼和默西对 1976—1987 年的遭谋杀女性案例做了分析，发现其中半数是被认识的人或自己的丈夫所杀，只有 13% 是被陌生人杀害的。[12] 尽管也许真的有某个有枪的人用它平安保护自己免遭袭击者伤害，但这显然是个例外。就像也许也有一些车祸中的驾车人因为没系安全带而活了下来——假如此人系了安全带倒可能没命——但是没人会否认系安全带令我们更安全这个清晰的事实。据美国儿科学会称：“不让家中和社区里出现枪支是预防儿童和青少年自杀、谋杀以及误伤最有效的措施。”[13]总的来说，持有枪支使人更不安全了。尽管上述这些无可辩驳的事实明明存在，但据慎重而客观的科学研究统计，约有37%的美国人为了自我保护而在家中存放枪支。[14]

所以，为什么我们忽视了与每天都发生的活动——如淋浴和驾驶——联系在一起的风险，却不停地为小到近乎不存在的可能性——如我们的孩子对疫苗有不良反应或闯入者冲进我们家里开枪把我们打死——而忧心忡忡呢？我们认为，答案就隐藏在人类心理对风险的感知中。对疫苗和枪支的忧虑都包括两种被误导了的风险估算：否定真正的风险，同时又认同虚假、非现实或是极小的风险。在疫苗这个例子中，拒绝给自家孩子接种疫苗的家长们既否认了真正存在的恐怖传染病的风险——这些疾病曾是让无数孩子夭折的罪魁祸首，又相信在神经学上概率近乎为零的疫苗损伤或致死风险确实存在。而在枪支这个例子中，持枪人士不承认在存放枪支的家庭中伴生的自杀或被家庭成员杀死的累计风险，同时夸大了在武装袭击中被杀死的极小风险。我们通过这两个事例产生的想法是，当涉及健康问题时，人们无法容忍由感觉上控制不了的危害产生的风险，却可以心满意足地接受觉得在自己控制之下的风险，即使这两种感觉是不准确的。举例来说，每个驾驶者都认为他或她是安全驾驶的司机，对公路上发生的一切有绝对控制力。可事实上，有90%的司机认为自己的驾驶技术高于平均水平，从统计上看，这自然几乎是不可能的。[15]基本上是以同样的方式，许多拥有枪支的人似乎很有自信地认为他们家里没有人会自杀，或者一时暴怒到把枪口对准自己或别人的地步。他们也许觉得，那种事只会在别人家里发生。这种尤其危险的生命健康方面的误解落入了我们称为“不可控风险”的心理学范畴。我们并不亲自生产疫苗，是别人生产的，而由于疫苗生产商在我们的直接控制范围之外，我们就认为他们可能出点儿什么错。在本章中，我们将探索以下问题：为什么很多在统计学上近乎不可能的风险看上去与我们关系更紧密，胜过那些在统计学上很可能发生的风险。我们首先将概括介绍经典的风险感知理论，讨论我们错误感知可能性的部分原因，审视部分影响风险感知的经验法则和偏见，最后像平时一样建议读者在生活中以证据为指示，以此作为总结。

我们并不总能看出什么是有风险的

有几条核心原因与我们的思维方式、处理信息的方式有关，还与经常犯认知方面的错误这件事有关，它们可以解释我们为什么如此频繁地对风险产生误判。第一条是人们对可能性的理解往往很糟糕。就连认真学过统计学的人在理解风险可能性的时候都经常出问题，尤其是带有感情色彩的场合，譬如决定是否给自己的孩子接种疫苗的时候。另外，可能性以何种形式表现出来在很多方面都决定着人们对风险的相关性和规模的理解。对风险的感知尤其容易根据风险的类型发生改变（短期的对比长期的，个人层面的对比整体人群的，等等），所以我们的估算并不总是纯粹建立在与风险实际发生的可能性有关的量化角度上。最后，对风险的感知在根本上是一种社会现象，而且对群体动力学与社会暗示极度敏感。因此，人群中的风险感知往往与个人对风险的感知有差异。所有这些与风险有关的特征以及我们处理风险的方式都能引导我们朝错误的道路上走下去，使我们误解特定行动的后果，有时还会令我们做出错误决定。正如诺贝尔奖得主丹尼尔·卡尼曼所言：“当人们按照要求对可能性做出判断时，他们实际上是对其他的事情做了判断，并且认为自己已经完成了判断可能性的任务。”[16]

早年对风险感知的研究假定人们以“理性”的方式评估风险，以科学家的方式（或者至少应该以这种方式）在做决定之前权衡相关信息。这种方法假定，只要给人们提供更多信息，他们对风险的感知就会发生变化。后续的研究证明，单纯提供更多信息并不能缓解人们不理性的恐惧，或是打消人们对什么是真正的风险产生的古怪念头。心理学家保罗·斯洛维克支持一种从心理学角度研究风险感知理论的方法，它考察的是人们发明出来理解自身周围环境中风险规模的特定经验法则（即人们用来解决困难问题的简单方法）以及偏见。

1987 年，斯洛维克在《科学》发表了一篇综述，总结了导致一般大众评估风险时表现得自相矛盾的各种社会与文化因素。[17] 斯洛维克强调，专家和外行看待风险的视角在本质上有所不同。专家用量化分析发病率和致死率的方式评判风险，而大多数人对风险的感知远比这复杂，涉及无数种心理学和认知过程。斯洛维克的综述证明，我们对风险的评估存在复杂性。正如我们之前提到的，无论把多少数据塞给人们，大家还是认为只有自己不能控制的因素才能伤害我们。这说起来有点儿像某个小孩子，他觉得只要躺在床上闭着眼睛，怪物们就再也抓不到他了。你不可能通过告诉孩子美国境内怪物的密集程度或者每个州的怪物袭击情况来说服他相信怪物并不存在，或者闭上眼睛不是抵御攻击的办法。这或许就是科学家会采用的方法。而更好的方法，也是我们稍后会介绍的方法，是孩子十分信任的慈爱的家长所说的话，家长能安抚孩子，让他相信怪物是进不来屋子的。

大概比定量分析我们对各种风险的反应更重要的是识别引导我们对风险做出特定评估的定性特征。斯洛维克出色地总结了几个能导致我们对特定活动是否有风险做出判断的关键定性特征。除了对自我感觉无法控制的风险难以容忍，我们还不能忍受可能造成灾难的风险、有致死后果的风险，或者自己所在的人群承担风险而好处却被别的人群拿走。斯洛维克指出，核武器和核电站高度满足上述全部特征，即：（1）我们不能控制发生在核电站里的事情；（2）假如真的发生与核能相关的事故，那将是致命的；（3）我们总有办法发电的，所以从核电站得到电力这种做法怎么值得冒险尝试呢？一位流行病学家或许会这样反驳：首先，毁灭性的核事故是很罕见的（我们隔了几十年也只听说过切尔诺贝利和福岛这两起可怕事故）；其次，当代核电站里有保护措施；最后，万一发生事故，后果也不太可能导致大规模人员伤亡（诚然，核电站仍然会带来一系列安全隐患，但这是加快研究如何提高核电站安全水平的好理由，而不是彻底禁止它们存在的理由）。如果有气象学家在场，也许会进一步指出，我们现在获取电力的方式正在毁灭整个环境，最终将导致各种各样的重大灾难，比如两极冰盖融化，北极熊被围困在浮冰上，洪水将毁坏财物，夺走人命。事实上，全球变暖已经制造了越来越多的灾难性风暴，如飓风“桑迪”和台风“海燕”，导致了比核电站在人类想象中所能制造的最大事故还要严重得多的损失。而且尽管这乍一看有些反直觉，但从健康的角度看，核能发电显然比燃煤、石油以及燃气发电更安全，而后几者正是我们现在用来制造大部分电力的途径。[18]

但是对一名非科学界人士而言，核事故的数据与全球变暖的警告似乎都太遥远了，也缺乏个人感情色彩。核电站爆炸并杀死方圆 1 000 英里以内的每个人在某种程度上更容易理解，也因此更令人害怕。

同样难以承受的是未知的、全新的、害处不会一时间显现出来的风险。这些要素似乎正是化学技术的特征。一种危险在这几个要素上得分越高，它能令人感知到的风险就越大，想看到这种风险被降低的人也就越多。

斯洛维克的分析花了很长篇幅解释我们为什么长期对核能怀有极大的恐惧，而相比之下对驾驶汽车并不害怕，尽管后者导致的死亡比前者多得多。我们对驾驶的风险似乎很熟悉了，也认为它是可知的。而且媒体对汽车事故的报道力度也低得多，何况这类报道从来不会描述一场车祸会导致怎样的未来或未知事件。车祸不会产生放射性“辐射”。另一方面，核能代表着一种未知风险，人们由于相对缺乏信息而不能自如地分析它。核事故吸引了媒体的广泛关注，媒体还会对核电站未来可能带来的巨大灾难发出警告。一种被称为“辐射”的神秘事物能够在具体事故发生之后很多年产生危害。当一辆车撞上另一辆车的时候，车里的人一头撞破挡风玻璃，这档子事是很容易懂的，但大多数人并不真的知道辐射是什么。原子核衰变释放出有致癌作用的亚原子微粒是怎么回事？在这种情况下，一种相对低的风险（核能）实际上引起了比另一种风险更高的活动（驾驶汽车）大得多的恐慌。这是一种无处不在的人性特征：高估很小的可能性（这正是人们即便实际上没有什么机会中奖还总去买彩票的原因），低估很大的可能性（是这个特征令我们漫不经心地摄入自己消耗不了的过多热量）。或许更加令人震惊的是，最近有研究发现，恒河猴的风险感知失调倾向和我们人类的完全一致。[19] 此研究的几位作者提出，这一发现展示了一种在进化中保留下来的误判可能性的偏见，其源头可以追溯至我们数百万年前的非人类原始祖先。

从专业角度看，心理学家、行为经济学家以及神经科学家把人们高估小的可能性而低估大的可能性的倾向称为“非线性可能性估算”

（nonlinear estimation of probability）。如果我们画一张坐标图（见图 8），用纵轴（y 轴）表示估算的风险大小，用横轴（x 轴）表示实际的风险大小，那么绝对理性的结果（经济学家们称之为“功利主义”）应当是一条斜率为 1 的对角直线。即某件坏事实际发生的概率越大，我们对这一风险的感知就越强。因为这种理想结果在我们的坐标图上表现为一条直线，所以它叫作线性响应。事实上，无数实验证明，现实生活中的情况在这张坐标图中的反映是非线性的：横轴左半区的低可能性风险引起的风险感知比预期中要高，而横轴右半区的高可能性风险却有着出乎预料的低风险感知（见图 9）。

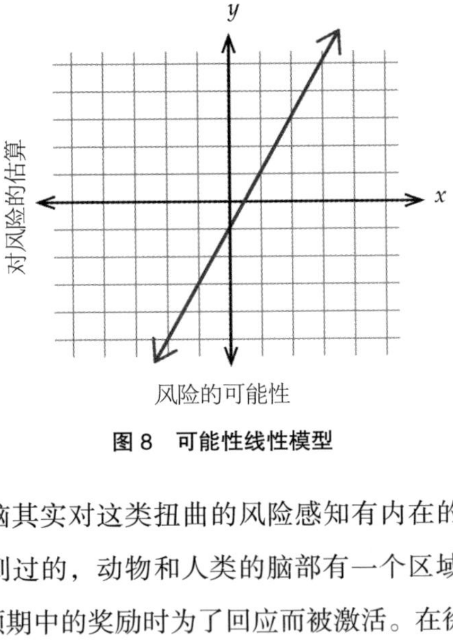

图 8　可能性线性模型

我们的大脑其实对这类扭曲的风险感知有内在的固定模式。正如我们此前提到过的，动物和人类的脑部有一个区域叫作腹侧纹状体，会在获得预期中的奖励时为了回应而被激活。在徐明（音译）及其合作者所做的一项绝妙的实验中，他们用功能性磁共振成像来察看受试者完成赌博任务时的腹侧纹状体活动情况。[20] 研究者发现，当受试者对通过赌博得到的奖励怀有不同的可能性感知时，腹侧纹状体的

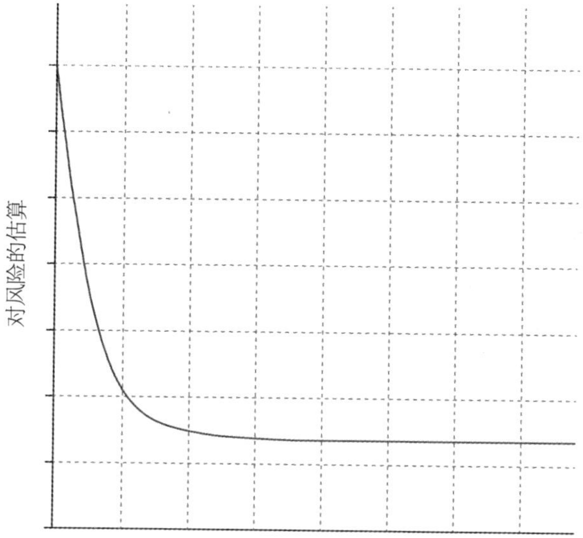

图 9　非线性风险估算

活动强度遵循的非线性模式与之前描述过的心理学实验中预测的模式完全一致。换言之，我们的大脑把这种非线性风险衡量习惯强加给了我们。

有许多风险理论研究者，出于以心理学为基础的学术传统，都注意到人类对风险可能性的计算严重依赖情感方面的判断。这是不同个人在日常生活中完成风险评估的方式之一，与专业风险评估人士的方式有着根本性的不同，后者纯粹依靠数据与可能性做判断；同时，这也是不同个人对同一活动或现象的风险判断可能存在很大分歧的原因。例如，斯洛维克与其他研究者考察了某个洪灾泛滥地区的居民对风险的态度。他们的研究揭示出若干独特的系统机制，这是生活在高风险多发地区的当地居民为了应对与这种生活方式相伴而来的不确定性而构建的。有些人把洪水视为重复事件或周期事件，因此为洪水赋予了一种规律，尽管它实际上并没有表现出什么规律。另一种常见策略用研究者们的话说就是平均法则，使用这种策略的人们倾向于相信如果某年发生了大洪水，那就意味着第二年不太可能再发生大洪水了。其实，并没有哪条自然规律要求大洪水遵循这种模式。还有人干脆采取毫无保留的否定态度。其中有人相信他们受到了全新“防护措施”的保护，而这些措施实际上并无能力保护他们免受严重洪水的侵害；另一些人似乎产生了这样一种信念，即认为过去的洪水是由于“多种环境因素的诡异结合”而发生的，因此将来几乎不可能再次发生。[21]

斯洛维克与合作者们发现，肆意想象（ease of imagination）在大众的风险感知中扮演了很重要的角色。例如，研究者们发现，大众对在北美国家公园里被灰熊袭击导致伤亡的风险感到高度紧张。事实上，被灰熊袭击受伤的概率在游客中是两百万分之一，而致死率更是低到在统计学角度上可以忽略不计的地步。然而因为相关报道中的照片在报纸上比比皆是，人们有能力想象相反的情形，似乎放大了很多人对这种风险的感知。[22]

熟能生误

说到哪一类风险最能得到多数人的容忍，看起来熟悉程度和感觉上风险与获利能否互相抵消是首要因素。我们往往容忍了熟悉的风险、经常遇到的风险，或是包含在了解得很充分的系统之内的风险。风险理论研究者们主张，这一点对解释我们的以下理解大有帮助：我们不认为火车是高风险事物，哪怕刚看到一起被大肆报道的火车事故的新闻，但核反应堆的一起小事故就会引发显而易见的社会震荡和强烈忧虑，以及排斥核技术的反应。风险研究者提出，我们心中对这两类事故产生区别对待的依据是我们对发生事故的系统的熟悉程度。换句话说，我们的大脑是在利用一种常见的经验法则或捷径：熟悉就是好且安全的；不熟悉就是坏且危险的。这种简单粗暴的二分法——我们每个人都在用，或许依赖程度比我们意识到的还要深——并非完全不合逻辑，很可能帮助我们在面临潜在威胁又只有很短的时间判断如何应对的情况下做出很好的决定。举例来说，这种经验法则能够帮助我们认识到，在自家附近接近一条熟悉的狗很可能是安全的，但是最好跟一条不熟悉的、可能攻击性很强或得了病的流浪狗保持距离。

在某种意义上，这种依赖熟悉程度做出风险判断的做法绝对不是不理性的。卡斯佩松指出，与某种事物打交道的直接经验（如驾驶汽车）可以为我们提供关于“这种危险的性质、程度和可控性”的回馈，“提供更好的视角，提高避免风险的能力”。[23] 问题在于，有时我们过度依赖自己的经验法则，误解了我们当下所面对的风险的实质。有时我们必须在转瞬间做决定，那么依赖熟悉度是对威胁做判断的好办法。（例如，一只陌生生物正向我冲来，我该逃跑吗？）麻烦的是，我们有时在这些经验法则并不完全适用的场合下运用了它们。以熟悉或不熟悉为依据的简单经验法则也许在决定要接近还是远离我们屋前草坪上的一条陌生狗的时候很有用，但在核能是否安全这个问题上，它就不好用了。后面这个问题极端复杂，需要花费很多个小时做研究并与专业人士讨论，之后也只能算是略知一二。矛盾的是，我们接受的信息轰炸越多，就越依赖这些经验法则。因此，大量信息流总是与夸大风险的倾向联系在一起也就不足为奇了。[24] 在本章接下来的几个小节中，我们将仔细研究那些我们不恰当地运用经验法则以及心理偏见去做风险评估的状况，在这类情况下最终我们会误判威胁的实质及其严重程度。

跟什么比？

核能或疫苗的安全性问题还引发了另一类我们称之为“跟什么比”的问题。假如你知道的只是切尔诺贝利核电站反应堆事故在爆炸之后的 20 年间额外导致了 50 起癌症死亡，你也许要理直气壮地说这个数字太大了——当今社会，我们坚信应设法尽可能避免每一起过早的死亡，而且每一个生命天生都是无比宝贵的。然而，假如我们指出，跟广泛使用的其他各种能源——如通过燃烧化石燃料获得的能源——造成的死亡率相比，这个死亡率只是个很小的数字呢？那么情况就彻底不一样了，核能实际上似乎是一种我们必须考虑使用的合法替代能源。[25] 我们该做的不是呼吁取缔核电站，而是接受忧思科学家联盟 * 的引领——该组织呼吁投入资金落实核能设施的安全保障措施，降低新建核电站的成本，增加困难问题（如核废料的安全处置）的研究。[26] 美国的枪支问题已经到了触目惊心的地步，这在与其他问题进行比较时能感受得更加明显：美国每年因枪支而死的人数几乎等于交通事故死亡人数（超过 3 万人）。当有人告诉我们某件不好的事情发生的可能性时，我们的思维习惯不是自然问出“这是跟什么比呢”这个问题。相反，我们的本能是对这段介绍的情绪内涵产生反应。某人沉痛地宣布有“50 个人死于切尔诺贝利事故”会吸引我们的关注，特别是当这个消息与死者遗体、原子弹爆炸的蘑菇云以及核能公司总部的图片同时出现的时候。

---

* 忧思科学家联盟（Union of Concerned Scientists）是 1969 年由麻省理工学院师生创立的非营利科学促进组织，口号是“让科学服务于健康的地球与安全的世界”，现有会员已超过 20 万人。

我们可能并不理解可能性

有效地评估风险为何经常如此困难的部分原因是对风险的理解严重依赖对可能性的理解，而且出于大量心理学上的原因，大多数人——包括统计学专家和科学家——在直觉层面对可能性的理解都不怎么准确。在我们的日常生活思维中，我们的心智更适应单个人的叙述，而不是以人口为基础的大范围数据。我们可以很轻松地听到并弄懂他人的传闻和经历，却对可能性以及其他用百分数表达的东西很头疼。这其中的部分原因是我们很难想象从未发生过的事情，很难具体思考不会立刻成形的事物，也很难平静地接受不确定性。

我们的大脑有强烈的动机消除不确定性，这就是为什么我们都构建了数量庞大、大多还很复杂的经验法则以及偏见来帮助我们做出判断、形成意见、推想未来。可能性要求我们想象两个宇宙：一个宇宙里发生了一个事件（例如：我的孩子接种了疫苗，安然无恙），另一个宇宙发生了该事件的反事实事件（例如：我的孩子接种了疫苗，产生了严重不良反应）。现在，也就是孩子真正接种或吞服疫苗的这一刻，上述两个宇宙都不存在；不仅如此，一旦第一个宇宙在我们的脑海中出现了，再去想象反事实发生的世界——与第一个宇宙相反且互斥的宇宙——就更加困难了。我们的大脑想尽办法摆脱这类思考。我们似乎天生就喜欢使用大脑中负责做出快速直觉判断的那些区域，因为这比起使用进化程度更高的负责理性思维的脑区要省力多了。我们的边缘叶在信息抵达前额皮质之前就开火了。如果某件吓人的事发生了，它就会刺激大脑中的另一个原始区域，即岛叶；如果某件愉悦、有收获感的事发生了，它刺激的是伏隔核，也就是腹侧纹状体的一部分。信息越嘈杂、越使人困惑、越情绪化，我们就越有可能不假思索地使用杏仁核、岛叶和伏隔核去做出以印象而非可能性为依据的判断。我们要是想抑制上述脑区并争取推理得出一个以数据和可能性为基础的理性判断，就必须保持冷静，在安静的环境中思考，还必须得到某些人的帮助。这些人真正感兴趣的是帮助我们想出解决办法，而不仅仅是让我们附和一个现成的办法。

除非我们花费时间和精力去做风险评估，否则我们就会默认使用冲动的脑区来做决策，这部分脑区令数据相关的推断过程显得极度反直觉、令人不适应、不熟悉、古怪而陌生。而这一点对于专家和外行都是一样的。在一个著名实验中，受试者包括 238 名患有不同慢性病的门诊病人、491 名斯坦福商学研究生院的学生（已经修完了数据和决策理论方面的好几门课），还有 424 名内科医生。这些受试者接到的要求是为一名患有肺癌的病人选择是做放射性治疗还是手术治疗，依据是不同的关于治疗后果可能性的数据。[27] 一半的受试者看到的治疗后果使用的术语描述的是两种治疗方案的死亡可能性（致死率），另一半受试者看到的术语描述的则是存活可能性（生存率）。令人震惊的是，得知手术后的一年生存率是 68% 的一组受试者很有可能选择手术治疗，而得知手术后的一年死亡率是 32% 的一组受试者则更有可能选择放射性治疗。还有一点也许更令人吃惊，那就是上述结果在不同身份的受试者之间并无区别。有阅读医学文献和干预医疗决策经验的医生以及具有数据分析专门知识的研究生都掉进了跟普通病人一样的错觉陷阱。这说明，当面对“死亡”这个字眼的时候，每个人——哪怕是专家——都会忽视数据，做出不做手术这个情绪化决定，而听到“存活”这个字眼的时候，每个人都做出了相反的选择，尽管实际上两组描述中的死亡风险与存活可能没有丝毫差别。唯一的区别在于使用了不同的措辞或架构。

就连专家也会搞砸

就连专业统计学家都会在可能性问题上偷懒并做出简单判断，而没有按照一套舒缓而精密的流程去进行评估。在大部分医学研究中，分析数据的方式都是为了推演出一个可能性数值，或称 p 值。你能在大部分这类论文中的结果部分看到如下类似声明："这两种疗法的差异是显著的（$p<0.05$）。"如果 p 大于 0.05，则应认为差异是"不显著的"，而该项研究就宣告失败了。科学家和统计学家之类的研究者遵循这项传统已经 100 多年了，他们通常只通过 p 值的大小来判断一项研究是否成功。需要才智超群、还颇有卡里斯玛风范的统计学家雅各布・科恩这样的头脑才能发现上述思维中似是而非的地方。

p 值等于 0.05 意味着我们发现这个结果仅仅出于偶然的可能性低于 5%。这个显著性水平是怎样确定的呢？基本上，20 世纪 20 年代的统计学家们认为这个数在他们看来挺合适的。然而，事实显示，计算 p 值的公式高度依赖于研究中的受试者人数。在一项只有 10 名受试者的研究中，一半人服用 A 药物，另一半服用 B 药物，无论 A 药物比 B 药物效果好多少，那个公式通常都得不出比 0.05 更低的 p 值。而另一方面，假如某人能招募 10 万人参与一项研究，那么即使 A 药物只比 B 药物稍好一点点——在现实生活中，这种程度的差异甚至不值一提——那个公式也可能会算出一个低于 0.05 的 p 值。科恩不得不一遍又一遍地指出，人们在判断某项研究的结果是否有意义时，不能仅仅

以 p 值作为唯一的依据。可是令他失望的是，大多数科学期刊都忽视了他的意见，直到最近几年才不再只把 p 值作为判断依据。所以，又一次出现了同样的情形，就连最明智的统计学家也会被简简单单、不需要思考或耗费心力的惯例做法深深地吸引住。

要是我们看得见它，就相信它

不计其数的研究已经表明，多数人都构建了一个强大的经验法则外加其他策略的武器库，用它来判断可能性。其中一种常见的经验法则是可及性经验法则。这种经验法则使得人们得以通过他们想象某事件或在记忆里搜索该事件的先例的难易度来判断该事件发生的可能性大小。也就是说，如果你是在锡拉丘兹长大的，当被问起在美国 10 月份下雪的可能性时，你的可及性经验法则就会令你估算出一个比某个在宾夕法尼亚州长大的人估算的数字更高的数。[28] 这一经验法则与斯洛维克的以下观察相近：人们认为很容易见到，也很容易想象的危险境况比起头脑中没有现成图像的危险境况更有可能发生。

与之类似，大量研究显示，我们依靠故事与传闻而非统计数据去判断代表性和可能性。我们中有许多人在日常生活中大概都能感受到这种冲动，或者见识过它。两位作者之一的萨拉最近就亲身经历了一件事，正好可以作为这个观点的例子。最近萨拉对零售店内诊所这个概念做了一番研究，积累了大量证据，证明范围很广的各类常见急症患者接受那里的执业护士治疗之后的康复情况与接受家庭医生治疗之后的情况一样好。后来她正巧与一位友人讨论起了这个话题。这位友人立刻插话讲了一件事：有一次他因为得了支气管炎，去找一位执业护士看病，那位执业护士的诊断和治疗都不怎么样。结果他又去找医生看病，花了更长时间康复。萨拉的朋友是位高学历人士，对科研过程以及统计学理解得很不错。尽管如此，他还是以单独一次个人经历为依据，主张执业护士的水平远低于家庭医生。听到这件事以后，萨拉一时间感到她的辛勤研究全都不成立了。不过随后她意识到，她朋友的故事是完全不相关的。重点在于，这类事件时有发生，但研究已经表明，医术高超的执业护士为数众多，因此将来任何一个考虑去找执业护士看病的人得到的治疗质量很差的可能性都是极低的。然而别人的故事，还有我们对亲身经历的鲜明记忆有着强大的力量，几乎总是能压倒我们对未来事件的预判。

我们想要将“可想象性”（imaginability）与可能性联系在一起的固有欲望会将我们引向某种被心理学家和行为经济学家称为“关联谬误”（conjunction bias）的思维错误。想象一下下述情景：你遇到了琳达，一位 31 岁的聪慧单身女性，她是哲学专业的，向来非常关注公正与歧视方面的问题，还参加了反对伊拉克战争的抗议。那么，你认为以下两种情况中哪种可能性更大呢？（a）琳达是一位银行职员；（b）琳达是银行职员，而且在女权运动中很活跃。或者，再更换一种场景，你认为以下两者哪种可能性更大呢？（a）美国与俄国之间爆发了核战争；（b）美国与俄国之间爆发了核战争，双方都是被其他冲突多发国家（如伊拉克、利比亚、以色列或巴基斯坦）牵连卷入冲突中的。[29] 大多数人在以上两个案例中都会选择（b）选项。然而，从统计学可能性的角度来看，两者的正确答案都是（a）。这是因为细节更多的情景总是比细节更少的情景更不可能发生。描述中的全部要素同时发生的可能性低于其中一个要素单独发生的可能性。可以这样去想：社会意识很强的银行职员这个人群中的所有成员肯定都属于银行职员人群，但相反的情况就不成立了。因此，某人身为社会意识很强的银行职员的可能性不可能大于该人身为银行职员的可能性。此外，银行职员的人口基数要大于活跃的女权主义者兼银行职员的人口基数。这就意味着假如你在街上偶然遇到了一位女性，无论她具备怎样的个人特征，她都更有可能是一名银行职员，而非一名素食者兼银行职员。就算她在卖蔬菜，跟你谈论蔬菜，或者举着一个写着“蔬菜真是好！”的标语牌，也改变不了上述可能性。正如托马斯·基达指出的，关联谬误可能导致“代价高昂、误入歧途的判断”。基达注意到，五角大楼就花费了大量时间与金钱针对“细节很详细但可能性极低的场景”制订战备计划。[30] 这是一种扭曲了可能性法则的认知偏误，甚至连美国总统这样明智的人也难以避免。

同情造就了我们人类

在统计学可能性法则与我们心智的天性之间存在显著的紧张关系。正如早先讨论过的，我们天生就喜欢故事、逸闻以及能够使用想象力处理的信息，即我们在处理能够与某种形式的心理意象产生关联的信息时最自在。抽象的概念、纯粹的事实、既无姓名又无面目的可能性，这些远不如故事和图像能够勾起我们的兴趣。这种思维过程使得我们形成了一种十分重要的情感特征——同情。在一个彻底功利主义的社会中，我们仅仅以在预判中能使利益最大化的可能性为依据做出判断，丝毫不在乎对我们没有实用价值的人。生物学家和人类学家仍在争论除了人类以外，还有没有一个物种有能力产生同情心；即便真的有这样的物种，也很难进行甄别。我们若是对人与人之间的联系没有依赖，对他人的故事也不感兴趣，就不太可能关心过马路不方便的老奶奶，甚至不能在团队中发挥作用或与人协作。可是，到了思考真的高度依赖统计学可能性的问题（譬如食用转基因农作物产生副作用，或是某种特定危险真的在我们身上发生的可能性）时，我们确实需要对数字而非某个人的故事投入更多的关注，而做出这种转变对于我们的大脑是很大的挑战。我们认识的大部分吸烟者其实并没有得肺癌。所以，我们要是凭借个人经历来做判断的话，就会鲁莽地得出吸烟没有危害的结论。只有在分析人口数据时，我们才能得知吸烟者得肺癌的概率大约是非吸烟者的 25 倍。正是这种在很大程度上造就了我们人类并帮助我们在社会环境中恰如其分地行事的大脑机制，到了解读数据与可能性的时候却变成了心智陷阱。

在做医疗保健类决策的时候，这种情况可能造成严重的后果。谁会不喜欢一个宣称要这样做的医生？“我把我的每个病人都视为独特的个体，为他的特殊需要和境况量身定制适合他的治疗方案。”我们都想要这种在同理心医疗方面堪称模范的医生。但是这位医生面对一位 98 岁年纪、患有晚期阿尔茨海默病、拒绝进食的女性时会怎么做呢？这位女士已经丧失了所有记忆，不知道自己是谁，也不认识任何人，就连最基本的生活自理能力都已不具备。从人口统计学角度来看，可以预见如果放置食管强行喂食，她还能再活两个月，如果不这样做则还能再活八个星期。只要认识到插食管是多么徒劳无益，就几乎不会有人强迫这位老妇人承受这种痛苦。但是或许我们这位医生是个例外，他会说：“我不会让她饿死的——她肯定不想以这种方式死去。”根据卡尼曼的说法，这并不罕见。“这是一个常见模式：了解个别案例的人很少会认为他们有必要了解与这个案例同类别的其他案例。”[31]

以上这一切对解释我们对风险的感知为什么如此错误百出大有帮助。确实，风险感知理论或许能在很大程度上解释，为什么家长看到大量证明疫苗无害的证据之后，仍然坚持认为疫苗导致了自闭症这类病症。关于风险感知的研究指出，疫苗非常容易给人留下高风险事物的印象：人为风险比自然风险可怕得多；那些益处不会立即显现出来的有风险事物看上去更加令人害怕，疫苗能预防麻疹、腮腺炎这类疾病的益处正是如此，因为这类疾病——而非造成疾病的疫苗本身——已经被疫苗消灭了一大半；被其他人（在疫苗这个例子中，是政府）强加的风险比自愿承担的风险给人更危险的感觉。[32] 研究表明，风险感知在健康相关行为中是一个关键因素。[33] 这就意味着，如果家长认为疫苗有高风险，他们就会按照这种信念行动，选择不让自己的孩子接种疫苗。

还有一点也很重要，那就是某一风险是否容易被想象决定了它在人们的感知中是否显著。有件经常被提及的事是，现如今几乎没有几个家长真的见过麻疹或百日咳病人，然而令人悲伤的是，越来越多的人接触到了某些常被归咎于疫苗的疾病，如自闭症。于是，我们可以这样说，疫苗的成功也害了它本身。1999 年，罗伯特·陈设计了一种可视化工具来辅助解释这一现象：一项免疫工程的自然史（见图 10）。[34] 一项免疫工程刚开始时具备如下特点：其针对的疾病具有高致病率和致死率，人群中广泛存在对这种疾病的恐惧。而当疫苗被投入使用时，人们感到狂喜。人们不仅自己愿意接种疫苗，也愿意让孩子接种，为了免遭造成这么多死亡与痛苦的恶性疾病的毒手。这一阶段可以持续相当长时间，只要人们对该疾病仍然记忆犹新。但是，一旦这段记忆开始消退，新一代从未得过也没见过这种疾病的人步入成年，对它的恐惧就像对它的记忆一样减弱了。

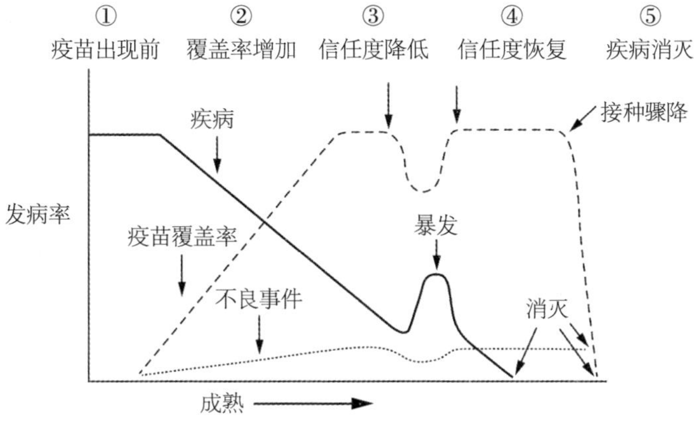

图 10 一项免疫工程的自然史

出处：M. Olpinski, "Anti-vaccination movement and parental refusals of immunization of children in USA," *Pediatria Polska*, 2012, 87(4), 381–385, figure 1。

再后来，人们对此免疫工程的反应分散在很宽的范围内。多数人将继续遵照政府规定和医生建议，让自家孩子接种疫苗，但人群中会有占比越来越高的一部分人对医疗干预行为表现出抵触心理，因为现在他们觉得这既不必要又不自然。

疫苗造成了灾难性后果的案例，无论多么少见，都会被严重夸大并大肆传播。最近完成的一项全国代表性电话调查的结果也证明了这一法则。这项调查的调查对象是 1 600 名 6 岁以下儿童的家长，其中有 25% 的家长认为儿童的免疫系统被疫苗削弱了，23% 的家长认为儿童接种的疫苗数量已经超过了对健康有益的范畴，还有 15% 的家长不想让孩子接种至少一种目前推荐接种的疫苗。[35] 由于缺乏对麻疹和百日咳之类疾病的第一手经验，家长们认为疫苗是非必要的，要求接种的疫苗太多了，而且自家孩子的免疫系统要是没有疫苗会更强健。

换言之，他们不害怕自己无法想象的危险。

反疫苗运动与本章描述的对风险的心理感知之间的关联最明显的一点或许是，它们都更偏爱故事，而不是数据。事实上，本书描述的全部医疗健康类怀疑论大概都具备这个特点。那些故事的作用是提醒我们记住，假如怀有只重收益不重风险的态度，其后果是个人也许会遭受无力承受的痛苦和损失。依赖个人故事的一个绝佳案例来自三思全球疫苗研究所的网站。这个网站的标题听上去仿佛代表了一个学术性很强、以证据为准绳的组织，实际上只不过是一个主要因讲述传说中的疫苗不良反应的个人故事而流行的网站。这些故事全用大号蓝色字体作为标题，把故事中儿童的名字也放了进去。网站上的第一个故事这样写道：

> 我最近带着我仅有的两个孩子，两个月大的哈利和两岁大的阿什莉去看医生做例行体检。哈利有点儿鼻塞，阿什莉得了感冒，不过除此以外，他俩都很健康。在医院，哈利接种了百白破、脊髓灰质炎和乙型流感疫苗的第一针。阿什莉则接种了乙型流感、麻腮风三联疫苗的第一针，以及百白破疫苗的第三针和脊髓灰质炎疫苗的第四针。接种完疫苗以后，我让孩子们躺下小睡一会儿。哈利先醒了，他的两条大腿都红了。我听见阿什莉也醒了，随后是“砰！”的一声，阿什莉直挺挺地倒在了地上。她大叫起来：“妈咪，我不能走了！”我查看了她一番，帮她站起来，但她的两条腿一点儿力气也没有。我给医院打了电话，赶紧把阿什莉送进了急诊病房……哈利的行为变化持续了 10 天。他很少睡觉，不怎么吃东西，而且这个趋势似乎还在恶化。5 月 17 日早上 9

点，我丈夫起床了，他查看了哈利的情况，大喊道："邦尼，快起来，叫救护车，哈利快不行了！"

对这些悲剧故事的使用鲜明地呈现了"可想象性"与风险感知之间的重要关联。一旦这些故事流传开来，尤其是假如同类故事日益增多，人们就有能力想象疫苗有不良反应了，这就产生了对风险的紧张感。此外，我们大概都会同意，对大部分人而言，阅读某人的个人经历要比阅读讨论一名儿童产生疫苗不良反应的可能性的数据统计类文章有意思多了。更有甚者，我们更容易对故事而不是数据产生共鸣和理解。正如我们之前指出的，在很多方面，是这些故事而不是数据令我们深刻感受到自己身上的人性。

人性化的反应

我们怎么能对像哈利和阿什莉这样的故事产生人性化的反应，承认失去了一个孩子的这家人无比悲痛，但又不至于因此否定疫苗的价值呢？此处的问题有部分原因是大众对科学怀疑主义缺乏认识。某人在读完前文引用的段落，而且从这场被描述得绘声绘色的悲剧所造成的震惊中平复之后，可能问出的第一个问题就是这个故事究竟是不是真的。哈利真正的死因是什么？在这种案例中，尸检——也许还需解剖——几乎是肯定要做的。尸检的结果是什么呢？哈利真是因为疫苗而死的吗？如果真是如此，尽管这是个悲剧，但同类事件有多常见呢？事实上，这是一个极端罕见的事件。与此同时，像哈利这样小的孩子却时常因交通事故和枪伤而死。以上这些想法运用的都是前额皮质而不是杏仁核，或许显得冷酷无情。但如果再讲一个故事，讲一个5岁的白血病幼童因为与一个没接种疫苗的玩伴接触而染上了麻疹病毒，那又如何呢？这个白血病幼童很有可能死去，因为白血病摧毁了抵御麻疹病毒的免疫系统。又一次，我们面对的还是那个问题，公共卫生官员普遍不愿“以毒攻毒”，即采用感情色彩浓郁、操纵人心的信息来说服我们去做数据证明为正确的事。可是神经科学家、心理学家与行为经济学家反复留下记录，证明带有感情色彩的信息比基于事实的信息承载了更多价值。

为什么要买彩票？

谈起疫苗的时候，人们还可能进入一个误区，即产生一种对风险收益间关系的常见误解。风险和收益通常是正相关的，也就是说，在大多数情况下，风险越大，收益就越大。滑雪者就很爱说“没有跌倒，哪来刺激”之类的话。

不过，研究证明，尽管事实上风险与收益基本为正相关关系，但它们在我们的脑海中却是负相关的。对于大部分人，感知到的利益越大，相应风险在感知中就越小，而感知到的利益越小，相应风险在感知中就越大。[36] 就疫苗这个例子而言，疫苗反对者鼓吹的疫苗风险高这个假设在某些人的理解中就等于疫苗带来的收益低，这正是由于这种天生的认知扭曲。

另一个例子是最近投入使用的HPV疫苗，它针对的是导致女性宫颈癌的HPV病毒，疫苗反对者不得不绕很大的弯子来为它编造出一种风险。据称，HPV疫苗将鼓励未成年少女发生性行为。这一主张的依据是这样一种见解：未成年少女避免发生性行为的理由是她们害怕因此感染上 HPV，并且在今后的人生中发展为宫颈癌。通过编造出一种整个社会都感到憎恶的风险——少女发生性行为——疫苗反对者不仅吓住了一部分人，而且还占了风险感知扭曲的便宜，制造了疫苗肯定没有多大好处这一谬见。我们尚未看到任何证据——哪怕是出自最草率的调查也行——证明未成年少女有这种想法，甚至连她们中有多少人听说过 HPV 是宫颈癌的病因都不知道。现在疫苗已经投入使用，没有任何证据证明未成年人的性行为有所增加。当然，反而有可信的证据证明人群中的新增 HPV 感染率已经降低了。[37]

风险感知理论帮助我们部分理解，为什么上述假设如此容易产生，而过去 50 年来的所有数据都显示疫苗有着巨大的益处，这在医学与公共卫生史上几乎是无可比拟的。假如我们允许自己按照疫苗反对者的说法，暂时相信疫苗的风险是极高的，那么随后产生的想法——根据帮助我们处理风险信息的心理学过程——就是疫苗的益处是微不足道的。阿勒哈凯米与斯洛维克记录了这一过程的情感特征。如果一项活动是“受人喜爱的”，人们就倾向于判定它的风险很低，而收益很高，而如果一项活动是“不受欢迎的”，人们就倾向于判定它的风险很高，同时收益很低。等我们到了能决定是否给孩子接种疫苗的年纪时，这种从情感角度出发评估风险的习惯已经成了我们中大部分人的第二天性。因此，只要我们认定了疫苗的风险很高，任何人想说服我们相信它的益处其实很大都会很艰难。另一方面，当有流言说手机能提高脑瘤风险的时候，却没有组织严密的群体大声疾呼要让手机立即退出市场。有人选择戴上耳机，以便让手机离自己的脑袋远一点儿，但是并没有大范围出现谴责手机生产商或指责联邦通信委员会也是共犯的反手机组织。这是因为人们爱用手机，因此已经有心理准备要无视任何这类风险了。有些研究显示，手机没有引起脑瘤的风险，[38] 另一些研究则认为也许存在一定风险，[39] 但是在这个案例中，实际的风险水平看来是无关紧要的，因为我们所有人就是想要用手机。

我们都有禀赋

我们对统计数据的感知太容易出错或进行心理修正，就连可能性的阐述方式都能对我们解读它的方式产生显著影响。另外，原来我们对哪种风险值得承担所做的计算，其依据主要是这些风险的阐述方式，而不是可信的数字与概率。丹尼尔·卡尼曼这样的行为经济学家广泛讨论过损失厌恶心理。我们在心理学课上都学过，这个概念的意思是：在比较同等价值的损失和收益时，我们为损失感到害怕的程度要远远超过为收益感到喜悦的程度。卡尼曼及其同事还把这种心理称为禀赋效应。这个概念的依据是某些 20 世纪八九十年代设计实施的实验，它们显示人们有时对自己已经拥有的事物有着不理性的执念，即使他人提出用更好的条件来交换也不动心。在一个简单实验中，受试者们有的得到了一张彩票，有的得到了 2 美元。每名受试者后来都得到了一次机会，可以把自己的彩票换成 2 美元，或者把自己的 2 美元换成彩票。几乎没有受试者选择接受实验者提出的这个交换条件。[40]

还有更复杂的实验更加坚实地证明了禀赋效应理论。其中一个实验是这样的：77 名西蒙弗雷泽大学的学生被随机分配到三个实验小组中。第一组是卖家，实验者给了他们一些西蒙弗雷泽大学纪念咖啡杯，问他们是否愿意以 0.25~9.25 美元的若干个价格出售这个杯子。

第二组是买家，实验者问这组受试者是否愿意以上述不同价格出钱购买同样的咖啡杯。第三组是选择者，他们没有得到咖啡杯，不过实验者问他们是选择得到一个咖啡杯，还是得到具体金额的美元（金额为上述不同价格）。研究者们指出，卖家和选择者所处的情境是完全一致的，他们扮演的角色都需要在咖啡杯和不同价格水平的金钱之间做出选择。最后，实验者发现，选择者的“行为更像是买家而不是卖家”。三个小组给出的咖啡杯售价的中位数分别是：卖家组，7.12 美元；选择者组，3.12 美元；买家组，2.87 美元。这个实验有力地证明，交易中的低成交量更主要的原因是卖家不愿与他们的禀赋之物（例如这个实验中的咖啡杯）分开，而不是买家不愿与自己的现金分开。[41]

禀赋效应在大脑功能中有所反映。在受试者参与一项与上述类似的实验，并发生购买、选择或售卖行为时，克努森及其合作者用功能性核磁共振扫描了他们的大脑。[42] 当受试者在各自的买卖情境中深入思考喜欢的产品时，伏隔核——有时被称为大脑的奖励中枢——的活动是最剧烈的。因此，只要某人感觉自己的处境是自己喜欢的，大脑就会表达出奖励反应。但是，当受试者在买卖活动中遇到低价时，前额皮质有一部分被激活了。低价在买家看来或许很有吸引力，但同样也很可疑，于是激活了一个脑区专心地仔细评估这个状况。最后要提到，在售卖过程中，岛叶这个大脑的负面情绪中心的活动增强了，预示着更强的禀赋效应：岛叶的活动越强，与现在拥有的物品分离后将感受到的负面情绪就越强。

值得注意的是，最后这个发现提醒我们，在决定认知神经科学实验和现实世界决策这两个领域的结果时，个体差异始终极为重要。某些人身上的禀赋效应相对于其他人更加强烈，这其中的理由尚未彻底查明，但是无疑与基因禀赋和人生经历这两者的结合有关。不难想象，某人对自己的所有物十分执着这种品质从进化角度看是很明确的优点。

显然，人类大脑天生就会促进禀赋效应，尽管存在一些个体差异。一旦我们判断核能、电休克疗法和转基因食物是危险的，就会把这些看法视为“所有物”并拒绝舍弃它们，即使面前就有更好的替代物——我们看到的与原有认知相冲突的数据——也不为所动。我们又一次为大脑神经网络支持一项实用功能的方式提供了例证，而该功能在判断涉及复杂科学事宜的问题时表现不怎么好。

操纵我们的情绪

卡尼曼及其合作者注意到，忽视了损失厌恶以及禀赋效应的经济学模型认为，我们做选择时一贯性较强，行为较易预测，但我们实际做选择时并非如此。[43] 归根结底，这些现象让我们学到的不仅是无论一个人多么“理智”，心理学在任何一种决策行为中都扮演着举足轻重的角色，而且为了理解人类的决策行为，特别是关于风险的决策，我们有必要将当事人做决策时的处境纳入考虑。也就是说，决策的背景也很重要，可以帮助我们理解人类在判断哪些事有风险、哪些事没有风险的时候广泛存在的某些个体差异。得知某些新知识时的情绪状态对某人处理并回忆该知识的方式有重要的影响。例如，正如诺伯特·施瓦茨所言，我们高兴的时候更容易回想起一段正面记忆，而悲伤抑郁的时候更容易想起的是负面记忆。[44]

所以举个例子，让我们想象一下第一次读到如下文章时的情景：此文宣称饮用未经巴氏消毒的牛奶可以让我们的孩子身体更加强健，同时用一张面带微笑、外表强健的儿童照片作为配图。由于我们中的大多数人看到这张照片都会感到愉悦，今后我们就最有可能在情绪很好的时候想起关于未经巴氏法消毒的牛奶这个“事实”。与之类似，想象一下我们第一次看到以下这种说法——不给感冒超过 10 天以上的病人提供抗生素就等于不好好给他们治疗——的时候看到的是这样的配图：某个患有严重上呼吸道感染的病人，鼻涕长流，眼睛红肿，表情痛苦。这张图片会令我们感到悲伤不快，所以之后我们心情不好的时候最容易想起这个关于用抗生素治疗感冒的错误信息。也就是说，我们初次接触到一种主张——无论它是真是假——时的情绪状态将不可磨灭地与这个主张联系在一起。我们会将饮用未经巴氏法消毒过的乳制品这一行为与快乐联系在一起，而将不使用抗生素治疗感冒与悲伤联系在一起。上述任意主张的坚定支持者如果够精明，就会了解这一点，并尽可能在向我们展示自己观点的时候小心翼翼地操纵我们的情绪。通过这种方式，他们之后再重复这些观点的时候就更容易令我们陷入如他们所愿的情绪。或者反过来，当他们再次刺激我们产生特定情绪时，我们就会想起他们的主张，并且深信不疑。

施瓦茨进一步解释，实验显示焦虑的人“试图达成能降低不确定性的目标，在所有风险—收益组合中最青睐低风险、低收益这种选择”。[45] 如果某人想让我们害怕转基因食物，他们爱用的策略就是首先让我们对得癌症感到紧张，随后告诉我们最安全的事就是不要吃转基因食物，这是在这种观点下风险最低的选择。当然，如果是科学家，就会更喜欢干巴巴、只有事实的陈述，无意令人们感到快乐、悲伤或焦虑。尽管这或许是最合乎伦理的做法，但也令科学家处于相对于错误信息的支持者而言相当不利的境地，后者对操纵情绪的做法也许并没有什么顾虑。最近，旨在促使人们戒烟的电视广告在图像使用上格外突出，画面呈现了患有严重肺气肿的人喘不过气的样子，面带对染上烟瘾悔不当初的痛苦表情。这些广告或许有效，但科学界有部分人公开谴责此类广告是不正当的贩卖恐惧行为。

不少研究者一直在考虑如何令人们不再对政策改变感到厌恶。与此关系最紧密的例子是民众对平价医疗法案（ACA，通称“奥巴马医改”）的态度。研究者在平价医疗法案实施前的先导工作中设置了一个调查实验，尝试理解人们的损失厌恶与对不同医保方案的态度之间的关系。采样组中的一半人得到的指令是在以下两个选项中进行选择：（a）终生获益不受限制的医保方案（有 79.5% 的答复者选择了这个方案）；（b）终生获益限制在 100 万美元之内，但每年可以少交 1 000 美元保险费的医保方案（有 20.5% 的答复者选择了这个方案）。采样组的另一半人需要在另外两个选项中做出选择：（a）终生获益限制在 100 万美元之内的医保方案（44.2% 的答复者选择了这个方案）；（b）终生获益不受限制，但是每年要多交 1 000 美元保险费的医保方案（55.8% 的答复者选择了这个方案）。两组选择的实际效果是一样的：终生获益不受限制的方案导致每年损失 1 000 美元，只是方式不同，或者是选择此方案直接每年多交 1 000 美元，或者是没选择每年少交 1 000 美元的另一个方案。不过，第一个情境中有近 80% 的答复者选择了不受限制的方案，而在第二个情境中，这个百分比跌至 56%，此时 1 000 美元直接被描述为与终生获益不受限制方案绑定的花费。这里的道理是，人们过于抗拒有所损失的感觉，因此他们拒绝的那个选择假如在 1 000 美元被描述为省下来而不是花出去的钱的情况下，其实是他们可以接受的。再次强调，这两组选择是完全一致的，但是因为它们促使人们产生的情绪完全不同，就导致了非常不同的结果。[46]

因此，下面这件事就不足为奇了。民众对奥巴马医改的最大恐惧之一正是害怕将来会失去他们已有的某种事物：特定的医生、特定的医院、特定的医保方案。考虑到这一点，奥巴马总统花费了大量时间强调这次全国医疗系统的全面修缮将不会给个人造成任何形式的损失。奥巴马总统2009年在一次国会联合会议上的讲话强调了这一点：

> 以下是本方案*的细节，这是每个美国人都应知道的。首先，假如你是已经通过就业公司、老年医疗保险、医疗补助或退伍军人事务部获得医保的上亿美国人中的一员，那么本方案将不会要求你或你的雇主改变医保覆盖范围或更换你原有的医生。我重复一下：本方案不包含任何要求你改变自己既有医保方案的内容。[47]

奥巴马大概并不知道，他是在试图避开一种在我们做决策时、感知身边大部分政策时扮演着重要角色的心理机制。

在2010年发表的一项实验中，罗杰·巴特尔斯和他在明尼苏达大学的同事们证明，描述的导向方式对于说服人们接种疫苗至关重要。[48]他们设计实验的依据是从前的发现：讨论以极小的风险提高健康水平的行为时，获益导向的信息是最有效的；讨论风险更大或具有不确定性的医疗健康行为时，损失导向的信息是最有效的。实验受试者是明尼苏达大学心理学专业的本科生，他们被随机分组并得知一种西尼罗河病毒的疫苗的预防功效是90%有效或60%有效；他们还随机得到了以下信息，其描述方式分别是获益导向和损失导向的（这种

---

*　这个方案即奥巴马医改方案。

区别体现在下文中）：

> 如果不接种／接种疫苗，人们将不能／能够通过一种保护他们免受潜在致命感染的方式获益。如果你没有接种／接种了抵御此种病毒的疫苗，你可以／将不能充分相信你已经给了自己最好的机会降低因感染而患上严重并发症的风险……接种了／没有接种疫苗的人将无须担心／继续担忧蚊子叮咬的问题，从此可以／不能以平和的心态继续保持自己的生活方式。

于是，实验设计的结果就分别来自四个受试者小组。研究者发现，在疫苗的有效性被描述为 90% 的情况下，得到获益导向信息的受试者更偏好接种疫苗这个想法，而当疫苗的有效性被说成只有 60% 的时候，损失导向信息更有说服力。显然，仅仅操纵同样的信息如何被叙述就能对人们的决策行为造成极大的影响。

以上全部这些对我们感知风险并对影响健康的风险做出判断的能力有什么意义呢？首先，有大量研究显示，人们为了避免损失愿意承担更多风险。在与健康问题有关的上下文中，这就意味着人们对损失导向和获益导向的信息将会有非常不同的反应。相应地，他们也会随之调整承担健康问题相关风险的意愿。在医疗健康情境中，损失导向的信息或许是如下这样的：在谈论预防性质的癌症筛查时，一位医生这样告诉病人，“如果你不趁早做癌症检查，治疗方案的选择余地就会缩小”。这是损失导向的信息，因为医生强调的是如果不做筛查会产生的损失。这就好比选择终生获益不受限制的保险方案将导致每年 1 000 美元的损失，相反，选择另一个方案则可以每年节约 1 000 美元。关于预防性检查的获益导向信息可能是这样的："吃大量蔬菜将使你变得更健康。"[49] 在这种情况下，特定个人得知的是增进健康的信息，预防行为将帮助他或她得到某样事物：更好的健康状况。研究显示，人们对疾病检测机制（如癌症筛查和 HIV 测试）的看法是远比疾病预防行为（如擦防晒霜和吃维生素）的风险大得多。这是因为疾病检测手段有能力发现令人不安的东西，例如体内有正在长大的恶性肿瘤。因为人们愿意为了避免损失而承担更多风险，所以在设法使人们同意接受疾病检测时使用损失导向的信息更合理。另一方面，由于人们已经把疾病预防手段视为低风险事物，在这类情况下，使用获益导向信息就要明智得多。[50]

将损失和获益进行不同解释的心理学机制显然对医疗健康主题的风险决策有一定影响。医生和公共卫生官员为了更好地理解如何影响人们做出最有益于健康的决定而主动熟悉这类心理学机制将是很明智的做法。例如，可能因为接种疫苗属于疾病预防行为，所以向家长们介绍免疫的必要性时更合适的做法是讲述孩子身体健康将有多大的好处，而不要提到假如不接种疫苗，孩子将来可能染上疾病。这个观点甚至可以通过设计一个实验来验证。

群体风险不同于个人风险

鉴于有一大批人不承认正当合法的健康类数据是准确的，他们已经形成了大规模团体和社群，所以值得认真思考群体对风险的评估是否可能与个人的风险评估有所不同。某个在脸书上加入了反疫苗小组，之后准备决定是否要给自己的孩子接种疫苗的女子所面临的影响风险评估的心理推动力与某个通过阅读介绍儿童疾病的书籍或与儿科医生谈话做这个决定的人所面临的心理推动力略有不同。加入脸书小组的女子的情况属于群体风险评估，而有理由相信，群体风险评估与个人风险评估在很多重要方面都有所不同。

对群体风险评估的研究最早始于 1961 年。研究者们通过一个实验得出结论：个人在群体中时会做出更冒险的决定。研究者发现，个人或许会同意接受有 1% 死亡率的手术，而群体中的人则可能同意接受最高达到 50% 死亡率风险的手术。[51] 一位学者创造了一种新的说法——风险转化现象（risky shift phenomenon）——来描述这一变化。当个人加入群体中时，他或她容忍风险的程度凭借此种机制得到了提升。不过，后来并不是所有研究都能重复这一发现。事实上，不少后续研究发现的情况正好相反：群体做决策时愿意接受的风险比个人决策时更低。为了回应这一结果，心理学家和风险理论研究者开发出群体极端化现象（group polarization phenomenon）这个概念，认为群体导致个人在决策时更加走极端。如果你正要做出一个风险决策，但正处于中立立场，那么照上述理论模型的说法，加入一个群体将使你做出比你之前认真思考过的决定更冒险的选择。[52]

在一项复杂实验中，谢勒和卓通过论证人们交流的强度、频率与对风险评估的共同意见之间存在极端强烈的联系而帮助我们解决了这个难题。[53] 假定简每周只在工作偶遇时对哈里打一次招呼，她就不太可能跟哈里就不同事物是有风险还是没有风险的问题达成高度共识，而假如他们每天都交谈 30 分钟，那么对此达成共识的可能性就高得多了。当然，简或许正是因为他俩在很多方面——包括思维方式和评估风险的方式——都很相似，才经常找哈里聊天的。尽管如此，在频繁联系的情况下，群体的极端化现象似乎还是颇为突出：简和哈里的互动有可能强化了她原有的对风险的看法，这是因为她现在不是一个人了。哈里对风险的看法也将因为类似的原因而得到巩固。谢勒和卓的研究增加了更多证据，表明简和哈里的风险观巩固和统一的程度与他们之间进行交流的总量是有关联的。

跟谢勒和卓发表这一发现的时候相比，现在这个理念大概更加重要了。社交媒体和互联网使得群体信息的交流比过去容易得多了。此外，人与人之间交流的强度和频率随着新技术的不断发展以及对快速交流渠道——如短信、脸书和推特——使用得越来越多而日益迅速增长。不少社交媒体站点的特色就是个人可以加入“群组”。只要你加入了一个群，就成了进展快速、更新频繁的群内即时聊天的一分子。通过这种形式的交流，人们很容易产生沟通频率、强度都很高的感觉。根据谢勒和卓的发现，一旦加入名为“转基因生物安全吗？”的脸书讨论组，我们对风险的看法趋同的程度很可能就增强了。

对群体风险感知的研究同样强调社会文化因素在风险评估中的重要性。在讨论什么叫作风险的社会放大性（social amplification of risk）时，社会学家提出将风险评估视为个人活动就是错误的。[54] 反之，风险评估天然具有社会性，并对既有的社会文化标准做出回应。这一主张将对话从风险的标准概念上推得更远了：将事件可能性与其后果的量级简单相乘。[55] 由于认识到这种更加复杂的风险评估性质，特别是风险感知对社会文化环境做出回应的方式，卡斯佩松开发出了以下这种认知过程模型来解释风险信号如何解码：

1. 个人过滤了信号，意味着全部输入信息中只有一部分真正经过了处理。

2. 个人解码了信号，确定信号对他 / 她本人意味着什么。

3. 个人运用我们在本章或本书其他章节描述过的经验

法则处理这一风险信息。

4. 个人与他/她的文化同伴群体互动，解释并验证信号。

5. 个人与他/他的群体构建行动策略，或者容忍此种风险，或者采取行动回避风险，或者反抗制造风险的实体。

6. 个人投身于构建完成的行动，去接受、无视、容忍或改变感知到的风险。[56]

这一过程显然比仅仅将风险的可能性与其后果的量级相乘并据此做出反应要复杂得多。与任何一种主张信息被接收、认知经验法则被用来处理信息、行动被采取（或不采取）的模型相比，这段对风险评估的描述也更加复杂。它将一种高度复杂的社交过程纳入了对风险的感知中。个人对风险的评估与群体的风险评估进行了比对，回应以上风险的行动是在同样复杂的社会环境中构建并执行的。个人在其自身的心理局限下独自评估风险这种理念太过简单，哪怕是这一理念的复杂一些的版本，即风险应被视为可能性与后果量级的乘积，依然是过于简单的。

快速查看几个网站可以展示疫苗反对者如何构建能够通过早先描述的群体过程塑造人们对风险的感知的强大群体成员关系。一个名叫VacTruth.com（疫苗真相网）的网站在脸书上有48 514个人“喜欢”，该网站使用“疫苗鼓吹者”（vaccine pushers）这个术语将“敌人”聚合成一个整体，作为回应，VacTruth.com的关注者们对它的认同就更坚实了。该站点的“新闻”版块有无数标题使用了这种语句：“格林–巴利综合征（GBS）在接种疫苗之后就不再是罕见病了：疫苗鼓吹者如何掩盖这一真相”，或是“关于HPV疫苗的震撼电视节目揭示了疫苗鼓吹者的残酷本质”。[57] 这个网站的作者们颇有效率地将一系列疫苗反对者的“敌人”——制药公司、疾病预防控制中心、大学里的科学家、食品药品监督管理局和其他支持疫苗使用的政府部门与机构——都归入了一个群体。这个简单的短语“疫苗鼓吹者”制造了一种敌人是一个整体的感觉，围绕这种感觉，疫苗反对者的群体认同会变得更加强烈。如果我们相信卡斯佩松的理论，同意群体认同对风险评估的构建和为回应感知到的风险而采取的行动都有强烈的影响，那么我们就能看出疫苗反对者组织强大群体的策略确实是颇为有力的，而且也能够将人们对风险的感觉与疫苗联系在一起，无论疾病预防控制中心这样的组织怎样努力向他们投放何种数据信息都无济于事。

另一个网站“VaccinationDebate”（疫苗争议）将人群划分为“我们”对“他们”，而且将这种方式呈现得更加直白。该网站的作者解释为什么关于疫苗安全存在“错误信息”时是这样说的：

> 首先，他们让你相信外面有各种细菌可能要你的命。就算这些细菌杀不死你，也会导致严重的并发症和久治不愈的慢性病。其次，他们让你相信无论你多么健康，只要染上了其中一种细菌，就很容易患病并死亡。换句话说，他们让你相信健康没有保障。最后，他们让你相信唯一可以保护你的途径，你唯一幸存下来的机会，就是你必须花钱去买他们的药物和疫苗。（你交的税款是付给他们的。）[58]

这段话里的“他们”是谁一时间并不明显，但只要我们花一分钟时间思考一下，就能看出这个“他们”和之前提到的VacTruth网创造的“他们”是同一群人。换句话说，“他们”就是疾病预防控制中心、食品药品监督管理局、政府有关部门、制药公司、医师组织、医学研究者，都聚集成了一个统一的整体。再一次，“他们”这个称号有助于制造一种更加坚实的“我们”是谁的感觉，还提供了一个群体风险评估的机会，随之产生了类似这样的东西：疫苗本应抵御的疾病并不危险，疫苗本身则意味着极其严重、可能致命的风险。正如早先的讨论所示，群体动力学的存在可能有助于强化这类风险评估。

我们将这一风险感知问题放入社会框架中，强调社群和社交层面在抵制科学信息方面的重要性。但是无论我们观察的是个人还是群体，人类风险感知方面的所有古怪原则依旧成立。我们的大脑并非为线性风险感知而设计的，尽管这就是世界的本来面目。当我们在做健康方面的决策并计划帮助他人以科学为依据做出此类决策时，承认这一点是纠正我们错误的关键一步。

结　语

我们整本书都在主张，在拒绝接受科学证据这种行为背后有着复杂的心理学、社会学以及神经生物学基础。我们还认为，此类倾向中有很多在各个方面都是适应性行为，很正常，也很符合人类的本性。我们中有些人对在最大程度上促进人口健康，同时帮助不同个人在充分获知科学信息的前提下做出医疗健康类抉择感兴趣。对这部分人而言，剩下的挑战是弄清科学错误信念的成因而又不至于彻底冒犯对方，或者试图抑制这种倾向，这样更糟。告诉人们不要感情用事不仅无济于事，而且我们也坚信，压抑人脑的这一面不符合任何人的最大利益。所以，我们建议使用一种多要素方法来帮助人们，引导他们直面证据，同时又不会忽略人性中重要的那一部分。最后，我们不希望人们在本应关注数据的时候争先恐后地寻觅逸事。但与此同时，我们也不希望社会上充斥着只看得到百分比和可能性，而不对身边的人表示同情的人。我们只想帮助人们更好地分辨什么时候他们的本能心理冲动在保护自己，什么时候这些冲动在损害他们的健康。

在结语中，我们首先要提出我们认为每个读者都应在读过本书之后接受的若干条核心原则。随后，我们将展示这些核心原则如何化为我们的具体建议，即与不相信科学的人沟通和打交道的时候应采取哪些更好的策略。我们称其为戈尔曼-戈尔曼（Gorman-Gorman）法。

原则

第一条指导原则：不是只有未受过教育的人才会做出不理性的医疗健康类决策。

我们在本书中已经多次见到，做出理性的健康选择并不一定与受教育程度挂钩。有丰富的事例显示，有些学术经历卓越（包括在科学方面的学术经历）的人也会全心接受关于一些重要议题（如疫苗与自闭症之间的关系和艾滋病病因）的不真实和不理性的信念。最突出的例子包括像安德鲁·韦克菲尔德和彼得·迪斯贝格这样的人，他们都接受过科学与医学方面的正规教育，也各自有过一段出色的科学生涯，但随后就建立了第二段职业生涯：鼓励、劝诱他人接受不科学、往往还很危险的健康理念。不能狡辩说这两个人中的任何一个——还有其他类似于他们这样的人——缺乏理解理性和不理性的医疗健康类选择背后的科学原理，尽管不理解科学原理是导致我们在心理上更容易怀疑科学证据的首要因素之一。这里的问题不是无知，而是心理学方面的推动力。这种力量在很多方面都具有惊人的进化适应性，对人类的存在、人类社会的构建与持续意义重大。

因此，我们强烈反对任何人在接触疫苗反对论、艾滋病否定论或其他任何非科学信念时，仅仅围绕它们都是源于无知这个假设进行交流。有非常清晰的证据表明，无知并不是这些非科学信念形成的主要因素。假如就无知这个主题喋喋不休——正如众多医务工作者和公共卫生官员所做的——只会导致“科学界人士”和“非科学界人士”之间产生更深的敌意，最终还无法说服一批已经懂得科学的人接受科学信念。正如我们在全书中所展示的，必须首先着重提出心理学和神经生物学因素是不科学信念背后的驱动力这一点，而不应提到抱持这类信念的人的受教育程度和科学的复杂性。假如与科学否定论搏斗只不过是教育方面的问题，那么我们的任务将会比实际情况简单得多，这就引出了我们的第二条原则。

第二条指导原则：不是“信息匮乏”这么简单。

人们很容易将拒绝相信科学证据的思维归咎于无知和信息匮乏。在《福布斯》杂志的一篇文章中，罗伯特·珀尔医生强调，“理解可预防的传染病的潜在后果是很重要的，尤其是对家长们而言”。[1] 类似的发言还可以在 2001 年《疫苗》杂志中的一篇文章中看到，文章标题就是很好的证据——《理解那些不理解的人：反疫苗运动简述》。[2] 这两篇文章都表现出坚信科学否定论与信息匮乏有关的强烈倾向。其结果就是，众多公共卫生官员和医务工作者为了回应健康否定论者的信念，将更多的信息塞给“那些不理解的人”。然而，正如我们在本书中所说，有相当多的否定论者受教育程度很高，信息宣教运动对他们不起作用。所以，我们主张，仅仅把更多数据资料塞给人们，去证明疫苗不危险但传染病很危险这种做法，将永远不足以真正解决这个问题。这种手段行不通的部分原因是它彻底忽视了与科学否定论相伴而来的心理学、情绪及社交方面的本能。我们在本书中描述过它们，并且证明它们对于助长科学否定论信念相当重要。

第三条指导原则：同情心与进化优势有时与理性思维有冲突。

本书用多个案例展示了帮助我们成为优秀的社会一分子，甚至帮助我们在进化中幸存下来的心理学动力，有时会与理性思维的要求发生冲突。我们已经展示了社会情境——例如卡里斯玛型领袖的影响，以及结成对社交大有好处的群体的强烈欲望——有时会令我们抛开理性去迎合情感冲动、从众欲望与领袖的强烈暗示。我们看到以下事实的时候，意识到最重要的因素不是缺乏信息。美国国家环境保护局对工业界实施严格的碳排放标准，美国企业对此深恶痛绝。热爱这一决定的那群人，在环境保护局没有将一种杀虫剂列入致癌物清单时又会指责环保局与工业界合谋。这类群体往往会吸取很多信息，包括他们拒绝相信的科学信息。与之类似，有环保组织坚决主张全球变暖正在发生，因为科学家们对此达成了一致。但是，该组织也宣称科学家们一致支持的转基因生物安全性或核能安全性是一种误导。从这个例子可以看出，理解事实的能力不是最大的推动力。相反，渴望归属于一个不顾面前摆着何种事实都牢牢维系着自我认同的群体才是上述自相矛盾的信念背后的动力之源。这种渴求是每个种族、每个收入水平、每个知识层次以及每个国家的人共有的特征。

我们还看到了一个正常运转的人类社会的基础以及通常能造就我们人类的特质——同情心——会导致我们喜爱故事胜于数据，并误判科学事实。更进一步，我们还看到，就连我们最基本的生存本能都会导致我们形成多种并不总能导向科学理性的思维方式。例如，我们最基本的生存有时依赖于快速推理、即时从所在环境中选出有意义的信号并运用经验法则来解读它们，因此我们会对有限的信息赋予因果关系。不过与此同时，以上所有本能在我们努力应对复杂的科学信息、试图理解它的时候都可能变成陷阱。关键的是，要认识到一部分我们身上最有益的本能冲动和认知过程在理解诸如科学程序这样的复杂系统时也可能是最具破坏性的。如果没有这种认识，我们就有可能忽略坚持非科学信念的几大最基本的理由：在很多意义上，导致非科学信念的思维过程恰恰是帮助我们在人类社会中得以生存与发展的那种思维机制。

第四条指导原则：假设检验无力发表绝对肯定的主张，人们对此感到不自在。

科学家是如何判定 X 是 Y 的原因的呢？在现实中，科学研究立足的方法都不允许科学家在理论上宣布 X 是 Y 的原因。这是因为科学家用来判定他们是否发现了一个可能有意义的实验结果的假设检验这个统计程序自身的性质。在假设检验中，你是从零假设开始的，这个假设表示你什么都没发现。正如我们所说，如果你在做一个试图明确 A 药物比 B 药物有效的实验，你的零假设应该是："未发现 A 药物与 B 药物的有效性在统计上存在显著差异。"然后你再设计一个代替它的假设："A 药物与 B 药物有效性在统计上存在显著差异。"（请注意，哪怕是在你这个替代假设中，都不会提到 A 药物和 B 药物哪种更好——你只是在说明存在差异的可能性。）然后，你再去做实验。我们用数据来检验零假设和替代假设。如果你发现 A 药物和 B 药物存在显著差异，你就证明了零假设不成立。但你永远不能"接受"替代假设。唯一的选择是拒绝或不拒绝零假设。当你做出了以上判断，你还会建立一个置信区间，一般情况下是 95%，意思是在 95% 的情况下，你可以说自己能发现同样的结果。请注意，在统计学上没有

100% 这回事。一位统计学家或科学家说出“我 100% 肯定 A 药物好于 B 药物”这种话实际上是不对的。

所以，上述全部内容给我们留下了什么呢？科学与统计学的法则强迫我们在否定结论的框架下工作，只能接近 100% 的确定性。流行病学与生物统计学的学生可以告诉你，在做完统计验证之后写出的正确声明是很难弄懂的，而假如他们的声明是这样的：“A 药物与 B 药物的效力在统计上表现出显著差异，我们因此可以接受替代假设。”教授就会给他们的验证或习题集扣分。这样的声明肯定会被教授用红笔圈圈点点，教授还可能写下这样的评语来责备学生：“我们永远不能接受替代假设，只能拒绝或不拒绝零假设。”等到这些学生毕业了，当上科学家或统计学家以后，他们自然也会有“我们永远不能轻易接受替代假设”这种根深蒂固的观念，所以他们永远不会再犯学生时代的错误，在媒体面前讨论实验结果时始终会十分谨慎地斟酌言辞。这就是为什么一名科学家从不会说出这样的话：“我可以告诉你，有 100% 的把握，A 不是 B 的原因。”反之，他们会说这样的话：“没有证据表明，高水平的 A 与高水平的 B 有关。”或“在迄今为止的临床试验中，B 药物的表现与 A 药物并不相同”。这着实令人沮丧。我们的心理学驱动力命令我们追求确定、没有疑虑的状态。我们只想听到：“我向你保证 B 药物比 A 药物更好。”但是科学家很有可能会对做出如此绝对的陈述感到不自在，因为他们担心曲解了用特意创造出来的科学方法收集到的证据。确实，广受欢迎的奥兹医生这类“专家”对自己言论的可靠性似乎过于自信，而他们的同行基本上都对他们颇有微词。因此，能让人类感到放心的证据与统计法则和科学允许我们采集到的证据本质上就无法联系在一起。

流行病学家们有一个笑话概括了这种断裂：要是两个流行病学家

要结婚的话，他们的婚礼誓词就是：“我保证永远在拒绝你这件事上失败。”这句话很好笑（至少对我们中的某些人而言很好笑）是有原因的。想象一下我们用处理假设检验的方式来处理婚礼誓词。我们被迫做出诸如此类的声明，这并不能完全满足两个试图建立延续终身的忠贞关系的人从此打消疑虑的情感需要。所以我们改变做法，在我们的情感领域与社交领域发表夸张得多的宣言，比如“我保证永远接受你的一切，无论具体是什么”。这种声明会令流行病学家浑身不自在。问题在于在处理科学证据时，我们不能彻底消除我们在情感和社交方面的癖好。所以当一个科学家说出“目前没有证据确定保存在家中的枪支具有保护作用”这样的话时，我们会感到很懊丧，因为我们更想听到的是“我可以告诉你，我100%肯定在自家保存枪支是很危险的，永远不会有任何好处”。科学家说前一种话的理由不是他或她真的相信枪支有一定概率是安全的，而只是根据科学证据的采集方式能够得出的结论来发表声明。虽然最终这两个声明是等同的，但我们的感觉是前者听起来没有后者让人安心。

第五条指导原则：人们对情感的回应比对数据的回应热烈，但卡里斯玛型领袖利用情感，而科学家利用数据。

正如我们在全书中多次看到的，人们对带有感情色彩的逸事的反应要比对基于人群的统计数据的反应更加热烈。这多少算是一种令我们拥有同理心，从而建立正常运转的社会的进化适应性行为。这种倾向与专业训练毫无关系：科学家与小说家具有的这种倾向同样强烈。帮助我们的配偶、孩子或好友的念头比拯救全市人、整个州的人或全国人的念头要容易掌握得多。只是当我们思考人们如何获得科学信息，以及何种信息更容易理解、更有说服力的时候，才会出现问题。当一位医生在一天快结束的时候见到一个已经得了急性支气管炎一星期的病人的时候，医生关注的是这个病人，而不是整个人群。抗生素可能帮不了这个病人，但大概也不会对病人有任何害处。而这样不必要的抗生素使用导致具有抗生素耐药性的细菌大肆流行，危及重症加护病房中的人的健康，这一点太容易被忽视了。

我们在第二章中主张，卡里斯玛型领袖大获成功的部分原因是他们抓住了人们的情感。其实，对于在一般意义上成为一个好领导，这也是很重要的一部分：在想办法提高生产力的时候，诉诸人们感性的一面要比仅仅刺激他们理性的一面效率更高，而这两种态度甚至可能背道而驰。卡里斯玛型领袖是出类拔萃的感性领导，能够令人们感到自己是特别的、有参与感的、团结一致的。在这方面，卡里斯玛型领袖所做的工作十分突出。这类领导力可以强化信念，无论信念本身是什么。结成这样的群体是人类的一种基础本能，我们要是写了一整本关于个人信念形成的书而没有注意到群体信念形成，那就是我们的疏忽。

可是，在科学问题上，这类领导力几乎没有帮助，很多事例都能证明它甚至是有害的。只需想一想塔博·姆贝基。这位南非的卡里斯玛型领袖认为 HIV 不是艾滋病的病因，结果加剧了艾滋病在南非泛滥成灾的情况，至今都没有得到很好的控制。这个问题的原因之一是科学界对反科学的卡里斯玛型领袖的行动没有做出针锋相对的回应。结果，我们发现自己处于这种境地：一边是很有魅力的卡里斯玛型领袖告诉我们疫苗和核能很危险，枪支和未经巴氏法消毒的牛奶很安全，而另一边是不带感情色彩的学院派科学家在引用 p 值，说着“没有充分证据肯定疫苗与自闭症有关这一假设”这类话。考虑到我们对情绪感兴趣的天性和感性吸引力对我们的激励作用，在这个场景中，我们更有可能听谁的呢？即使你不是阴谋论理论家或邪教组织成员，也会同意你更愿意听温斯顿·丘吉尔发表充满活力、鼓舞人心的演讲，而不愿耐着性子听完一位统计学家评估关于HIV与艾滋病之间关联性的所有研究。前者是卡里斯玛型领袖，后者不是。这没有什么可羞愧的：传统科学呈现给大众的方式往往是很枯燥的。但假如我们要在科学信念形成的过程中给人们留下一些印象，就得找到一种更好的方式聚集确信科学证据的人群，并选出在科学方面信得过的卡里斯玛型领袖来领导他们。

第六条指导原则：人们要改变想法是很难的。

看来，我们对改变原有想法是极端抗拒的。我们不愿忘掉自己学过并且融会贯通了的东西。当我们遇到了与我们原有信念相冲突的信息时，就会体验到认知失调。认知失调是令人极其不适的，我们会尽一切努力驱散这种感觉。这就是人们为什么能说服自己相信吸烟没有危害，吃蔬菜没有必要，经常取消去健身房的计划对他们的体重和健康没有什么影响。我们先树立起适合自己的信念，然后我们的大脑会全力以赴确保我们能抵抗任何似乎会对这些信念形成挑战的事物。研究表明，对抗认知失调的力量是如此强大，甚至能够通过脑区活动的可预测变化显示出来，就算是在照理说已经改变了想法的人们身上也能观察到这种变化。

其实，成像研究中有一些清晰的模式浮现了出来，这能帮助我们理解为什么会发生认知失调。例如，假设我们最初因为一个想法获得了被奖励的感觉，今后就会想办法重复这种感觉很多次。每一次大脑的奖励中枢——腹侧纹状体，更具体地说是位于其中的伏隔核——都被触发了，最后本能脑的其他部分就学着将这个想法固化为自己的定见。我们要是想改变这个想法，脑部的恐惧中枢如前脑岛就会警告我们快要发生危险了。强大的背外侧前额皮质可以凌驾于相对原始的脑部中枢并坚持理性和逻辑，但是它反应很慢，而且需要付出大量决心和毅力才能完成这项工作。因此，改变原有想法本质上既不自然也不自在，而这一点在我们大脑的工作方式中有所反映。

所以，当我们面临几乎总在否定自己原有信念的处境时，会发生什么事呢？正如我们在本书中多次指出的，科学总是在证伪旧有证据的过程中继续前进。正如萨拉的生物统计学教授曾经说过的："每当你完成一项研究并发现一个有统计显著性的结果，下一个任务就是把这个发现展示给其他科学家看，对他们说，'我发现了某个有统计显著性的结果，现在轮到你们想办法把它推翻了'。"这正是科学研究在做的事：我们想尽办法去攻击我们得到的有统计显著性的结果，看看它是否会失准；如果我们没能做到，就把结果交给别人，看看他们能不能令这一结果失准。最后，要么这一结果可以多次重复，于是成了可信的；要么——这是更有可能的——后来重复实验时发现结果有冲突，人们开始改变原有想法。这就是科学取得进展的方式：不断证伪原有信念。可是，我们刚刚提到的这个事实——改变原有想法是人类这个物种已知的最不自然的行为之一——该怎么处理呢？显然，这就给我们对科学证据的评估制造了一个重大问题。科学要求我们对不断改变想法持开放心态，而人类的生理和心理要求我们对自己的想法越坚定越好。这一冲突对我们接受科学新发现时的抗拒心理起了关键作用。一旦转基因食品致癌的念头在人脑中明确建立，基本上就不可能被移除了，无论有多少科学研究提供了驳斥这一观点的证据。

第七条指导原则：人们很难理解概率与风险。

医疗科学中的决策的前提是以下概念：我们可以在一定程度上明确统计学风险，随后自行判断如何将这一知识运用到特定情况中去。因此，鉴于统计学真实并不总能在每个个体身上100%变成现实，医学决策本质上就建立在一定程度风险的基础上。统计学并不总能完美预测现实这个事实是我们非常难以接受的，尤其是在我们准备为健康做出重要决策的时刻。

因此，在统计学概率与我们如何运用它做决策这组关系之间，心理学动力经常居中干预。“有1%的概率发展成癌症”的意味与“有1%的概率发展成细菌性鼻窦炎”完全不同。我们更有可能把前者看得很严重，甚至愿意接受一系列有严重副作用且风险很高的治疗，却忽视了后者。在两个场景中，风险水平是一样的，但是我们做出的决策很不一样。为了1%的风险采取激进的治疗方式是理性的吗？或许不是。当面对的是鼻窦炎的时候，我们或许能表现得很“理性”，但是在面对潜在的致命疾病时，“理性”在我们眼中就没那么有意义了。在我们心中，那1%一瞬间就变成了一个精神意象：我们即将因癌症而死，对自己没有早做决定采取治疗而悔恨不已。在现实中，这样考虑这种可能性的方式会更好：想象我们有99%的概率没有得癌症，只有1%的概率得了癌症。但是从人性的角度出发，这种练习毫无意义，还证明统计证据在转化为自然的人类认知与决策过程的尝试中失败得多么彻底。情感对我们如何评判一个赤裸裸的统计结果有着意义重大的影响。

在为了做出个人决策而评估科学证据的情况下，人类的自然思维与统计证据要求的那种思维之间的脱节是一个严重的问题。一位母亲或父亲几乎不可能接受自己的孩子在接种疫苗之后有癫痫发作的可能性，哪怕这种概率只有 0.001%。在父母心中，0.001% 的概率变成了孩子癫痫严重发作的景象。正如我们在全书中多次指出的，这种生动的精神意象原则上不见得是坏事：它是我们有能力怀有同情心，并且非常重视我们的孩子是否安全且得到了照料的原因之一。再一次，问题在于要做医疗决策时，统计数据要比精神意象和情感可靠得多。

所以，我们该如何处理这些令我们在做个人健康决策时难以将科学证据纳入考虑的认知与情感方面的挑战呢？我们既不能彻底消除情感与同情发挥的作用，也不想这样做。不过，我们可以学会将这些情感反应融入恰当的策略中去，更好地完成医疗决策。

我们现在就来谈谈一系列这样的策略。与本书中其他各处一样，这里的策略适合多种人群，包括科学界人士、非科学界人士、新闻工作者和教育工作者。

第一种解决办法：科学必须应对互联网上日益增多的各类信息。

最近布赖恩·胡克发表了一篇错误的文章，宣称有研究证明，疫苗可导致非裔美国儿童患自闭症，而美国疾病预防控制中心掩盖了相关信息。网上随即充满了强烈主张我们不能再相信政府和它的谎言与隐瞒的博客文章和帖子。本书两位作者之一（萨拉）做了个即兴小实验：要翻多少页谷歌搜索结果才能看到一篇从更接近科普的角度解释前述研究结果的文章呢？萨拉翻了 10 页谷歌搜索结果才找到一篇受过真正学术训练的科学家针对前述研究结果写的文章，该文认真描述了为什么胡克的研究所使用的方法会使得其结论无效。但是，有多少人会这么有耐心在谷歌搜索的时候浏览 10 页结果呢？我们已经知道，我们一旦形成一种观点，就很难改变主意了。等到你翻到谷歌搜索结果的第 10 页的时候（如果你真的会翻到那儿），难道你还没有被足足 9 页措辞强硬、很想说服你的帖子和文章说服吗？这些帖子和文章往往还配有图片和令人心痛的亲身经历，都在说疫苗确实导致了自闭症，而且布赖恩·胡克——他可是有博士学位呢——的研究百分之百证明了政府长达 10 年来对安德鲁·韦克菲尔德那项有“重大突破”的原创成果秘而不宣，这难道不是很骇人听闻吗？这类消息原封不动运用了卡里斯玛式说服法则，而我们已经展示了这些法则的有效程度简直令人难以置信。此外，我们在分析风险感知时讲过，人们本来就爱怀疑疫苗这种不熟悉的人工制品，它的作用机制既复杂又反直觉。一提起“疫苗”这个词，大脑的恐惧中枢，如杏仁核，就会因受刺激而产生反应，因为它能让我们联想到打针的疼痛、传染性很强的疾病以及自闭症这类并发症的危险警告。自闭症这种毁灭性的疾病深刻地影响了数量众多的美国家长的生活，而且基本上病因不明。我们此前也已说明，人们对原因不明的事物感到坐立不安，很希望“填补空白”。卡里斯玛型领袖的建议是令人满意的——我们得知我们的恐惧是有解的：别接种疫苗——还附带着加入一个热心人士组成的群体会有的各种好处。大脑的伏隔核被激活了，卡里斯玛型领袖的话语很快就会在我们的头脑中得到巩固，成为惯有思维。

以上所有因素都是十分自然的人类反应，同时也很不利于那位辛辛苦苦写了一篇深思熟虑的文章来证明那篇闹出了这么大动静的论文在科学上不具备有效性的可怜科学家。这位被团团围困的科学家运用的是迟缓的前额皮质，于是对挡在她文章之前的足足 9 页充满阴谋论的文章的密集攻势毫无还手之力。她能做些什么来保证自己的工作没有白费，并让她的重要文章有机会见到天日，好在人们做出那些性命攸关的重大健康决策的时候施加影响呢？

我们的建议是，科学家们不仅要能够流畅地发布我们在互联网上经常看到的那类信息，还要更加活跃地加入对话中去。我们认为，科学界和医学界尤其能够通过构建适用范围极广的在线社交媒体交流策略而得到很大收获。的确，现如今每一个科学和医学社群都有自己的网站，而且会发送新闻电子邮件和电子期刊。但是，它们中有多少拥有一个真正活跃的推特或脸书账号，并面向一般大众提供重大科学、医学事务的即时介绍呢？我们会大胆地说，少之又少（见图 11）。一个值得学习的榜样是美国地球物理联盟（AGU）。该组织的推特账号有两万名关注者，而且在最近于旧金山召开的美国地球物理联盟大会上，工作人员和科学家们在推特上实时发布大会上公布的最新消息。[3] 而且以上推特账号的关注者中有很多人并不是科学家。此外，美国地球物理联盟还有 11 个个人账号将最新的突破性科学成就用通俗文章转述出来。

同样重要的是，科学界、医学界以及政府公共卫生部门，如美国疾病预防控制中心、食品药品监督管理局和国家卫生研究院等，必须学习如何预判大众的恐惧与忧虑，并在错误理念彻底扎根之前采取行动。疾病预防控制中心本应在催促我们投入资源帮助非洲人民时立即回应埃博拉病毒在非洲大暴发的新闻报道，以安抚美国人民的情绪。胡克的文章本不该得到公之于众的机会，但既然它被公之于众，疾病预防控制中心本应立刻在线做出回应。尽管这种手段本身并不能解决医疗健康方面的非理性信念这个问题，但它也许是往正确方向迈出的关键一步，也是更广泛策略的重要一环。科学界与医学界或许应当聘用新职员来做这方面的工作，不过最终，这项工作可以成为一场能够拯救无数人的运动的一部分。所以，下一次胡克或他的同伙发表一篇讲疫苗和自闭症的文章时，人们一用谷歌搜索“胡克 疫苗 自闭症”，首先跳出来的结果之一就应该是一篇美国儿科医协会的博文，简短而准确地探讨为什么前述文章的研究方法得出的是似是而非的结果，因此其结论是无效的。

图 11 推特专家

出处:《推特专家》，雷蒙德 · K. 纳卡穆拉，2013 年。经画家同意使用。

我们知道这种方法不能使已经相信疫苗导致自闭症的人改变想法，但是，这样的努力能阻止大量还很疑惑或是摇摆不定的人被引到

* 此处推特的原单词“tweet”本义为鸟叫，画中小鸟为华纳兄弟公司动画中的金丝雀崔弟鸟（Tweety），画家借此表示嘲讽。

一条错误的道路上，做出有危险的医疗决策。

第二种解决办法：媒体从业者需要接受更好的训练，以便理解什么样的科学争论能够成立。

科学上显然存在很多合理争议，特别是在医学上。食品药品监督管理局应该加速批准患有不可治愈的严重疾病的人群急需的新药吗？这个问题的答案不是直截了当的：随便和两个医生谈一谈，你就会得到两个不同的答案。一方面，让病人尽快得到更好的治疗是一项基本原则；另一方面，我们又必须绝对肯定批准的药物是安全的。在这个问题上，没有非此即彼的答案。什么人真的通过不含麸质的饮食得到了好处？是什么造成了肠道极度敏感的症状？慢性疲劳综合征究竟是什么，什么人有得这种病的风险？上述这些医疗健康领域的问题都是值得探讨的正当疑问。但是，其他不是问题的问题，诸如疫苗是否导致自闭症，电休克疗法是否不安全，或抗生素是否可以治疗病毒性疾病，就不能成立。疫苗问题一开始出现争议是在 1998 年安德鲁·韦克菲尔德初次发表他那篇文章的时候。可是 17 年过去了，后来无数强有力的研究发现两者绝对没有关联；对于值得信赖、信息充足的医学专家与科学家来说，这个问题不属于合理争议。还需要完成多少经充分科学论证的研究，我们才有足够证据说服非科学界人士相信科学家早已知道的东西——转基因食品对人类无害，只对杂草和害虫有害？可是对于一个没有受过学术训练的人来说，这些“争议”看上去可能像那些关于肠道敏感综合征的争议一样合理，尽管实际并非如此。当代价看上去过于高昂的时候，为了区分能成立与不能成立的科学争议（正如我们展示过的，这两种类型的争议都涉及卓越的科学家以及医学名人），应该对一位新闻工作者——往往并非受过学术训练的科学家——提出怎样的要求才算合理呢？

我们建议，所有负责科学报道的新闻工作者，即便已经拿到过科学领域的博士学位，都应接受某种形式的训练，以分辨可成立的科学争议与不能成立的科学争议之间的区别。媒体应当建立起这样的认识：科学方法不是一系列政治辩论。在后者中，对立双方都应得到相等的发言时间。在科学争议中的双方得到的时间长短应当与这一方掌握的科学证据的强度成比例，也应与为其背书的正牌科学家人数成比例。按照这个标准，新闻报刊应当停止将前述不成问题的事宜呈现为有争议问题的行为。科学机构为什么不继续对新闻工作者进行科学教育呢，其他很多类型的行业不也对从业者进行类似教育吗？可以要求任何上科学写作课或新闻类专业课的人都学习一下明确传授这一项技术的课程。显然不是每个科学类新闻工作者都能学习这门课程，但是如果我们可以让大多数相关人员来上课，新闻业对科学争议的反应也许就会更准确一点儿了。我们都希望报纸与其他媒体花更多时间做科学报道，但这项工作必须是用在科学上站得住脚的方式来完成的。我们作为科学新闻的读者，应当坚持只读由深入研究过相关议题的记者写出来的报道，而记者证明自己资质的方式则是不断接受相关教育。

第三种解决办法：科学家必须对沟通因果问题的困难、人们对不确定性的不安以及科学家本身的弱点更加敏感。

科学家与医学研究人员基本上都是教育程度很高的聪明人，掌握了自己所在学科领域的大量知识。毫无疑问，健康医疗领域的重大科学突破大多可以归功于少数专业水平超常而且坚持顽强奋斗的人所具备的独特洞察力。但是，这种智慧不见得能转化成对如何将信息传达给其他人这一问题的理解。科学家与医学家并没有接受过专门训练，学习在传达自己研究成果的同时如何将人类情感纳入考虑范围。相应科学训练的关注点基本上是如何写作发表在须经同行评议的期刊上的科学论文，论文的读者也是其他专家。因而，科学家们不太关心，甚至一点儿也不关心如何将研究成果转化为一般大众了解的信息。关于如何令非科学界人士也能懂得科研成果，有些意见是这样的：不要使用科学界的行话，要解释专门术语的意思，等等。不过，我们在前文中已经证明，问题不一定在于人们不懂最基本的信息，而在于他们是在一系列心理活动中解读科学信息的，而心理活动有时会扭曲科学证据的真实性质。这方面是科学家需要掌握得更好的。面向研究者的医学博士和理科博士课程应该开设一些讲座和练习课，覆盖这类与一般大众交流复杂科学成果的沟通方法。讨论不应只关注如何将材料送到普通人手中，还应保证呈现材料的方式能阻止不理性的反应产生。这一点在有很大不确定性或看似风险很高的领域中尤其重要。科学家们不能只告诉人们风险的百分比数字，还需要理解这些百分数在人们心中真正意味着什么；最重要的是，表述这些数字的方式应该是令非科学界人士感到既非常可信又接受得了。科学家们只要接受少量认知心理学和行为经济学学习就能了解人们用来解读科学信息的偏见和经验法则，还能学会如何围绕上述心理过程展开沟通，从而使自己传达给人们的消息在最大程度上产生影响，并且能使人们以科学家希望的方式解读这些消息。

科学期刊编辑必须时刻把自己同意发表的文章将会出现在网上并且被不是目标读者的非科学界人士看到——也会被误读——这件事放在心上。一篇报告称一种新药仅在超高剂量使用时才会使易患癌症的大鼠长出肿瘤，这在药物毒理学专家眼中是新药令人放心的表现，但在网上就可能成为新药致癌的可怕证据。只差一小步，声称政府与制药公司合谋保护有毒药物的阴谋论就要诞生了。我们的意思绝对不是要求学刊不再发表这类文章——它们象征着在获得我们需要的新药的道路上迈出的关键一步。我们的意思是，相关学刊必须在事态失控以前找出办法向非科学界人士解说文章内容。

我们强调过，目前还不知道哪一种方法是任何情况下都适用的科学证据最佳交流法，而且有些研究得出了令人震惊的结果，证明我们曾经以为管用的方法其实是无效的。因此，寻找与一般大众交流科学证据以及已有苗头的科学论战的最佳方法的研究是非常有必要得到拨款支持的。可以预见，不同方法都需要做多次随机实验，我们才有可能更清楚地了解哪种方法可行，哪种方法不可行。科学家应该适用恐吓手段吗？我们需要组成我们这边的卡里斯玛型领袖小圈子吗？我们怎样传递事实才能吸引受众情感方面的需要，而不仅仅吸引他们智力方面的需要？

科学家和医学研究者除了要理解人们在消化医疗健康类信息时产生的心理活动，还必须对过去的科学错误抱持更开放的心态。我们如果过于强硬地为科学辩护，从不承认科学有弱点，那只会令大众与我们更加疏远。科学家和医学研究者应该学习不确定性的价值——如果人们得知眼前的消息中有一些不确定成分，也许就能更准确地评估自己的心理反应了。对过去的错误持开放态度说明科学界有充分的自省能力，也将增强大众对科学界的信任。无论我们喜不喜欢，确实有不少人很不信任科学界与医学界。与其贬低这些人，科学家与医学专家不如在表述他们的成果时运用对人们的某些恐惧和保留心理表示同情与理解的说法。毕竟，有些这类焦虑与怀疑的确因科学史和医学史上的严重错误而起，例如以下表明科研道德沦丧的标志性事件：臭名昭著的塔斯基吉梅毒研究；沿袭下来难以改变的反对食用脂肪的做法；还有新型索尔克脊髓灰质炎疫苗错误分发事件，当时一批含有未充分灭活的病毒粒子的该疫苗早期批次无意间被分发给了 260 名儿童（这个问题被迅速发现并解决了）。错误总是会发生，但是它们不能被用来当成否定科学方法有效性的武器或是支持阴谋论的工具。

第四种解决办法：我们需要提高以下方面的儿童教育——统计学与概率，深入理解科学方法，科学错误的地位，批判性思维的发展，理解什么是“好证据”的技巧。

本书两位作者之一萨拉将永远记得她姐姐蕾切尔上小学六年级时做的一次科学课作业。蕾切尔必须跑遍整座城，拾起各种各样的树叶，把它们粘在一个笔记本里，还得想办法识别出这些树叶是哪种树的叶子。萨拉不会忘掉这件事，因为这次作业让蕾切尔痛苦极了。每当全家人出门的时候，蕾切尔都为了找到“好”树叶而紧张不已。等回到家，她又会宣布（这是很有道理的）自己完全不知道如何分辨那些晒干、压制好的树叶标本究竟是哪种树叶。蕾切尔的父母（其中之一是本书的另一位作者）也花费了很多个小时的时间（一无所获地）想要帮助她。我们现在可以问问蕾切尔她还记不记得那次作业。她肯定记得，当然也记得为了及时完成作业多么痛苦、多么难熬。但我们要是问她是否记得那些树叶中任意一种的名字，答案肯定是忘光了。另一方面，蕾切尔最后在大学学了生物专业，现在当上了内科医生，而且每天都要用到统计学知识做出对人们的生命和健康有深远影响的重要医疗决策。我们要是问蕾切尔她第一次学到实质性的统计学知识是什么时候的事，恐怕是在她大学毕业那一年了。医学院几乎一点儿统计学也没有教。

绝不是只有内科医生需要对统计学和风险预判加深了解。我们每天都被大量的统计数据轰炸，其中有很多都被抽离了所在的具体环境，这是很不正确的。随着互联网的兴起、数据洪流的涌现以及“病人赋权”* 运动的开展，现如今我们必须更好地理解统计学才能为自己做出重大医疗决策，这个需求变得更加迫切了。然而可悲的是，大部分美国人并没有做好这样做的准备。随着面向大众开放的学刊种类大幅增加，有很多病人和照料他们的人现在自己上网阅读科学文献。但是这些病人及其家人真的准备好评估病例对照研究（case-control study）与回顾性队列研究（retrospective cohort study）之间的微妙差异、比值比（odds ratio）的真正含义以及取样规模是否真的足以得出任何结论等内容了吗？不太可能。我们不提倡每个美国人都成为统计学专家或流行病学家。但是，我们的确相信尽早、尽量频繁地令人们接触到部分上述概念的普通知识可以为美国普通人处理数据的方式带来巨大改变。

在本书中，我们简单概括过如何实现以上做法的一些想法。不过，其中还有一些值得强调。为了更好地教授批判性思维技巧，早期教育是很有必要的。这里的早期教育指的是教会儿童什么时候对某事物提出疑问，什么时候某事物看来已经足够可靠因而值得信任了。这看似简单，但我们基本上对此没有做好准备。例如，教师应该开课讲授如何更好地利用互联网，可以给学生们布置作业，提供一个有争议的主题以及大量互相冲突的数据。然后要求学生用互联网尽可能多地

* 世界卫生组织对病人赋权运动的定义是“人们经由此行动对影响自身健康的决策和行动获得更大控制权”，且它应被视为既是个人行动也是社群行动。

收集相关信息，再判断其中哪些信息是可信的、哪些不可信，并简述得出结论的过程。最后，开展班级讨论可以审视我们做出上述判断的方法。事实上，我们在第五章里概括过，有一些相对简单的习惯法则可以判断信息是否可信。一种很直接的方法是通过网站的外观做判断。专业网站，如美国儿科学会的官方网站，看上去往往是洗练而优美的，而反疫苗活动家的网站看上去则往往是浮夸而狂热的。教师可以教给学生一些这类习惯法则，帮助学生多掌握几条区分好信息与坏信息的策略。下一代孩子面对的信息浪潮比此前任何一代人都要多，他们将来肯定需要具备在信息浪头中跋涉的能力，因此也比前人更需要此类教育。

教师，尤其是科学教师需要加强自我教育。当前，教师在处理科学问题的时候常常都有些犹疑，尤其是在觉得那个话题“有争议”的时候。正如梅利萨·麦卡特尼最近提倡的，教师要学习如何像科学家一样思考，而不能仅仅学习科学事实和教育技能。[4]

最后，我们坚信有必要改变传授科学方法的方式。目前，如果说有什么称得上是科学方法的东西被教给了孩子们，它的呈现方式也是这样的：仿佛有一套神圣不可侵犯、毫无瑕疵的程序帮助科学家得出一个不容置疑的答案。这使得我们大多数人很难理解，一项科学研究怎么会由于重复实验反复失败而不再成立。相反，学生们应该学到科学方法的基础架构，但也应该接触到它混乱的一面。在一项科学研究中，究竟哪些地方可能出问题？学生们应该看到这方面的案例，老师应该要求学生对已发表研究的简化版做评估。没必要等到某人成了高学历的研究生才开始教他或她研究设计、偏见、混杂和统计错误的基础知识。等到那个时候，我们就会发现自己是在给唱诗班传道，这会在科学家以及所谓的科学盲之间制造更大的分歧。这种区分完全没必要如此严酷，而且我们坚信最好的解决之道就是尽可能早、尽可能经常地开展科学教育。

第五种解决办法：我们需要能跟持有错误医学信念的人做动机式访谈的医疗保健行业专业人员。

动机式访谈首先关注的是发现某人知道什么、关心什么，而不是试图说服对方相信某种观点。在成瘾治疗等领域中，这种方法已经得到了成功应用。成瘾者起初总是不愿改变自己的行为。传统的方法是告诉他们使用非法药物的全部风险和危害，并且告诉他们必须停止这种做法。这种方法的长期成功率微乎其微。而动机式访谈法不是这样，它最开始对成瘾者的提问是对方生活中是不是有哪些事不太顺利，他或她是不是想改变这一点。一个成瘾者也许不怎么期待放弃自己通过吸食海洛因获得的感觉，但却不太乐意被捕或把每一份收入都花在买毒品上面。通过上述询问，访谈者就能找到促使成瘾者改变成瘾物使用习惯的基本共识。

我们认为，动机式访谈法可能对解决持有根深蒂固的错误科学观念的人们的问题也有作用。这种方法不会直截了当地告诉某人疫苗是安全有效的，因此对方应当给自己的孩子接种疫苗，而是采用了也许效果更好的做法：首先找出对方信念的基础。此人是怎么想的，是如何得出自己那些结论的呢？带着这个问题的答案，访谈者就能发现这位家长认为什么是重要的，大概是确保自己孩子的安全，但也不会危及其他孩子的健康。访谈者可以和家长进行苏格拉底式的反复问答，分享彼此的信息和价值观，最后达到一个共同点。这个共同点最初也许只是一周后再约谈一次。我们的研究计划有一部分就是测试动机式访谈的能力如何，是否能够成功将健康决策行为引导到更加科学的方向；还要看看是否可能开发出基于人群的动机式访谈技术，以便应用到数量更多的人身上。

第六种解决办法：我们必须审视自己思考时不具批判性，并将情感置于理性之上的倾向。

诗人、伦理学家和牧师多年来始终在对我们宣讲：人性最崇高的状态就是爱另一个人并被他/她所爱。我们无意反驳这种说法。但是，由于科学负有认知全局并了解什么事物才能帮助最多人的责任，所以很难感性起来。作为科学事业的参与者，我们得到的要求是把已经被数万年的进化固定下来的某些基本的生理过程放在一边，将理性置于人类本能之上。要做到这一点并不容易。要是理性过头了，我们就再也不敢开车，可能也不敢吃，不敢呼吸了，因为似乎有哪个研究用显眼的大标题告诉过我们，我们吃喝、呼吸的每一样东西都对我们有害处。要想人生充满爱、即兴冲动和愉悦，就需要尊重情感和经验法则。

不过，我们已经尽力表达清楚了，科学研究很难做到一时兴起或直截了当。科研中充满偶然与意外，需要反思曾经以为已被证实的是否依然成立，还要争取找到足够证据证明自己的假设成立。我们太容易被生动的、令人激动的、情绪饱满的事物所吸引而偏离科学的复杂性和不确定性。我们相信以下这些事情也不是我们的错：大型营利企业制造的任何东西肯定都是很坏的；医学协会不管说什么都是因为它们想继续控制我们；政府的代表没有一个能够信任。可是，事实不是这么简单。制药公司做了一些糟糕的事，但它们也生产了对人类健康与存活的预期有革命性改变的、挽救生命的药物。大公司的确随时都想卖给我们危险产品，但有时候——比如转基因食品和核能——它们偶然发现了并不完美但却利大于弊的技术。跟它的批评者希望我们相信的情况相比，其风险要小得多，好处则大得多。“从农场到餐桌”和“回归自然”是很美妙的概念，往往可以为我们提供非常美味的食物，可是“不自然”的巴氏杀菌法对确保我们不被致命病菌感染有着至关重要的作用。

如果想明确我们应该相信什么，唯一的方式是以下这种做法：学习科学方法，要求了解人们从哪里得到数据、他们属于哪个组织机构，在考虑过多种观点以前不做判断。听到某人就与我们的健康有关的任何事物做出它有风险或它很安全的声明时，要坚持发问“这是跟什么相比得出的结论”以及“其他方面的情况呢”。最重要的是，让学习科学这件事成为你和你的家人生活中很重要的一部分。

最后的话

有些人的观点永远也不会改变。但假如我们能打动那些还没拿定主意的人，并阻止他们接受不正确的科学观念，那么我们可以说取得了胜利。应该始终理解、同情我们努力打动人们的做法。没有人可以对偏见、经验法则或感情用事彻底免疫。正如我们希望在本书中所表达清楚的，我们坦然承认自己在这些方面都有一些坏毛病，而且，这种坦然当然并不表示我们以后就不会一次又一次再犯。就连丹尼尔·卡尼曼也承认，自己偶尔会去买彩票。[5]我们知道自己无法也不愿克服情感和社会动力的超强力量，尽管这种力量有时会使我们在科学思考中误入歧途。我们的目的不是促使世界变成一个人们不爱听故事、不聚在一起谈论自己的困扰，也不会受到卡里斯玛型领袖鼓舞的地方。可是我们的确希望强调一点：如果我们不把心理学、情感和社会动力纳入对话中，就永远不能在反对危险的、不科学的理念的斗争中取得任何进展。正如我们希望自己已经表明的，我们提出的那个问题——人们为什么会坚持毫无科学依据的、不理性的医疗和健康观点——的答案其实就这么简单：因为我们是人类。我们是有同理心而且有构建社群的强烈动机的人类。我们永远不会支持腐蚀人性中这些美妙特质的做法。

因此，当我们设计促进自身掌握科学真相的策略时，必须充分将上述特质纳入考虑范围。应当给你的孩子接种疫苗；认识转基因食品和核能的益处而不仅仅是风险；不要喝未经巴氏法消毒的牛奶或用抗生素治疗病毒；如果抑郁过于严重且药物难以奏效，就同意接受电休克疗法；不要购买枪支。上述每一条建议都能激起强烈的情绪，还会激怒一些人，但是它们都是建立在压倒性的科学证据的基础上的。通过将同情、同理心和情感加入这个等式中，我们最终就能有效地帮助人们做好总有一天会救他们一命的关键决策。

注 释

引子

1. A. Mamiit, "Relatives of Thomas Eric Duncan blame Ebola victim's death on hospital's lack of proper care," *Tech Times*, October 12, 2014, http://www.techtimes.com/articles/17683/ 2141012; Manny Fernandez & Dave Philips, "Death of Thomas Eric Duncan in Dallas fuels alarm over Ebola," *The New York Times*, October 8, 2014; Alexandra Sifferlin, "Here's who's blaming who for Ebola," *TIME*, October 16, 2014, http://time. com/3513274/ebola-cdc-obama-blame/.

2. D. Baker, "Ebola hysteria fever: A real epidemic," *Huffington Post*, October 21, 2014.

3. A. Yuhas, "Panic: The dangerous epidemic sweeping an Ebola-fearing US," *The Guardian*, October 20, 2014.

4. C. M. Blow, "The Ebola hysteria," *The New York Times,* October 29, 2014.

5. S. L. Murphy , J. Xu , K. D. Kochanek , United States Department of Health and Human Services, & Centers for Disease Control and Prevention, *National vital statistics reports, Deaths: Final data for 2010*, May 2013, *61*. 我们简单地将 2010 年——这是距今最近也最完整的报告年份——全年死亡人数除以 365，得

出每天的死亡人数。当然，这些数字会因季节性死因（如流感）而波动，但大致可以给我们一个美国每日死亡人数规模的比较准确的概念。

6. http://www.npr.org/blogs/goatsandsoda/2014/10/23/358349882/an-answer-for-americans-who-ask-whats-my-risk-of-catching-ebola, October 23, 2014.
7. B. Hallowell, "Pastor solves mystery surrounding why one-fourth of his congregation abruptly disappeared," *The Blaze*, June 6, 2015.
8. E. Ritz , "Nurse diagnosed with Ebola makes a request of Ohio bridal shop that the owner is calling a 'slap in the face,'" *The Blaze*, November 26, 2014.
9. "Report slams U.S. Ebola response and readiness," *NBCNews*, February 26, 2015.
10. http://blogs.plos.org/speakingofmedicine/2014/10/22/ebola-taught-us-crucial-lesson-views-irrational-health-behaviors/.
11. C. Spencer , "Having and fighting Ebola—public health lessons from a clinician turned patient," *New England Journal of Medicine*, 2015, *372*, 1089–1091.
12. S. B. Omer, D. A. Salmon , W. A. Orenstein, P. DeHart, & N. Halsey, "Vaccine refusal, mandatory immunization, and the risks of vaccine-preventable diseases," *New England Journal of Medicine*, 2009, *360*, 1981–1988.
13. A. Anglemyer, T. Horvath, & G. Rutherford, "The accessibility of firearms and risk for suicide and homicide victimization among household members: A systematic review and meta-analysis," *Annals of Internal Medicine*, 2014, *160*, 101–110.
14. N. Golgowski, "Woman kills self with gun bought for Ferguson unrest: Report," *New York Daily News*, November 24, 2014, http://www.nydailynews.com/news/national/woman-kills-gun-bought-ferguson-unrest-report-article-1.2022352.
15. O. Khazan, "Wealthy LA schools vaccination rates are as low as South Sudan's,"

The Atlantic, September 16, 1951, http://www. theatlantic.com/health/archive/2014/09/wealthy-la-schools-vaccination-rates-are-as-low-as-south-sudans/380252/.

16. C. Pouliot & J. Godbout, "Thinking outside the 'knowledge deficit' box," *EMBO Reports*, 2014, *15*, 833–835.

17. L. Xin, "Got charisma? Depends on your voice," http://news. sciencemag.org/biology/2014/10/got-charisma-depends-your- voice, October 29, 2014.

18. P. Slovic, "Beyond numbers: A broader perspective on risk perception and risk communication," in Deborah G. Mayo & Rachelle D. Hollander, eds., *Acceptable evidence: Science and values in risk management*, Oxford: Oxford University Press, 1991, 48–65.

19. D. H. Barlow, J. M. Gorman, M. K. Shear, & S. W. Woods, "Cognitive-behavioral therapy, imipramine, or their combination for panic disorder: A randomized controlled trial," *Journal of the American Medical Association*, 2000, *283*, 2529–2536.

20. 我们这里说的体液指的是唾液、黏液、呕吐物、粪便、眼泪、母乳、尿液和精液。某人必须接触埃博拉感染者或因埃博拉死亡的人的尸体，才可能感染这种疾病。只是在飞机或公交车上坐在某个感染了埃博拉病毒的人身旁并不足以得病。

21. National Safety Council, *Injury facts, 2014 Edition*, Itasca, IL: Author, 2014.

22. D. Kahneman, personal communication.

23. N. N. Taleb, *Fooled by randomness: The hidden role of chance in life and in the markets*, New York: Random House, 2004.

24. http://minnesota.cbslocal.com/2014/10/06/widow-of-1st-american-ebola-victim-strives-to-end-ignorance/.

25. http://www.cnn.com/2014/10/24/health/ebola-travel-policy/; Marc Santora,

"Doctor in New York City is sick with Ebola," *The New York Times*, October 23, 2014; and finally, Anemona Hartocollis, "Craig Spencer, New York doctor with Ebola, will leave Bellevue Hospital," *The New York Times*, November 10, 2014.

26. C. Spencer, "Having and fighting Ebola—public health lessons from a clinician turned patient," *New England Journal of Medicine*, 2015, *372*, 1089–1091.

27. C. Spencer, "Having and fighting Ebola—public health lessons from a clinician turned patient," *New England Journal of Medicine*, 2015, *372*, 1090.

28. F. DeStefano, T. Karapurkar, W. W. Thompson, M. Yeargin-Allsopp, & C. Boyle, "Age at first measles-mumps-rubella vaccination in children with autism and school-matched control subjects: A population-based study in metropolitan Atlanta," *Pediatrics*, 2004, *113*, 259–266.

29. http://www.translationalneurodegeneration.com/content/3/1/22.

30. B. Kantrowitz, "The science of learning," *Scientific American*, August 2014, 69–73; S. Freeman, S. L. Eddy, M. McDonough, M. K. Smith, N. Okoroafor, H. Jordt, & M. P. Wenderoth, "Active learning increases student performance in science, engineering, and mathematics," *Proceedings of the National Academy of Sciences (USA)*, 2014, *111*, 8410–8415.

31. A. Meisel, "Keeping science fun," September 2014, http://www. sas.upenn.edu/series/frontiers/keeping-science-fun.

32. P. G. Alaimo, J. M. Langenhan, & I. T. Suydam, "Aligning the undergraduate organic laboratory experience with professional work: The centrality of reliable and meaningful data," *Journal of Chemic Education*, Epub October 10, 2014, doi:10.1021/ed400510b.

33. R. Péerez-Peña, "Colleges reinvent classes to keep more students in science," *The New York Times*, December 26, 2014.

34. http://jeromiewilliams.com/2013/04/12/holy-fukushima-radiation-from-japan-is-already-killing-north-americans/.

35. D. Kahan, D. Braman, & H. Jenkins-Smith, "Cultural cognition of scientific consensus," *Journal of Risk Research*, 2011, *14*, 147–174.

36. B. Nyhan, J. Reifler, S. Richey, & G. L. Freed, "Effective messages in vaccine promotion: A randomized trial," *Pediatrics*, 2014, *133*, e835–842.

37. J. K.Koh, "Graphic warnings for cigarette labels," *New England Journal of Medicine*, August 4, 2011, *365*, e10.

38. S. A. Schroeder, "Tobacco control in the wake of the 1998 master settlement agreement," *New England Journal of Medicine*, 2004, *350*, 293–301.

39. T. Nordhaus & M. Shellenberger, "Global warming scare tactics," *The New York Times*, April 8, 2014.

40. D. Shiffman, "'I'm not a scientist' is a dangerous cop-out," http://www.slate.com/articles/health_and_science/science/2014/10 /i_m_not_a_scientist_excuse_politicians_don_t_need_to_ be_experts_to_make.html.

41. A. Cockcroft, M. Masisi, L. Thabane, & N. Andersson, "Legislators learning to interpret evidence for policy," *Science*, 2014, *354*, 1244–1245.

42. C. Korownyk, M. R. Kolber, J. McCormack, et al., "Televised medical talk shows—what they recommend and the evidence to support their recommendations: A prospective observational study," *British Medical Journal*, 2014, *349*, g7346, doi:10.1136/bmj.g7346.

43. G. A. Poland & R. M. Jacobson, "Understanding those who do not understand: A brief review of the anti-vaccine movement," *Vaccine*, 2001, *19*, 2440–2445.

44. G. K. Spurling, P. R. Mansfield, B. D. Montgomery, J. Lexchin, J. Doust, N. Othman, et al., "Information from pharmaceutical companies and the quality,

quantity, and cost of physicians' prescribing: A systematic review," *PLoS Medicine*, 2010, *7*(10), e1000352, doi:10.1371/journal.pmed.1000352; B. T. Montague, A. H. Fortin 6th, & J. Rosenbaum, "A systematic review of curricula on relationships between residents and the pharmaceutical industry," *Medical Education*, March 2008, *42*(3), 301–308.

46. 关于此话题的完整讨论，参见 J. M. Gorman & P. E. Nathan, "Challenges to implementing evidence-based treatments," in Peter E. Nathan and Jack M. Gorman, eds., *A Guide to Treatments that Work*, 4th ed., New York: Oxford University Press, 2015, 1–21。

46. "Economists aren't free of biases, even though economists say otherwise," *The Daily Idea: Harvard Business Review*, September 16, 2014.

47. D. Martin, "Elizabeth Whelan, who challenged food laws, dies at 70," *The New York Times*, September 17, 2014.

48. 公平地说，几乎可以肯定惠兰对"人造甜味剂对人类有致癌效果"这个说法的质疑是成立的。但是，现在有个事实已经很清楚：使用人造甜味剂会导致一个自相矛盾的后果，即提高患 2 型糖尿病的风险。

第一章

1. http://townhall.com/tipsheet/mattvespa/2015/03/03/nras-lapierreif-you-care-about-your-freedoms-you-belong-in-the-national-rifle-association-n1965197; https://www.nranews.com/series/wayne-lapierre/video/wayne-lapierre-how-to-stop-violent-crime/episode/wayne-lapierre-season-1-episode-1-how-to-stop-violent-crime; http://thinkprogress.org/politics/2012/12/21/1368881/everything-you-need-to-know-about-the-nras-wayne-lapierre/; 拉皮埃尔 2014 年 4 月 25 日在 NRA-ILA 领导论坛（NRA-ILA Leadership Forum）上的

讲话，https://www.youtube.com/watch?v=t3XJKAq8NjQ; 拉皮埃尔 2014 年 2 月 6 日在 2014 年保守派政治行动会议（2014 Conservative Political Action Conference）上的讲话，http://dailycaller.com/2014/03/06/cpac-wayne-lapierres-speech/。

2. C. Hodapp & A. Von Kannon, *Conspiracy theories and secret societies for dummies*, Hoboken, NJ: Wiley Publishing, 2008, 21. 这本书被另一本书引用了，我们认为两本书的作者都十分博学且有鉴别力；我们很惊讶地发现，尽管这本书有这样一个标题，但其中还是有一些有用信息。不过，我们强调，绝对不能使用“傻瓜”（dummy）或类似词语来指代阴谋论受害者。受害者并不都属于同一个无知的阶层，而且这样称呼他们正中那一类群体领袖的下怀。

3. U.S. Department of Health and Human Services, *The health consequences of smoking—50 years of progress: A report of the Surgeon General*, Atlanta, GA: U.S. Department of Health and Human Services, Centers for Disease Control and Prevention, National Center for Chronic Disease Prevention and Health Promotion, Office on Smoking and Health, 2014.

4. N. Oreskes & E. M. Conway, *Merchants of doubt: How a handful of scientists obscured the truth on issues from tobacco smoke to global warming*, New York: Bloomsbury Press, 2010, 6.

5. C. Mooney & S. Kirshenbaum, *Unscientific America: How scientific illiteracy threatens our future*, New York: Basic Books, 2009, 29.

6. 事实当然并非如此。建立在丰富数据基础上的压倒性的科学共识是，气候变化和全球变暖是真实存在、值得警醒的现象。

7. S. C. Kalichman, *Denying AIDS: Conspiracy theories, pseudoscience, and human tragedy*, New York: Copernicus/Springer, 2009, 9.

8. K. M. Douglas & R. M. Sutton, "Does it take one to know one? Endorsement of conspiracy theories is influenced by personal willingness to conspire," *British Journal of Social Psychology*, 2011, *50*, 544–552, 引自 545 和 550 页。

9. J. A. Whitson & A. D. Galinsky, "Lacking control increases illusory pattern perception," *Science*, 2008, *322*, 115–117.

10. D. Jolley & K. M. Douglas, "The social consequences of conspiracism: Exposure to conspiracy theories decreases intentions to engage in politics and to reduce one's carbon footprint," *British Journal of Psychology*, 2014, *105*, 35–56.

11. V. Swami, R. Coles, S. Stieger, J. Pietschnig, A. Furnham, S. Rehim, & M. Voracek, "Conspiracist ideation in Britain and Austria: Evidence of a monological belief system and associations between individual psychological differences and real-world and fictitious conspiracy theories," *British Journal of Psychology*, 2011, *102*, 443–463, 引自 452 页。

12. D. Jolley & K. M. Douglas, "The effects of anti-vaccine conspiracy theories on vaccination intentions," *PLoS ONE*, 2014, *9*, e89177.

13. S. Lewandowsky, K. Oberauer, & G. E. Gignac, "NASA fakes the moon landing—therefore, (climate) science is a hoax: An anatomy of the motivated rejection of science," *Psychological Science*, 2013, *24*, 622–633.

14. D. Jolley & K. M. Douglas, "The effects of anti-vaccine conspiracy theories on vaccination intentions," *PLoS ONE*, 2014, *9*, e89177, 6.

15. 杰克坦然承认他自己曾经就是这样想的。直到十年多前，他都在接受多家制药公司提供的金钱。因此，这段声明并不是出于一种仿佛在道德上有优越感的错觉，而是个人经验所得。

16. L. M. Bogart, G. Wagner, F. H. Galvan, & D. Banks, "Conspiracy beliefs about HIV are related to antiretroviral treatment nonadherence among African

American men with HIV," *Journal of Acquired Immune Deficiency Syndrome*, 2010, *53*, 648–655.

17. M. Abalakina-Paap, W. G. Stephan, T. Craig, & W. L. Gregory, "Beliefs in conspiracies," *Political Psychology*, 1999, *20*, 637– 647, 引自 637 页。

18. M. Bruder, P. Haffke, N. Neave, N. Nouripanah, & R. Imhoff, "Measuring individual differences in generic beliefs in conspiracy theories across cultures: Conspiracy Mentality Questionnaire," *Frontiers in Psychology*, 2013, *4*, 225.

19. T. Goertzel, "Conspiracy theories in science," *EMBO Reports*, 2010, *11*, 493–499, 引自 494 页。

20. A. Markandya & P. Wilkinson, "Electricity generation and health," *Lancet*, 2007, *370*, 979–990.

21. M. Gannon, "Air pollution linked to 1 in 8 deaths worldwide," http://www.livescience.com/44365-air-pollution-linked-to-1-in-8-deaths.html.

22. D. Kahneman, *Thinking, fast and slow*, New York: Farrar, Straus and Giroux, 2011, 140.

23. A. Damascio, *Descartes' error: Emotion, reason, and the human brain*, New York: G. P. Putnam's Sons, 1994.

24. M. G. Edelson, Y. Dudai, R. J. Dolan, & T. Sharot, "Brain substrates of recovery from misleading influence," *Journal of Neuroscience*, 2014, *34*, 7744–7753.

25. P. Slovic, M. Finucane, E. Peters, & D. G. MacGregor, "The affect heuristic," in Thomas Gilovich, Dale W. Griffin, & Daniel Kahneman, eds., *Heuristics and biases: The psychology of intuitive judgment*, New York: Cambridge University Press, 2002, 401.

26. N. Schwarz, "Feelings as information: Moods influence judgments and processing strategies," in Thomas Gilovich, Dale W. Griffin, & Daniel

Kahneman, eds., *Heuristics and biases: The psychology of intuitive judgment*, New York: Cambridge University Press, 2002, 535.

27. T. Goertzel, "Conspiracy theories in science," *EMBO Reports*, 2010, *11*, 493–499.

28. C. R. Sunstein, *Conspiracy theories and other dangerous ideas*, New York, Simon and Schuster, 2014, 5.

29. P. R. Bost, S. G. Prunier, & A. J. Piper, "Relations of familiarity with reasoning strategies in conspiracy beliefs," *Psychological Reports*, 2010, *107*, 593–602, 引自 599 页。

30. P. R. Bost & S. G. Prunier, "Rationality in conspiracy beliefs: The role of perceived motive," *Psychological Reports: Sociocultural Issues in Psychology*, 2013, *113*, 118–128.

31. R. Bost & S. G. Prunier, "Rationality in conspiracy beliefs: The role of perceived motive," *Psychological Reports: Sociocultural Issues in Psychology*, 2013, *113*, 118–128, 引自 125 页。

32. B. G. Southwell, *Social networks and popular understanding of science and health: Sharing disparities*, Baltimore, MD: The Johns Hopkins University Press, 2013, 8.

33. N. Hertz, *Eyes wide open: How to make smart decisions in a confusing world*, New York: HarperCollins, 2013, 169.

34. B. G. Southwell, *Social networks and popular understanding of science and health: Sharing disparities*, Baltimore, MD: The Johns Hopkins University Press, 2013, 72.

35. C. Mooney & S. Kirshenbaum, *Unscientific America: How scientific illiteracy threatens our future*, New York: Basic Books, 2009, 15.

36. C. R. Sunstein, *Conspiracy theories and other dangerous ideas*, New York: Simon and Schuster, 2014, 13.

37. V. Swami, "Social psychological origins of conspiracy theories: The case of the

Jewish conspiracy theory in Malaysia," *Frontiers in Psychology*, 2012, *3*, 280. Published online August 6, 2012. Prepublished online July 3, 2012, doi: 10.3389/fpsyg.2012.00280.

38. C. R. Sunstein, *Conspiracy theories and other dangerous ideas*, New York: Simon and Schuster, 2014, 22.
39. C. R. Sunstein, *Conspiracy theories and other dangerous ideas*, New York: Simon and Schuster, 2014, 29.

第二章

1. S. A. Haslam, S. D. Reicher, & M. J. Platow, *The new psychology of leadership: Identity, influence, and power*, Hove, East Sussex, UK: Psychology Press, 2011, 29.
2. S. A. Haslam, S. D. Reicher, & M. J. Platow, *The new psychology of leadership: Identity, influence, and power*, Hove, East Sussex, UK: Psychology Press, 2011, 75.
3. S. A. Haslam, S. D. Reicher, & M. J. Platow, *The new psychology of leadership: Identity, influence, and power*, Hove, East Sussex, UK: Psychology Press, 2011, 75.
4. S. A. Haslam, S. D. Reicher, & M. J. Platow, *The new psychology of leadership: Identity, influence, and power*, Hove, East Sussex, UK: Psychology Press, 2011, 75.
5. J. A. Conger & R. N. Kanungo, *Charismatic leadership in organizations*, Thousand Oaks, CA: Sage, 1998, 23–24.
6. J. A. Conger & R. N. Kanungo, *Charismatic leadership in organizations*, Thousand Oaks, CA: Sage, 1998, 13–14.
7. J. A. Conger & R. N. Kanungo, *Charismatic leadership in organizations*, Thousand Oaks, CA: Sage, 1998, 15.
8. J. A. Conger & R. N. Kanungo, *Charismatic leadership in organizations*, Thousand Oaks, CA: Sage, 1998, 21.

9. R. H. Gass & J. S. Seiter, *Persuasion, social influence, and compliance gaining*, 4th ed., Boston: Allyn & Bacon, 2011, 121.

10. R. H. Gass & J. S. Seiter, *Persuasion, social influence, and compliance gaining*, 4th ed., Boston: Allyn & Bacon, 2011, 121–122.

11. http://www.psychologytoday.com/blog/spycatcher/201208/dangerous-cult-leaders.

12. R. H. Gass & J. S. Seiter, *Persuasion, social influence, and compliance gaining*, 4th ed., Boston: Allyn & Bacon, 2011, 54.

13. R. H. Gass & J. S. Seiter, *Persuasion, social influence, and compliance gaining*, 4th ed., Boston: Allyn & Bacon, 2011, 62.

14. R. H. Gass & J. S. Seiter, *Persuasion, social influence, and compliance gaining*, 4th ed., Boston: Allyn & Bacon, 2011, 186.

15. J. A. Conger & R. N. Kanungo, *Charismatic leadership in organizations*, Thousand Oaks, CA: Sage, 1998, 31.

16. J. B. Engelmann, C. M. C. Capra, C. Noussair, & G. S. Berns, "Expert financial advice neurobiologically 'offloads' financial decision-making under risk," *PLoS One*, *4*, e4957, 引自 10 页。

17. M. G. Edelson, Y. Dudai, R. J. Dolan, & T. Sharot, "Brain substrates of recovery from misleading influence," *Journal of Neuroscience*, 2014, *34*, 7744–7753, 引自 7751 页。

18. J. A. Conger & R. N. Kanungo, *Charismatic leadership in organizations*, Thousand Oaks, CA: Sage, 1998, 63.

19. N. Nattrass, *Mortal combat: AIDS denialism and the struggle for antiretrovirals in South Africa*, KwaZulu Natal, South Africa: University of KwaZulu Natal Press, 2007, 151.

20. N. Oreskes & E. M. Conway, *Merchants of doubt*, New York: Bloomsbury Press, 2010, 10.

21. 我们无意贬低任何科学期刊，同时承认有许多有用甚至是重要的科学论文在整体影响力较低的期刊上找到了自己的归宿。然而，科学与医学期刊依然有层级之分，而诸如《科学》《自然》《新英格兰医学杂志》《美国国家科学院院刊》（*Proceedings of the National Academy of Sciences, PNAS*）这类期刊站在顶峰。这些期刊用最严格的——有人会说是最苛刻的——同行评议标准对待投稿，而且采用率极低：10% 左右或更低。如果我们看一看层级没有这么高的期刊，就会发现论文被采用并发表变得容易多了。

22. P. H. Duesberg, *Inventing the AIDS virus*, Washington, DC: Regnery, 1998, 11.

23. R. B. Cialdini, *Influence: Science and practice*, 5th ed., Boston: Pearson Education, 2009, 212–213.

24. P. H. Duesberg, *Inventing the AIDS virus*, Washington, DC: Regnery, 1998, 66–67.

25. 这桩丑闻最令人不安的两个方面是，第一，韦克菲尔德的论文发表在公认为顶级医学期刊的《柳叶刀》上；第二，《柳叶刀》的编辑们拖了很长时间才同意撤回这篇论文，尽管韦克菲尔德拒绝亲自这样做（论文最初发表于 1998 年，直到 2010 年才被撤回）。人们只能揣测这篇论文怎么能通过《柳叶刀》正常情况下严格的评审：它只有 12 名未经正确方式选定的受试者，也没有对照组。自那以后，人们清楚地知道，这篇论文本质上就是欺诈。

26. https://www.youtube.com/watch?v=l6kOxkPJfRM.

27. https://www.youtube.com/watch?v=EpvB3gt4akE.

28. https://www.youtube.com/watch?v=EpvB3gt4akE.

29. A. Picard, "Medical fraud revealed in discredited vaccine-autism study," *The Globe and Mail*, January 6, 2011.

30. J. A. Conger & R. N. Kanungo, *Charismatic leadership in organizations*, Thousand Oaks, CA: Sage, 1998, 47.
31. J. A. Conger & R. N. Kanungo, *Charismatic leadership in organizations*, Thousand Oaks, CA: Sage, 1998, 47.
32. https://www.youtube.com/watch?v=0b1fycxZIwI.
33. 正如本书之后的内容中将讨论到的，催产素是一种被称为下丘脑的脑部结构分泌的激素。催产素有很多功能，在哺乳动物身上的主要作用是增进依恋行为，如母亲与婴儿之间的行为。给人类提供催产素之后，人们能因此感到更加安全、被他人所爱，与他人关系紧密。
34. 严格地说，美国能源部直到 1977 年才成立，不过其官网承认本部门可以追溯至发明原子弹的“曼哈顿计划”。
35. “Vermont v science,” *The Economist*, May 10, 2014, pp. 25–26. 我们认为转基因食品的真正问题已经在马克 · 比特曼 2014 年 5 月 6 日发表于《纽约时报》的专栏文章中阐述得很恰当了：“转基因食品本身以现在这种原始形态存在应该是无害的；转基因技术根本没有必要引起丝毫不安。（我们人类和植物的细胞里都不可能没有一点儿‘外来 DNA’。）但是迄今为止，转基因生物被孟山都这类公司用来实现利润最大化，将世世代代的农民积累的专业技术从农业活动中排除得更彻底；在这些方面，上述公司大获成功。它们并没有成功推动可持续农业的发展（这一点并不是无关的，因为这类公司声称这是它们的目标），对资源的调度也有害处：这种做法加速了农业产业化进程以及随之而来的种种问题，也提高了这些没有道德观念的公司的地位。但是目前并未发现转基因技术本身有什么危害。”换言之，转基因生物对人类健康无害，但尚未被用来解决饥荒和疾病问题，而在这些问题上，该技术本来是可以发挥作用的。
36. A. Harmon, “A lonely quest for facts on genetically modified crops,” *The New*

York Times, January 4, 2014.

37. G. E. Séralini, E. Clair, R. Mesnage, S. Gress, N. Defarge, M. Malatesta, D. Hennequin, & J. S. de Vendômois, "Long term toxicity of a Roundup herbicide and a Roundup-tolerant genetically modified maize," Food and Chemical Toxicology, 2012, 50, 4221– 4231.（请注意，maize 就是北美称为玉米的作物。）

38. 撤回通知见 "Long term toxicity of a Roundup herbicide and a Roundup-tolerant genetically modified maize," *Food and Chemical Toxicology*, 2012, *50*, 4221–4231。

39. G. E. Séralini, R. Mesnage, & N. Defarge, "Conclusiveness of toxicity data and double standards," *Food and Chemical Toxicology*, 2014, http://dx.doi.org/10.1016/j.fct2012.08.005.

40. http://www.sustainablepulse.com.

41. http://www.digital-athanor.com/PRISM_ESCAPE/article_usb312.html?id_article=18.

42. B. Alberts, R. Beachy, D. Baulcombe, G. Blobel, S. Datta, N. Fedoroff , D. Kennedy, G. S. Khush, J. Peacock, M. Rees, & P. Sharp, "Standing up for GMOs," *Science*, 2013, *341*, 1320.

43. 韦恩·拉皮埃尔 2014 年 2 月 6 日在马里兰州国家港口举行的保守党政治行动会议上的讲话，http://www.nrablog.com/post/2014/03/06/Wayne-LaPierres- address-to-the-2014-Conservative-Political-Action-Conference.aspx#continue。

44. http://motleynews.net/2013/02/06/was-nra-leader-wayne-lapierre-deferred-from-vietnam-due-to-a-nervous-disorder/; https://www. facebook.com/ThePlatznerPost/posts/415418721878388; http:// www.democraticunderground.

com/10022302951.

45. H. Stuart, "Violence and mental illness: An overview," *World Psychiatry*, 2003, *2*, 121–124.

46. C.L.Barry, E.E.McGinty, J.S.Vernick, &D.W.Webster, "After Newtown—public opinion on gun policy and mental illness," *New England Journal of Medicine*, 2013, *368*, 1077–1081.

47. http://www.nydailynews.com/news/national/nra-wayne-lapierre-tells-group-guns-protect-murderers-bloomberg-article-1.1769560.

48. R. Keers, S. Ullrich, B. L. Destavola, & J. W. Coid, "Association of violence with emergence of persecutory delusions in untreated schizophrenia," *American Journal of Psychiatry*, 2014, *171*, 332–339.

49. J. W. Coid et al., "The relationship between delusions and violence: Findings from the East London First Episode Psychosis Study," *JAMA Psychiatry*, 2013, *70*, 465–471.

50. J. W. Swanson, "Explaining rare acts of violence: The limits of evidence from population research," *Psychiatry Services*, 2011, *62*, 1369–1371.

51. P. S. Appelbaum & J. W. Swanson, "Law and psychiatry: Gun laws and mental illness: How sensible are the current restrictions?" *Psychiatry Services*, 2010, *61*, 652–654.

52. American Psychiatric Association, *Fact sheet: Violence and mental illness*, Washington, DC: Author, 1994.

53. J. T. Walkup & D. H. Rubin, "Social withdrawal and violence—Newtown, Connecticut," *New England Journal of Medicine* 2013, *368*, 399–401.

54. H. Stuart, "Violence and mental illness: An overview," *World Psychiatry*, 2003, *2*, 121–124.

55. C. Mair et al., "Varying impacts of alcohol outlet densities on violent assaults: Explaining differences across neighborhoods," *Journal of Studies on Alcohol Drugs*, 2013, *74*, 50.
56. G. J. Wintermute, "Association between firearm ownership, firearm-related risk and risk reduction behaviours and alcohol-related risk behaviours," *Injury Prevention*, 2011, *17*, 422–427.
57. D. A. Brent, J. A. Perper, & C. J. Allman, "Alcohol, firearms, and suicide among youth," *Journal of the American Medical Association*, 1987, *257*, 3369–3372; F. P. Rivara, B. A. Mueller, G. Somes, C. T. Mendoza, N. B. Rushforth, & A. L. Kellerman, "Alcohol and illicit drug abuse and the risk of violent death in the home," *Journal of the American Medical Association*, 1997, *278*, 569–575.
58. "Violent, drunk and holding a gun," *The New York Times*, February 23, 2013.
59. W. LaPierre, Address to the Conservative Political Action Conference, National Harbor, Maryland, March 6, 2014, http:// www.nrablog.com/post/2014/03/06/Wayne-LaPierres-address-to-the-2014-Conservative-Political-Action-Conference.aspx#continue.
60. N. Oreskes & E. M. Conway, *Merchants of doubt*, New York: Bloomsbury Press, 2010, 8.
61. N. Oreskes & E. M. Conway, *Merchants of doubt*, New York: Bloomsbury Press, 2010, 27.
62. S. A. Haslam, S. D. Reicher, & M. J. Platow, *The new psychology of leadership: Identity, influence, and power*, Hove, East Sussex, UK: Psychology Press, 2011, 50.
63. S. A. Haslam, S. D. Reicher, & M. J. Platow, *The new psychology of leadership: Identity, influence, and power*, Hove, East Sussex, UK: Psychology Press, 2011, 52.
64. S. A. Haslam, S. D. Reicher, & M. J. Platow, *The new psychology of leadership:*

Identity, influence, and power, Hove, East Sussex, UK: Psychology Press, 2011, 52.

65. S. A. Haslam, S. D. Reicher, & M. J. Platow, *The new psychology of leadership: Identity, influence, and power*, Hove, East Sussex, UK: Psychology Press, 2011, 55.

66. S. A. Haslam, S. D. Reicher, & M. J. Platow, *The new psychology of leadership: Identity, influence, and power*, Hove, East Sussex, UK: Psychology Press, 2011, 67–68.

67. R. H. Gass & J. S. Seiter, *Persuasion, social influence, and compliance gaining*, 4th ed., Boston: Allyn & Bacon, 2011, 117–118.

68. G. S. Berns, J. Chappelow, F. Zink, P. Pagnoni, M. E. Martin-Skurski, & J. Richards, "Neurobiological correlates of social conformity and independence during mental rotation," *Biological Psychiatry*, 2005, *58*, 245–253.

69. B. G. Southwell, *Social networks and popular understanding of science and health: Sharing disparities*, Baltimore MD: The Johns Hopkins University Press, 2013, 72.

70. S. Zeki, "The neurobiology of love," *FEBS Letters*, 2007, *581*, 2575–2579.

71. E. Fehr & C. F. Camerer, "Social neuroeconomics: The neural circuitry of social preferences," *Trends in Cognitive Sciences*, 2007, *11*, 419–427.

72. R. H. Gass & J. S. Seiter, *Persuasion, social influence, and compliance gaining*, 4th ed., Boston: Allyn & Bacon, 2011, 120.

73. R. H. Gass & J. S. Seiter, *Persuasion, social influence, and compliance gaining*, 4th ed., Boston: Allyn & Bacon, 2011, 120.

74. 由于杰克真心相信全球变暖是威胁人类存续的真实现象，他加入了持有这一观点的群体，拥护减少使用化石燃料的行动。然而，这类组织往往也采纳了他们认为对环保有好处的其他观点，如反对核电站和转基因生物。在这种环境中，杰克周围都是他大体上很尊重的人，于是常常感到不能表达自己内心的想法——核电站和转基因生物都没有实质性威胁。

这样一来，杰克就保持着沉默，害怕被群体排除在外，屈服于规范的影响。幸好，他在本书中得到了表达自己真实感受的机会。

75. J. A. Conger & R. N. Kanungo, *Charismatic leadership in organizations*, Thousand Oaks, CA: Sage, 1998, 272.

76. J. A. Conger & R. N. Kanungo, *Charismatic leadership in organizations*, Thousand Oaks, CA: Sage, 1998, 50.

77. D. Kelly & M. D'Aust Garcia, "Resisting persuasion: Building defences against competitors' persuasive attacks in the context of war-gaming methodology," *Journal of Medical Marketing*, 2009, *9*(2), 84.

78. D. Kelly & M. D'Aust Garcia, "Resisting persuasion: Building defences against competitors' persuasive attacks in the context of war-gaming methodology," *Journal of Medical Marketing*, 2009, *9*(2), 84.

79. M. Friestad & P. Wright, "The persuasion knowledge model: How people cope with persuasion attempts," *Journal of Consumer Research*, 1994, *21*(1), 12.

80. J. L. Lemanski & H.-S. Lee, "Attitude certainty and resistance to persuasion: investigating the impact of source trustworthiness in advertising," *International Journal of Business and Social Science*, 2012, *3*(1), 71.

81. E. S. Knowles & J. A. Linn (Eds.), Resistance and persuasion, Yahweh: Lawrence Erlbaum Associates, 2004, 29.

82. N. Hertz, *Eyes wide open*, New York: HarperCollins, 2013, 70.

第三章

1. 例如，尤吉有句名言是“当你遇到一条岔道，只管走上去吧”。这话是用来给他的住宅指路的，而他住在两条岔道最终会聚的环形路尽头。因此，当某人走到岔路口的时候，不管走哪条岔道，最终都会通向他家。最终你会明白尤吉的话完全合乎逻辑。

2. R.S.Nickerson, “Confirmation bias: A ubiquitous phenomenon in many guises,” *Review of General Psychology*, 1998, *2*, 175–220.
3. D. Alighieri, canto 13 in “Paradiso,” in *The divine comedy: Inferno; purgatorio; paradiso*, trans. Allen Mandelbaum, New York: Alfred A Knopf (Everyman’s Library), 1995, 441.
4. D. A. Redelmeier & A. Tversky, “On the belief that arthritis pain is related to the weather,” *Proceedings of the National Academy of Medicine*, 1996, *93*, 2895–2896.
5. 杰克其实曾经真的两次犯下这个错误。第二把伞的质量跟第一把一样糟糕。要是他像正文中的第一个例子那样屈从于确认偏误，就会好得多。
6. 我们常用“权威”期刊这个说法。决定一家期刊是否权威大致有两种方式。第一种是看它的历史。有些期刊多年来积累了比其他期刊更加权威的声誉，这部分期刊也逐渐成了对来稿最挑剔的刊物。美国的《科学》与英国的《自然》可以算是世界上最权威的两家科学期刊。在医学界，最权威的则是《新英格兰医学杂志》。第二种决定一家期刊是否“权威”的方式是看它的影响因子，其依据是一家期刊上的每篇文章被其他科学论文提及或者说“引用”的次数。在高影响因子的权威期刊上发表论文在科学家的国度里就相当于货币，对于科学家们在所在机构获得终身职位、从出资方获得经费、在重要的科学会议上获得发言邀请都是必不可少的。新闻工作者也会浏览更权威的论文，寻找写文章的新材料。
7. R. S. Nickerson, “Confirmation bias: A ubiquitous phenomenon in many guises,” *Review of General Psychology*, 1998, *2*, 175–220.
8. 链球菌性咽咽喉炎是咽喉黏膜感染的通俗说法——学术上称为咽炎——这种感染由链球菌这种细菌引起。尽管大多数染上链球菌性咽炎的人会平安无事地康复，但其中少数人群后期会出现严重的并发症，包括肾小球肾炎、风湿性心脏病和名叫西德纳姆（Sydenham）舞蹈病的神经系统疾病。前两者都可以导致过早死亡。

9. 这是医生对因猩红热而起的皮疹的称呼，复杂的症状有一部分是因链球菌，或称 A 群链球菌引起的感染，也包括链球菌性咽喉炎。

10. 据研究发现，只有约 10% 的咽喉疼痛由链球菌引起。引起咽炎的最常见病毒是腺病毒，但是很多其他病毒也会引起咽炎。

11. 开这种药本身就是一个不理性的选择，因为简简单单的老式青霉素可能比阿奇霉素或者 Z-Pak 更适合治疗链球菌性咽喉炎。但那是另一回事了。

12. M. L. Barnett & J. A. Linder, "Antibiotic prescribing to adults with sore throat in the United States, 1997-2010," *JAMA Internal Medicine*, 2014, *174*, 138–140. 我们还应该注意到，尽管我们用儿科来举例，但儿科医生似乎已经转变过来了，只在链球菌测试结果呈阳性的情况下给喉咙痛的儿童开具抗生素。不过，改变处方行为仍然任重道远。

13. R. M. Poses, R. D. Cebul, M. Collins, & S. S. Fager, "The accuracy of experienced physicians' probability estimates for patients with sore throats: Implications for decision making," *JAMA*, 1985, *254*, 925–929; M. R. Wessels, "Streptococcal pharyngitis," *New England Journal of Medicine*, 2011, 364, 648–655.

14. M. L. Barnett & J. A. Linder, "Antibiotic prescribing for adults with acute bronchitis in the United States, 1996–2010," *JAMA*, 2014, 311, 2020–2022.

15. 这里值得注意的一点是，医生滥开耐生素对细菌产生抗药性这个问题负有责任，但抗生素在农牧业中的滥用是该问题更主要的原因。本来只应给生病的牲畜使用抗生素，实际它却被胡乱地用在了所有农场动物身上。美国出售的抗生素约有 80% 喂给了动物，为的是促进生长，而不是治疗细菌感染。食品药品监督管理局直到最近才开始处理这个严峻的问题，不幸的是，他们截至目前对制药公司的要求仅仅是自觉。食品药品监督管理局对农民并没有管辖权。所以，尽管我们通常对我们的食物有危险这类说法抱有怀疑态度，但毫无疑问的是，使用过抗生素的动物肉类对我们的健康具有实际威胁。

16. Centers for Disease Control and Prevention (CDC), "Antibiotic/ antimicrobial resistance: Threat report 2013," http://www.cdc.gov/drugresistance/threat-report-2013/index.html; "Antibiotic resistance: The spread of superbugs," *The Economist*, March 31, 2011, http://www.economist.com/node/18483671.

17. Physicians Briefing, "CDC addresses burden, threat of antibiotic resistance," www.physiciansbriefing.com/Article/ asp?AID=683568, January 6, 2014.

18. "The antibiotic crisis," *The New York Times*, September 17, 2013.

19. J. P. Donnelly, J. W. Baddley, & H. E. Wang, "Antibiotic utilization for acute respiratory tract infections in U.S. emergency departments," *Antimicrobial Agents and Chemotherapy*, 2014, *58*, 1451–1457.

20. "感冒"这个术语的使用值得在此讨论一下。普通感冒是一种由名叫鼻病毒的微生物引起的疾病，感染上呼吸道（鼻道和咽喉），导致咳嗽、打喷嚏、头痛、发烧以及全身不适等症状。得感冒的人似乎觉得"感冒"（cold）这个词不足以形容他们有多难受，于是后来感冒被分别描述为"头伤风"（head cold）或"胸伤风"（chest cold，意思是"支气管炎"），以此区别于常规感冒。不过，这些修饰语在医学上是没有意义的。感冒让人很不舒服，也很虚弱，尤其是对于年幼、年老或患有其他疾病的人而言，但是大多数人的感冒都能自愈，只要他们身体的免疫系统有能力杀死鼻病毒。这个过程大约需要 10 天时间。抗生素对普通感冒的病程完全没有影响。

21. C. Llor, A. Moragas, C. Bayona, R. Morros, H. Pera, O. Plana-Ripoll, J. M. Cots, & M. Miravitlles, "Efficacy of an anti-inflammatory or antibiotic treatment

in patients with noncomplicated acute bronchitis and discoloured sputum: Randomised placebo con-trolled trial," *British Medical Journal*, 2013, *347*, f5762.

22. S. Fridkin, J. Baggs, R. Fagan, et al., "Vital signs: Improving antibiotic use among hospitalized patients," http://www.cdc.gov/mmwr/preview/mmwrhtml/mm63e0304al.htm, March 4, 2014.

23. A. Phlipson, "Britain is reaching 'a tipping point in its use of antibiotics,' says Wellcome Trust director," www.telegraph.co.uk/ health/healthnews/10557959, January 8, 2014.

24. N. Teicholz, "Fat (reconsidered)," *The Wall Street Journal*, May 3–4, 2014.

25. A. Keys & F. Grande, "Role of dietary fat in human nutrition. III. Diet and the epidemiology of coronary heart disease," *American Journal of Public Health and the Nation's Health*, 1957, *47*, 1520–1530. 请注意，基斯和格兰德只提到了对男子突发性心脏病的忧虑。在 20 世纪 50 年代，另一个医生和大众普遍会犯的错误是以为女性不会得突发性心脏病。而实际上到目前为止，心脏病在美国女性死亡原因中排第一位，超过了乳腺癌。然而，人们在尽早确诊乳腺癌这方面的努力远远超过了阻止不必要的女性心肌梗死发作的努力。

26. R. Chowdhury, S. Warnakula, S. Kunutsor, F. Crowe, H. A. Ward, L. Johnson, O. H. Franco, A. S. Butterworth, N. G. Forouhi, S. G. Thompson, K. T. Khaw, D. Mozaffarian, J. Danesh, & D. Di Angelantonio, "Association of dietary, circulating, and supplement fatty acids with coronary risk: A systematic review and meta-analysis," *Annals of Internal Medicine*, 2014, *160*, 398–406.

27. 这是一条关于元分析的说明。在元分析过程中，一位科学家或一个科学家团队要在文献中找到与某个特定问题有关的数据的全部论文，随后运用统计程序将全部数据整合起来，并得出结论。在已有一系列受试者人数较少的研究得出了不一致发现的情况下，这种方法尤其有效。通过整合所有研究，可以积累更大的样本，有时会得出在统计学意义上更有说服力的发现。元分析有很多技术障碍和一些缺陷，不过在长期研究的课题仍不明朗的情况下，它往往是有用的。

28. 请注意，高胆固醇水平确实是突发性心脏病风险的有效标志，也是有必要借助调节饮食、体育锻炼和他汀类药物进行干预的。只是你吃了多少脂肪似乎与干预过程没有关系。

29. 正如我们在别处也说明了的，做这些研究的科学家基本上是心怀善意的，尽管他们的结论可能不对，不过建议少吃脂肪这件事也有阴谋论的意味。食品公司和医学会组成的大集团共同致力于确保这个建议对他们的盈利目标有好处。

30. L. A. Bazzano, T. Hu, K. Reynolds, L. Yao, C. Bunol, Y. Liu, C. S. Chen, M. J. Klag, P. K. Whelton, & J. He, "Effects of low-carbohydrate and low-fat diets," *Annals of Internal Medicine*, 2014, *161*, 309–318.

31. F. A. Goodyear-Smith, M. L. van Driel, B. Arroll, & C. H. Del Mar, "Analysis of decisions made in meta-analyses of depression screening and the risk of confirmation bias: A case study," *BMC Medical Research Methods*, 2012, *12*, 76.

32. C. A. Anderson, M. R. Lepper, & L. Ross, "Perseverance of social theories: The role of explanation in the persistence of discredited information," *Journal of Personality and Social Psychology*, 1980, *39*, 1037–1049, 引自 1042 页。

33. S. Schulz-Hardt, D. Frey, C. Lüthgens, & S. Moscovici, "Biased information search in group decision making," *Journal of Personality and Social Psychology*, 2000, *78*, 655–659.

34. 配图指出这条消息的原始出处是一家英国报纸，即《每日邮报》，这一说法不见得可靠。不过，无论安吉丽娜 · 朱莉有没有说过配图中引用的那句话，我们在此感兴趣的是这句话在支持拥枪者中引起的反应，还有当杰克用数据表示质疑时他们的反应。

35. G. Kleck & M. Gertz, "Armed resistance to crime: The prevalence and nature of self-defense with a gun," *Journal of Criminal Law and Criminology*, 1995, 86, 150–187.

36. D. Hemenway, *Private guns, public health*, Ann Arbor: University of Michigan Press, 2004.

37. M. Shermer, "When science doesn't support our beliefs," *Scientific American*, October 2013, 95.

38. B. G. Southwell, *Social networks and popular understanding of science and health: Sharing disparities*, Baltimore: The Johns Hopkins Press, 2013, 73.

39. J. M. Boden, L. Fergusson, & J. Horwood, "Cigarette smoking and depression: Tests of causal linkages using a longitudinal birth cohort," *British Journal of Psychiatry*, 2010, *196*, 440–446.

40. 塞斯·姆努金在他的杰作《恐慌病毒》（*The Panic Virus*）中讨论了自闭症患儿的家长们怀有的隔绝感，以及这种感觉如何驱使他们参与集体事业，例如反疫苗运动。

41. P. Slovic, "The affect heuristic," in T. Gilovich, D. Griffin, & D. Kahneman, eds., *Heuristics and biases: The psychology of intuitive judgment*, New York: Cambridge University Press, 2002, 401.

42. P. Slovic, "The affect heuristic," in T. Gilovich, D. Griffin, & D. Kahneman, eds., *Heuristics and biases: The psychology of intuitive judgment*, New York: Cambridge University Press, 2002, 410.

43. N. Schwarz, "Feelings as information: Moods influence judgments and processing strategies," in T. Gilovich, D. Griffin, & D. Kahneman, eds., *Heuristics*

and biases: The psychology of intuitive judgment, New York: Cambridge University Press, 2002.

44. B. G. Southwell, *Social networks and popular understanding of science and health: Sharing disparities*, Baltimore: The Johns Hopkins Press, 2013, 97.
45. G. S. Berns, J. Chappelow, C. F. Zink, G. Pagnoni, M. E. Martin-Skurski, & J. Richards, "Neurobiological correlates of social conformity and independence during mental rotation," *Biological Psychiatry*, 2005, *58*, 245–253.
46. E. G. Falk & M. D. Lieberman, "The neural bases of attitudes, evaluation, and behavior change," in F. Krueger & J. Grafman, eds., *The neural basis of human belief systems*, Hove, East Sussex, UK: Psychology Press, 2013.
47. S. A. Sloman, "Two systems of reasoning," in T. Gilovich, D. Griffin, & D. Kahneman, eds., *Heuristics and biases: The psychology of intuitive judgment*, New York: Cambridge University Press, 2002.
48. 这种说法并非没有争议，确实有研究越来越倾向于认为其他物种也有利他表现。不过在这里完全可以说，即使黑猩猩和其他类人猿真的有能力为了自己采取利他行为，相较于人类的类似行为也要更难辨认得多。
49. K. E. Stanovich & R. F. West, "On the failure of cognitive ability to predict myside and one-sided thinking biases," *Thinking and Reasoning*, 2008, 14, 129–167; K. E. Stanovich, R. F. West, & M. E. Toplak, "Myside bias, rationale thinking, and intelligence," *Current Direction in Psychological Science*, 2013, 22, 259–264.
50. C. M. Kuhnen & B. Knutson, "The neural basis of financial risk," *Neuron*, 2005, *47*, 763–770.
51. N. Hertz, *Eyes wide open*, New York: HarperCollins, 2013, 38.
52. C. M. Kuhnen & J. Y. Chiao, "Genetic determinants of financial risk taking,"

PLoS One, 2009, *4*, e4362.

53. C. M. Kuhnen, G. R. Samanez-Larkin, & B. Knutson, "Serotonergic genotypes, neuroticism, and financial choices," *PLoS One*, 2013, *8*, e54632.

54. C. G. Lord, L. Ross, & M. R. Lepper, "Biased assimilation and attitude polarization: The effects of prior theories on subsequently considered evidence," *Journal of Personality and Social Psychology*, 1979, *37*, 2098–2109, 引自 2098 页。

55. A. T. Beck, *Cognitive therapy and the emotional disorders*, New York: International Universities Press, 1976.

56. C. A. Anderson, M. R. Lepper, & L. Ross, "Perseverance of social theories: The role of explanation in the persistence of discredited information," *Journal of Personality and Social Psychology*, 1980, *39*, 1037–1049, 引自 1048 页。

57. L. Rosenbaum, "'Misrearing'—culture, identify, and our perceptions of health risks," *New England Journal of Medicine*, 2014, *37*, 595–597, 引自 597 页。

第四章

1. http://plato.stanford.edu/entries/causation-counterfactual.

2. 只有少数有吸烟习惯的人真正患上肺腺癌，这是一个惊人的事实。但这不应被理解为令人欣慰的消息。首先，不吸烟的人几乎不会患上肺癌，所以此处的差异是很令人震惊的。其次，肺癌只不过是吸烟可能导致的多种癌症及其他重症中的一种。大多数烟民哪怕不得肺癌，也早晚会患上一种与吸烟有关的疾病。目前，卫生局局长正式列出了吸烟导致的 21 种疾病，另外，有压倒性证据表明，还有其他病症也应进入这张清单。

3. S. A. Vyse, *Believing in magic: The psychology of superstition*, rev. ed., Oxford: Oxford University Press, 2000, 74.

4. S. A. Vyse, *Believing in magic: The psychology of superstition*, rev. ed., Oxford: Oxford

University Press, 2000, 76.

5. S. A. Vyse, *Believing in magic: The psychology of superstition*, rev. ed., Oxford: Oxford University Press, 2000, 74.
6. R. Park, *Voodoo Science: The road from foolishness to fraud*, Vyse, *Believing in magic: The psychology of superstition*, rev. ed., Oxford: Oxford University Press, 2000, 35–36.
7. 其实，这往往只具备相关性，而不具备因果性。很多背部不疼的人有椎间盘突出，所以磁共振成像发现有椎间盘突出并不能清晰地解释背疼的原因。可参见 M. C. Jensen, M. N. Brant-Zawadzkl, N. Obuchowski, M. T. Modic, D. Malkasian, & J. S. Ross, "Magnetic resonance imaging of the lumbar spine in people without back pain," *New England Journal of Medicine*, 1994, *331*, 69–73.
8. D. Ariely, *Predictably irrational: The hidden forces that shape our decisions*, New York: Harper Perennial, 2009.
9. T. Kida, *Don't believe everything you think: The 6 basic mistakes we make in thinking*, Amherst, NY: Prometheus Books, 2006, 86.
10. M. Shermer, *Why people believe weird things: Pseudoscience, superstition, and other confusions of our time*, New York: St. Martin's Griffin, 2002, 59.
11. M. E. Talkowski, E. V. Minikel, & J. F. Gusellam, "Autism spectrum disorder genetics: Diverse genes with diverse clinical outcomes," *Harvard Review of Psychiatry*, 2015, *22*, 65–75; S. Sandin, D. Schendel, P. Magnusson, et al., "Autism risk associated with parental age and with increasing difference in age between the parents," *Molecular Psychiatry*, 2015, doi:10.1038/ mp.2015.70, Epub ahead of print.
12. K. R. Foster & H. Kokko, "The evolution of superstitious and superstition-like

behavior," *Proceedings of the Royal Society of Biological Science,* 2009, 276, 31.

13. K. R. Foster & H. Kokko, "The evolution of superstitious and superstition-like behavior," *Proceedings of the Royal Society of Biological Science,* 2009, 276, 31.

14. S. A. Vyse, *Believing in magic: The psychology of superstition*, rev. ed., Oxford: Oxford University Press, 2000, 86.

15. http://www.forbes.com/2009/03/06/superstitious-ufo-alien-conspiracy-opinions-columnists-superstition.html.

16. A. Bandura, D. Ross, & S. A. Ross, "Transmission of aggression through the imitation of aggressive models," *Journal of Abnormal and Social Psychology*, 1961, 63 (3): 575–582.

17. L. Damisch, B. Stoberock, & T. Mussweiler, "Keep your fingers crossed! How superstition improves performance," *Psychological Science*, 2010, *21*, 1014–1020. 投票方面的专家可能会认为，我们如果足够明智，就不该引用盖洛普调查这类数据，但我们决定相信这次调查的结果是可以相信的。

18. S. A. Vyse, *Believing in magic: The psychology of superstition*, rev. ed., Oxford: Oxford University Press, 2000, 118; T. Kida, *Don't believe everything you think: The 6 basic mistakes we make in thinking*, Amherst, NY: Prometheus Books, 2006, 92.

19. S. A. Vyse, *Believing in magic: The psychology of superstition*, rev. ed., Oxford: Oxford University Press, 2000, 140.

20. S. A. Vyse, *Believing in magic: The psychology of superstition*, rev. ed., Oxford: Oxford University Press, 2000, 140.

第五章

1. *New York Daily News*, Tuesday, April 22, 2014.

2. F. Bruni, "Autism and the agitator," *The New York Times*, Tuesday, April 22, 2014.

另外，别逼我们提起无麸质饮食的话头，这是又一类保健食品工业炮制出来劳民伤财的无用之物。乳糜泻是一种特征鲜明的疾病，患者对小麦中名叫麸质的蛋白质产生抗体，这种蛋白可与小肠绒毛或黏膜的细胞产生交叉反应，引起严重炎症并损伤整段小肠。患者若不停止摄入麸质，就会营养不良，甚至得重病。现在，这种疾病可以很容易地通过验血诊断出来，只需检测患者的血液中是否含有抗组织转谷氨酰胺酶抗体或抗肌内膜抗体。其实，大多数自认为对麸质过敏的人都没有得这种病。记住这一点很重要：尽管人类有约 2 万到 3 万个基因以及两套染色体，但小麦有约 9 万个基因和多达 6 套染色体。所以某些患有肠胃病的人即便有可能对小麦异常敏感，但除非他们得了对麸质过敏的乳糜泻，否则无麸质饮食对他们并无作用。不过，这些人有可能是对小麦基因组表达的另外 89 999 个蛋白质中的某一个过敏。

3. D. M. Kahan, "A risky science communication environment for vaccines," *Science*, 2013, *342*, 53–54.

4. 这种想法看起来确实有点儿愚蠢。没有任何证据表明，广大未成年人目前不发生性行为的原因是担心感染 HPV 或患宫颈癌。因此，一种对抗 HPV 的疫苗究竟怎样才能促进未成年人的性活动实属未解之谜。

5. J. LeDoux, *The emotional brain*, New York: Touchstone, 1996.

6. F. Krueger & J. Grafman, *The neural basis of human belief systems*, East Sussex, UK: Psychology Press, 2013, xii.

7. A. Shenhav & J. D. Greene, "Integrative moral judgment: Dissociating the roles of the amygdala and ventromedial prefrontal cortex," *The Journal of Neuroscience*, 2014, *34*, 4741–4749.

8. S. M. McClure, D. I. Laibson, G. Loewenstein, & J. D. Cohen, "Separate neural systems value immediate and delayed monetary rewards," *Science*, 2004, *306*,

503–507.

9. E. G. Falk & M. D. Lieberman, "The neural bases of attitudes, evaluation, and behavior change," in F. Krueger & J. Grafman, eds., *The neural basis of human belief systems*, East Sussex, UK: Psychology Press, 2013, 85.

10. D. Kahneman, *Thinking, fast and slow*, New York: Farrar, Straus and Geroux, 2011, 98.

11. R. H. Thaler & C. R. Sunstein, *Nudge: Improving decisions about health, wealth, and happiness*, London: Penguin Books, 2008.

12. H. P. Spaans, P. Seinaert, F. Boukaert, J. F. van den Berg, E. Verwijk, K. H. Kho, M. L. Stek, & R. M. Kok, "Speed of remission in elderly patients with depression: Electroconvulsive therapy v. medication," *British Journal of Psychiatry*, 2015, *206*, 67–71.

13. S. Sloman, "The empirical case for two systems of reasoning," *Psychological Bulletin*, 1996, *119*, 3–22.

14. Pew Research Center for the People and the Press "Public's knowledge of science and technology," http://www.people-press.org/2013/04/22/publics-knowledge-of-science-and-technology/, accessed April 11, 2014.

15. J. D. Miller, "The public understanding of science in Europe and the United States," paper presented at the AAAS annual meeting, San Francisco, CA, February 16, 2007, as reported in Janet Raloff, "Science literacy: U.S. college courses really count," https://www.sciencenews.org/blog/science/public/science-literacy-us-college-courses-really-count, accessed April 1, 2014.

16. J. Mervis, "Why many U.S. biology teachers are 'wishy-washy,'" *Science*, 2015, *347*, 1053–1054.

17. L. Rainie, "Despite esteem for science, public at odds with scientists on major issues [guest blog]," *Scientific American*, http://blogs.scientificamerican.com/guest-

blog/despite-esteem-for-science-public-at-odds-with-scientists-on-major-issues/, January 29, 2015.

18. J. Tanenbaum, "Creation, evolution and indisputable facts," *Scientific American*, 2013, *308*, 11.

19. J. Cohen, "Things I have learned (so far)," *American Psychologist*, 1990, *45*(12), 1304–1312.

20. F. Campbell, G. Counti, J. J. Heckman, S.Y. Moon, R. Pinto, E. Pungello, & Y. Pan, "Early childhood investments substantially boost adult health," *Science*, 2014, *343*, 1478–1485.

21. 以下文章提供了一种很有意思也有望成功的办法来教育大众什么是科学，怎样理解科学主张：W. J. Sutherland, D. Spiegelhalter, & M. Burgman, "Policy: Twenty tips for interpreting scientific claims," *Nature*, November 20, 2013, www.nature.com/news/policy-twenty-tips-for-interpreting-scientific-claims-1.14183?WT.mc_id=FBK_NatureNews.

22. S. Kirshenbaum, "No, the sun does not revolve around the Earth," http://www.cnn.com/2014/02/18/opinion/kirshenbaum-science-literacy/index.html, accessed April 1, 2014.

23. R. J. DeRubeis, G. J. Siegle, & S. D. Hollon, "Cognitive therapy versus medication for depression: Treatment outcomes and neural mechanisms," *Nature Reviews Neuroscience*, 2008, *9*, 788–796.

24. R. Yu, D. Mobbs, B. Seymour, & A. J. Calder, "Insula and striatum mediate the default bias," *Journal of Neuroscience*, 2010, *30*, 14702–14707.

25. K. M. Harlé, L. J. Chang, M. van't Wout, & A. G. Sanfey, "The neural mechanisms of affect infusion in social economic decision-making: A mediating role of the anterior insula," *Neuroimage*, 2012, *61*, 32–40.

26. M. Browning, T. E. Behrens, G. Jocham, J. X. O' Reilly, & S. J. Bishop, "Anxious individuals have difficulty learning the causal statistics of aversive environments," *Nature Neuroscience*, 2015, *18*, 590–596.

27. S. Wang, "How to think about the risk of autism," *The New York Times*, March 29, 2014, http://www.nytimes.com/2014/03/30/opinion/sunday/how-to-think-about-the-risk-of-autism.html.

28. E. B. Falk & M. D. Lieberman, "The neural bases of attitudes, evaluation, and behavior change, " in F. Krueger & J. Grafman, eds., *The neural basis of human belief systems*, East Sussex, UK: Psychology Press, 2013, 76.

29. 关于相仿的似是而非相关性的意思，有一部读起来很愉快的绝妙作品，那就是泰勒·维根的杰作《虚假相关性》(*Spurious Correlations*)，New York: Hachette Books, 2015。你将看到以下一些事物之间真的存在统计上的显著相关性：消费脂肪和油类的行为与仍然拥有卡式录像机的家庭；能够接收短信的美国公民与通过美国邮政服务寄一封信的价格；电子游戏的实体店销售额与马萨诸塞州目击不明飞行物的次数。这些相关性实际上是数学的产物，最好是被描述为巧合。但是，正如凯西·施滕格尔（美国职业棒球纽约扬基队著名经理）这时会说的，这种事你可编不出来。

30. C. Saint Louis, "Most doctors give in to requests by parents to alter vaccine schedules, " *The New York Times*, March 2, 2015, http://nyti.ms/1E8yhRZ.

第六章

1. http://www.cdc.gov/mmwr/preview/mmwrhtml/mm6022a1.htm. 另外，如果你还在思考抛硬币法则的问题，点明这一点会很有帮助：这是那种“你得到的答案取决于你问的是什么问题”的情况。作为类比，在浴室摔倒的风险有多大对应的不是“你每抛一次硬币有多大概率得到正面（或背面)”这个问题，而是“假设你抛了很多次硬币，比如说 1 000 次，你有多大概率至少得到一次正面（或背面）”这个问题。对此，答案是远远超过 99%。

2. http://www.census.gov/compendia/statab/2012/tables/12s1103.pdf.

3. http://www.cdc.gov/vaccines/vac-gen/6mishome.htm#risk.

4. http://www.nytimes.com/2010/03/09/health/research/09child.html?_r=0.

5. http://arstechnica.com/science/2012/08/widespread-vaccine-exemptions-are-messing-with-herd-immunity.

6. http://contemporarypediatrics.modernmedicine.com/ contemporary-pediatrics/news/modernmedicine/modern-medicine-now/declining-vaccination-rates.

7. http://www.bbc.co.uk/news/health-22277186.

8. P. Narang, A. Paladugu, S. R. Manda, W. Smock, C. Gosnay, & S. Lippman, “Do guns provide safety? At what cost?” *Southern Medical Journal*, 2010, *103*, 151–153.

9. D. J. Wiebe, “Homicide and suicide risks associated with firearms in the home: A national case-controlled study,” *Annals of Emergency Medicine*, 2003, *41*, 771–782.

10. C. C. Branas, T. S. Richmond, D. P. Culhane, T. R. Ten Have, & D. J. Wiebe, “Investigating the link between gun possession and gun assault,” *American Journal of Public Health*, 2009, *99*, 2034–2040.

11. D. Hemenway, *Private guns, public health*, Ann Arbor: University of Michigan Press, 2004, 111.

12. A. L. Kellermann & J. A. Mercy, “Men, women, and murder: Gender-specific differences in rates of fatal violence and victimization,” *Journal of Trauma*, 1992, *33*, 1–5.

13. American Academy of Pediatrics, “Firearm-related injuries affecting the pediatric

population," *Pediatrics*, 2012, *130*, e1416–e1423.

14. http://www.gallup.com/poll/1645/guns.aspx.

15. http://blogs.scientificamerican.com/observations/most-people-say-they-are-safe-drivers-want-new-auto-assist-tech-anyway/. 平均（average）就是统计学家叫作平均值（mean）的概念，计算方法是用全部观测结果的总和除以观测结果的总数。如果我们有一份评分范围为 1~10 分的驾驶技术量表，有些司机的得分是 1（别让这些人开车上路），而另一些的得分是 10（近乎完美的车技）。为了得到平均值，我们需要把一次采样中所有司机的得分加起来，再除以样本中的司机总人数。如果分数是“正态”分布的（即形成一个钟形曲线），那么平均分就应该是 5 分，而且有一半人的得分“优于平均”，而另一半人的得分则低于平均水平。如果你对此计算一下，就会发现任何样本中有 90% 的司机驾驶水平都高于平均这件事简直不可想象。

16. D. Kahneman, *Thinking, fast and slow*, New York: Farrar, Straus and Giroux, 2011, 98.

17. http://www.ncbi.nlm.nih.gov/pubmed/3563507.

18. A. Markandya & P. Wilkinson, "Electricity generation and health," *Lancet*, 2007, *370*(9591), 979–990.

19. W. R. Stauffer, A. Lak, P. Bossaerts, & W. Schultz, "Economic choices reveal probability distortion in Macaque monkeys," *Journal of Neuroscience*, 2015, *35*, 3146–31534.

20. M. Hsu, I. Krajbich, C. Zhao, & C. F. Camerer, "Neural response to reward anticipation under risk is nonlinear in probabilities," *Journal of Neuroscience*, 2009, *29*, 2231–2237.

21. B. Fischhoff, S. Lichtenstein, P. Slovic, S. L. Derby, & R. L. Keeney, *Acceptable risk*, Cambridge: Cambridge University Press, 1981, 7.

22. B. Fischhoff, S. Lichtenstein, P. Slovic, S. L. Derby, & R. L. Keeney, *Acceptable risk*, Cambridge: Cambridge University Press, 1981, 15.

23. R. E. Kasperson, O. Renn, P. Slovic, H. S. Brown, J. Emel, et al., "The social amplification of risk: A conceptual framework," *Risk Analysis*, 1988, *8*(2), 184.

24. R. E. Kasperson, O. Renn, P. Slovic, H. S. Brown, J. Emel, et al., "The social amplification of risk: A conceptual framework," *Risk Analysis*, 1988, *8*(2), 184.

25. 我们承认，当然还有其他反对核能的意见，其中最重要的一条是如何处理核废料的问题。我们认为这是一个很好解决的问题，核能仍然是一种更理想的能源，不过我们在本书中将不会对健康领域以外的内容展开讨论。诚然，还有其他形式的能源或许比核能更安全，比如太阳能和风能，但如何自如地驾驭这两种能源达到足够大的规模，借此及时使地球免于即将到来的熔毁危机，仍然是个未知数。

26. http://www.ucsusa.org/nuclear-power/nuclear-power-and-global-warming#.VvQHqhIrJBx.

27. B. J. McNeil, S. G. Pauker, H. C. Sox Jr. , & A. Tversky, "On the elicitation of preference for alternative therapies," *New England Journal of Medicine*, 1982, *306*, 1259–1262.

28. P. Slovic, H. Kunreuther, & G. White, "Decision processes, rationality and adjustment to natural hazards," in P. Slovic, ed., *The perception of risk*, London: Earthscan, 2000, 1–31, 13.

29. T. Kida, *Don't believe everything you think: The 6 basic mistakes we make in thinking*, Amherst, NY: Prometheus Books, 2006, 174–175.

30. T. Kida, *Don't believe everything you think: The 6 basic mistakes we make in thinking*, Amherst, NY: Prometheus Books, 2006, 175.

31. D.Kahneman, *Thinking, fast and slow*, New York: Farrar, Straus and Giroux, 2011, 249.

32. http://blogs.scientificamerican.com/guest-blog/2011/01/06/in-the-wake-of-wakefield-risk-perception-and-vaccines.

33. http://www.unc.edu/~ntbrewer/pubs/2007,%20brewer,%20 chpaman, -%20 gibbons, -%20et%20al.pdf.

34. M. Olpinski, "Anti-vaccination movement and parental refusals of immunization of children in USA," *Pediatria Polska*, 2012, *87*, 382.

35. G. A. Poland & R. M. Jacobson, "Understanding those who do not understand: A brief review of the anti-vaccine movement," *Vaccine*, 2001, *19*, 2442.

36. M. L. Finucane, A. Alhakami, P. Slovic, & S. M Johnson, "The affect heuristic in judgments of risks and benefits," in P. Slovic, ed., *The perception of risk*, London: Earthscan, 2000, 413–429, 415–416.

37. B. Baldur-Felskov, C. Dehlendorff, J. Junge, C. Munk, & S. K. Kjaer, "Incidence of cervical lesions in Danish women before and after implementation of a national HPV vaccination program," *Cancer Causes & Control*, 2014, *25*, 915–922; D. M. Gertig, J. M. Brotherton, A. C. Budd, K. Drennan, G. Chappell, & A. M. Saville, "Impact of a population-based HPV vaccination program on cervical abnormalities: A data linkage study," *BMC Medicine*, 2013, *11*, 227.

38. M. H. Repacholi, A. Lerchl, M. Röösli, et al., "Systematic review of wireless phone use and brain cancer and other head tumors," *Bioelectromagnetics*, 2012, *33*, 187–206.

39. L. Hardell & M. Carlberg, "Mobile phone and cordless phone use and the risk for glioma—Analysis of pooled case-control studies in Sweden, 1997–2003 and 2007–2009," *Pathophysiology*, 2015, *22*, 1–13.

40. D. Kahneman, J. L. Knetsch, & R. H. Thaler, "Anomalies: The endowment effect, loss aversion, and status quo bias," *The Journal of Economic Perspectives*, 1991, *5*(1), 194.

41. D. Kahneman, J. L. Knetsch, & R. H. Thaler, "Anomalies: The endowment effect, loss aversion, and status quo bias," *The Journal of Economic Perspectives*, 1991, *5*(1), 195.

42. B. Knutson, G. E. Wimmer, S. Rick, N. G. Hollon, D. Prelec, & G. Loewenstein, "Neural antecedents of the endowment effect," *Neuron*, 2008, *58*, 814–822.

43. D. Kahneman, J. L. Knetsch, & R. H. Thaler, "Anomalies: The endowment effect, loss aversion, and status quo bias," *The Journal of Economic Perspectives*, 1991, *5*(1), 205.

44. N. Schwarz, "Feelings as information: Moods influence judgments and processing strategies," in T. Gilovich, D. Griffin, & D. Kahneman, eds., *Heuristics and biases*, New York: Cambridge University Press, 2002.

45. N. Schwarz, "Feelings as information: Moods influence judgments and processing strategies," in T. Gilovich, D. Griffin, & D. Kahneman, eds., *Heuristics and biases*, New York: Cambridge University Press, 2002, 545.

46. D. A. Eckles & B. F. Schaffner, "Loss aversion and the framing of the health care reform debate," *The Forum*, 2010, *8*(1), 2.

47. D. A. Eckles & B. F. Schaffner, "Loss aversion and the framing of the health care reform debate," *The Forum*, 2010, *8*(1), 4.

48. R. D. Bartels, K. M. Kelly & A. J. Rothman, "Moving beyond the function of the health behavior: The effect of message frame on behavioural decision-making," *Psychology and Health*, 2010, *25*, 821–838. 顺便说一下，实验中提及的疫苗实际上不存在。

49. P. Slovic, "Informing and educating the public about risk," in P. Slovic, ed., *The perception of risk*, London: Earthscan, 2000, 185.

50. P. Slovic, "Informing and educating the public about risk," in P. Slovic, ed., *The perception of risk*, London: Earthscan, 2000, 185, 200.

51. R. H. Gass & J. S. Seiter, *Persuasion, social influence, and compliance gaining*, 4th ed.,

Boston: Allyn & Bacon, 2011, 135.

52. R. H. Gass & J. S. Seiter, *Persuasion, social influence, and compliance gaining*, 4th ed., Boston: Allyn & Bacon, 2011, 135.

53. C. W. Scherer & H. Cho, "A social network contagion theory of risk perception," *Risk Analysis*, 2003, *23*(2), 266.

54. R. E. Kasperson, O. Renn, P. Slovic, H. S. Brown, J. Emel, et al., "The social amplification of risk: A conceptual framework," *Risk Analysis*, 1988, *8*(2), 178–179.

55. R. E. Kasperson, O. Renn, P. Slovic, H. S. Brown, J. Emel, et al., "The social amplification of risk: A conceptual framework," *Risk Analysis*, 1988, *8*(2), 177–178.

56. R. E. Kasperson, O. Renn, P. Slovic, H. S. Brown, J. Emel, et al., "The social amplification of risk: A conceptual framework," *Risk Analysis*, 1988, *8*(2), 181.

57. http://vactruth.com/news.

58. http://www.vaccinationdebate.net/articles.html.

结语

1. http://www.forbes.com/sites/robertpearl/2014/03/20/a-doctors-take-on-the-anti-vaccine-movement.

2. G. A. Poland & R. M. Jacobson, "Understanding those who do not understand: a brief review of the anti-vaccine movement," *Vaccine*, 2001, *19*(17–19), 2440–5.

3. http://www.cdnsciencepub.com/blog/scientific-societies-in-the-internet-age.aspx.

4. M. McCartney, "Making sure that inquiry is elementary," *Science*, 2015, *348*, 151–152.

5. D. Kahneman, personal communication by email, May 7, 2014.